清宮私房事

清宮私房事

李寅 著

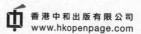
香港中和出版有限公司
www.hkopenpage.com

目錄

前　　言　001

第一章　一入宮門深似海
1. 地位的誘惑　004
2. 民族的烙印　011
3. 後宮管理學　026
4. 獨特的榮耀——滿洲抬旗制度　040

第二章　御膳的奧秘
1. 御膳房裡的大學問　044
2. 由內而外的皇家華貴　052
3. 令人驚歎的國宴　056

第三章　守望四季好時光
1. 尚武與怡情　064
2. 深宮逗趣　070
3. 「萬歲」養生秘笈　076

第四章　珠光寶氣
1. 女為悅己者容　086
2. 當窗理雲鬢，對鏡貼花黃　092
3. 金玉珠釵，滿目琳琅　096
4. 旗裝的標配——花盆底鞋　101
5. 漢服之美　102

第五章　願為情癡不思量
1. 高處不勝寒的帝王情愛　106
2. 深宮鎖不住，紅杏出宮牆　117

3. 黜降自由皇帝性，伴君好比伴猛虎　122
4. 危機四伏的近親聯姻　123

第六章　后妃的「責任」和禁忌

1. 諱莫如深的房中事　128
2. 后妃的首要任務——延續血脈　133

第七章　福禍相依的母子關係

1. 母以子貴賤　152
2. 子以母貴賤　160
3. 母以女貴　168

第八章　皇親國戚，福兮禍兮

1. 歡天喜地承皇恩　172
2. 誠惶誠恐難度日　179
3. 不離不棄總是情　185

第九章　卑微的奴僕

1. 太監的前世今生　192
2. 宮女的幸與非幸　200

第十章　香消玉殞為誰念

1. 生命的謝幕　206
2. 從皇宮到地宮　213
3. 隨葬品　233
4. 不腐女屍之謎　241

第十一章　最後的宮殿

1. 皇后陵　252
2. 妃園寢　269
3. 寄託哀思的謁陵　275

前　言

　　清王朝是由滿洲貴族建立起來的一個政權，帶有許多民族特點。尤其是它的宮廷制度，神秘而富有傳奇色彩，是許多喜愛清文化人士追逐的熱門話題。自 1616 年後金建立起至 1911 年清廷遜位，先後歷 12 帝，即太祖、太宗、順治、康熙、雍正、乾隆、嘉慶、道光、咸豐、同治、光緒和宣統。期間，愛新覺羅家族坐擁天下，廣涵九州，普天之下萬物為之獨有，包括女人。以文獻所載，清帝後宮等級分明，秩序井然，列皇后、皇貴妃、貴妃、妃、嬪、貴人、常在和答應 8 個等級，雖不像漢唐那樣美女如雲，卻也能達到三宮六院、妃嬪成群的程度。考之清宮后妃的生前死後，或爭寵後宮，或隨侍巡幸，或角逐帝儲，或風花雪月……把這些女人日夜守望的大清後宮攪得沸沸揚揚。至今人們仍能通過這些冰冷的後宮建築，窺視當年冷艷美婦的嬌影。

　　清宮是一個永遠也講不完的話題，而生活在深宮中的那些女人們，則更加引人注目，尤其是近年來一些清宮劇的推波助瀾，把清朝宮廷的是是非非、愛恨情仇盡情渲染，亦真亦幻，真假難辨。前幾年上映的《甄嬛傳》，以及後來的《如懿傳》等，儘管甄嬛、如懿等人物的名字是作者虛構的，但在清宮等級制度、生活方式乃至文化的細節上都有了更進一步的體現。這裡，僅以

《甄嬛傳》為例，大家確實看到很多與史實相符的情節和鏡頭：比如甄遠道夫婦入宮見親生女兒甄嬛，設計的情節是對的，在大堂之上，需先行君臣之禮，父母向女兒下跪；而進到裡間，則要行家人之禮，女兒需向父母盡晚輩孝道。但是，影視劇的細緻刻畫仍然不能還原真實的歷史原貌，比如《甄嬛傳》中的女主們所戴護指，一律為金光閃閃的金護指，那是不對的，實際上，她們會根據季節變化而變換護指：冬季戴用棉護指，裡面有棉花，可以保暖，防止指甲在低溫中斷裂；夏季戴用玉護指，涼爽宜人；春秋則戴用金護指和銀護指。所以，我們很有必要以史實為依據，揭開清代後宮的神秘面紗，還原一個真實的清後宮世界。

為此，作者梳理了大量史料，以清宮人物為線索，以點滴史實為依據，為讀者層層揭開大清後宮的神秘面紗，還原一個真實而生動的深宮世界。倘能如此，作者將無比欣慰。

2017 年 9 月

第 一 章

一入宮門深似海

一切事物都是一樣，無規矩不成方圓。對於深宮來講，只有一個成熟的男人，那就是皇帝，剩下的就只有后妃和宮女、太監了。多疑的皇帝擔心後宮會出現種種問題，於是只好通過建立制度來約束這些生活在自己身邊的熟悉又陌生的人們。而初進入深宮的女子，都會懷着一顆好奇的心，是惴惴不安的，也是充滿希望的。

1. 地位的誘惑

女子進入宮廷，成為皇帝的女人，這件事情，除了新郎官也就是皇帝之外，兩種人會非常關注。一是后妃們的父母，也就是外戚。他們當然抱有很大的希望，甚至準備大沾其光。二是后妃本人，作為當事人，在身份和地位發生變化的同時，心情也是複雜多變的，有期待、有幻想，神秘的宮廷生活會吸引和感染着她們，初期的心理反應是衝動和激動，接下來或許就有不同程度的失落感，會比較普遍。事實上，大多數妃嬪的婚姻不會如願，巨大的心理反差會讓她們鬱鬱寡歡。

哪一個男人不喜歡漂亮的女人呢？皇帝也是一樣。可是，清朝的皇帝由於受到時勢的影響，往往很難像民間男人娶女人那樣簡單，尤其在建立政權之初，考慮更多的不是女人的美貌，而是政治問題，即這個娶進來的女人是否有利於政權的鞏固，這就是所謂的政治聯姻。

皇太極的政治聯姻

關外二帝大體如此。努爾哈赤和皇太極兩人出於政治上和軍事上的需要，通過聯姻來鞏固和擴充自己的軍事實力。即努爾哈赤的部落通婚和皇太極的綏靖蒙古通婚政策。

努爾哈赤的孟古姐姐為葉赫那拉氏，是其父楊吉努為巴結努爾哈赤而形成的婚姻，其目的是為了達到與建州女真冰釋前嫌的目的；而大妃烏喇那拉氏，則是烏喇部頭領布占泰的侄女，為了回報他，努爾哈赤將侄女嫁給布占泰。通過互通婚姻使得努爾哈赤和滿洲部落間的關係密切起來，為統一女真各部奠定了情感基礎。努爾哈赤通過自身聯姻形式，將滿洲各部已基本穩控住了，為了實現自己遠大的政治抱負，採用綏靖蒙古的政策，他的後宮中就有壽妃和安布福晉均為蒙古博爾濟吉特氏。而這兩位妃子都是努爾哈赤的戰利品，是努爾哈赤率軍擊敗蒙古部族後，其部族首領送到手的佳人，而努爾哈赤也樂得其所。

皇太極的婚姻政治意味就更濃厚了，皇太極的后妃中，孝端文皇后、孝莊文皇后、宸妃海蘭珠等，均為蒙古博爾濟吉特氏，是蒙古部族的貴族世家，也是蒙元蒙古的後裔。而懿靖大貴妃和淑妃除了姓博爾濟吉特氏外，又都是蒙古北元末代大汗——林丹汗之妻，不但擁有一定資財，還有很深的政治影響。所以皇太極的後宮中，前數諸后妃都是蒙古貴宦之女，符合當時綏靖蒙古的戰略政策。有趣的是，皇太極在接受林丹汗的妻室時，也曾有所顧慮，因為這些女人不但年紀老，而且長得不漂亮，使他很不情願，但考慮再三，還是接受了她們。

海選秀女

入關以後，隨着政權的穩固，清統治者愛新覺羅家族君臨天下，在選擇女人的問題上就不再那麼委屈自己了。適時地規定了選秀女制度，就是說所有的滿洲女子，都是皇帝的備選后妃，不經過皇帝選看是不准出嫁的，這真是歷史上最厲害、最霸道的佔有了。

選秀女是順治帝的一大發明。其緣由是中宮皇后博爾濟吉特氏被廢，順治帝在他年滿 16 歲時，對自己的婚姻進行了冷靜的思考，於是下諭：「選立皇后，作範中宮，敬稽典禮，應於內滿洲官員之女，在外蒙古貝勒以下，大臣以上女子中，敬慎選擇。」這是選秀女的開始。以後歷代清帝王的后妃，都是通過這種選秀的方式來實現後宮女子的選拔。

清入主中原以後，秀女是在八旗（包括八旗滿洲、八旗蒙古和八旗漢軍）中選擇，共 24 旗。需要指出的是，尋常人家的女子結婚，娘家是要準備嫁妝的。可是，入宮的女子則一般不許準備嫁妝，乾隆皇帝有過明確的諭旨。如需嫁妝，要提前報皇帝批准，才可帶進宮中。所選秀女不僅是皇帝後宮女子的主要來源，也是賜婚近支（即三代以內血親）的主要來源。此外，還有內務府包衣三旗選秀女。八旗選秀每 3 年一次，由戶部主持，包衣三旗選秀每年一次，由內務府主持，這些女子是承擔後宮雜役的宮女。可是，這種選秀女的方式在咸豐年間曾有一段逸聞。傳聞，文宗選秀女，有一女子直言道：「東南髮匪方熾，不聞朝廷選將命師，尚於此時循例選秀女耶？」語多侃直，文宗不治其罪，取消了此次選秀女的活動。這種選秀女的活動，一直持續到溥儀大婚，雖然清王朝已經覆滅，「遜清

皇室」仍然為小皇帝大婚海選秀女。

在清廷 268 年的時間裡，共選秀女 80 餘次，共有 2859 個上三旗秀女脫穎而出，進入紫禁城，被皇帝選看，數目相當可觀。

父母之命　媒妁之言

清宮后妃的另一個來源是指婚。指婚或賜婚，指的是皇帝或太后為宮外的王公貴戚指定婚姻。實際上，在皇宮後院中，也存在這種指婚。皇帝或太后指定某女入宮，這些女子大多是從那些名門望族選拔出來，賜給皇子或指婚給小皇帝。如康熙帝的孝誠仁皇后為孝莊指婚，雍正帝的孝敬憲皇后是康熙帝為其指婚，乾隆的孝賢皇后為雍正帝指婚，嘉慶帝孝淑睿皇后為乾隆帝指婚，道光帝的孝穆、孝慎二后均為嘉慶帝指婚，咸豐帝的孝德皇后為道光帝指婚。而同治、光緒兩幼帝雖走了選秀女的過場，但他們的皇后必須由太后做主，選擇那些名門閨秀入主後宮。同治之后阿魯特氏由慈安做主，光緒帝的皇后則是慈禧的親侄女，是正宗的太后指婚。

那麼，作為堂堂的一國之主，皇帝對自己老婆的選擇有沒有自主權利呢？那要看皇帝是否已經成熟，是否有了自己的親政經歷，否則不可能實現自主婚姻。

比如順治帝的董鄂妃、乾隆帝的香妃等，以及咸豐帝的「四春」之寵，都當視為皇帝成年後，在自己相中的女子中召幸為妃的事例。

為愛癡狂的順治帝和董鄂妃

順治帝獨寵董鄂妃，當是皇帝自主婚姻的典範。

順治乃多情帝君，尤其早期沒有掌握權力，受多爾袞壓制多年，性情暴戾。自董鄂妃入宮後，卻表現得異乎尋常。

董鄂妃，即孝獻端敬皇后，董鄂氏（1639—1660 年），滿洲正白旗人，為內大臣鄂碩之女。關於董鄂妃，歷史上有兩個傳說，一說她是名妓董小宛。有人說，滿洲入關前，清豫親王多鐸率大軍攻入南京，將絕代佳人董小宛掠入宮中，獻給順治帝。董小宛不順從，不肯屈就清帝，自殺身亡。或說她為替丈夫報仇，委身於順治帝，伺機報復，終未成功，含恨而死。這段哀婉的傳說流行很廣，並被搬上了螢屏。歷史上，董小宛確有其人，她生於明天啟四年（1624 年），字青蓮。她大順治帝 15 歲，順治帝出生時，她已是秦淮名妓了。她 19 歲時嫁給了江南才子冒襄。冒襄（1611—1693 年），字辟疆，江蘇如皋人，明末清初文學家。順治二年（1645 年）董小宛 23 歲時，清軍攻破南京城，冒襄為躲避清軍，帶着董小宛隱居鄉下，屢次拒絕清官吏的舉薦，立志不仕清廷。董小宛隨夫輾轉於亂世達 9 年之久，順治八年（1651 年）董小宛在貧寒中死去，年僅 28 歲。關於這個傳說，台灣文史大家高陽先生引經據典，論證了董鄂妃就是董小宛，言之鑿鑿，令人不得不信。但是，嚴肅的史學家是堅決否定的。在此，本文不作爭論。

第二個傳說是她曾是和碩襄親王博穆博果爾的福晉。這一說法源於當時供職於清廷的德國傳教士湯若望的回憶錄，「順治帝對一位滿籍軍人的夫人起了一種火熱愛戀，當這位軍人因此申斥他的夫人時，竟被當朝天子親手打了一個極怪異的耳

光。這位軍人於是憤懣而死，或許是自殺而死。皇帝遂將這位軍人的未亡人收入宮中，封為貴妃。」這位未亡的軍人夫人就是董鄂妃，而那位死去的軍人就是博穆博果爾。這種觀點被電視劇作品廣為使用，卻早為嚴肅史學家駁斥，並引用史料加以考證，在此不作贅述。而這樁令順治帝最滿意的婚姻，在史料中也多有記載。

順治帝對董鄂妃的特殊寵愛首先表現在封號的快速晉升上，董鄂妃 18 歲入宮，順治十三年八月立為賢妃，九月即晉皇貴妃。這種直升機式的晉升速度是絕無僅有的。不僅如此，順治帝還破例將此頒詔天下，普天同慶。按制，冊封妃嬪，並無頒詔之舉，更無為此而大赦天下的先例。

還有就是破格立董鄂妃所生之子為皇太子。這個小皇子於順治十四年出生，實際是皇四子，順治帝愛屋及烏，居然稱為「第一子」，其用意至深。可惜，此子壽命不永，歿後稱「榮親王」。順治帝為其修建了豪華的陵墓，葬黃花山。

董鄂妃死後，順治帝悲痛過度，做出了很多過分的事情：（1）破格為之作傳。順治帝先是親自為董鄂妃作《行狀》，洋洋灑灑數千言，極力誇讚愛妃的一生。接着，又命大學士金之俊為董鄂妃作傳。（2）破格為之大辦喪事。順治帝在董鄂妃死後第三天，即以皇太后的名義追封她為孝獻端敬皇后；到棺槨出殯的時候，順治帝更是很過分地令「八旗官員二三品者輪次抬柩」，讓朝廷大員為妃子抬棺材，聞所未聞。（3）破例為董鄂妃殉葬活人。殉葬是個陋習，令人談虎色變。可是順治帝卻殘忍地命 30 名太監和宮女為董鄂妃殉葬。（4）大鬧皇宮，意欲出家。順治帝大吵大鬧，寢食難安，有時甚至不思飲食，鬧絕食、鬧自殺，讓皇太后無所適從。更有甚者，順治帝居然自

行剃掉頭髮，準備出家，還是孝莊太后採取了果斷措施，鬧劇才被終止。

麻雀一夜變鳳凰

清朝皇帝一般情況下是不使用年輕的宮女的，可能這是象徵清帝廉潔簡樸的標誌吧。但是，並不是每個皇帝都能如此自律，有的皇帝也會對漂亮的宮女想入非非。尤其當那些有身份的后妃年老色衰時，皇帝會逐漸與她們疏遠。可是，她們怎麼能甘心皇帝落入他人之手呢？於是，會想出利用自己身邊漂亮的宮女來吸引皇帝的眼球，只要皇帝看上了自己的宮女，就不愁控制不了多情的皇帝。《金瓶梅》中的潘金蓮就是通過這種辦法，利用自己的侍女春梅來勾引西門慶，進而達到自己控制西門慶的目的。細查清宮檔案，這種情況會有一些，因為皇帝在宮中臨幸后妃時，與后妃隨行的宮中女子如果被皇帝看中，都可供皇帝寵幸，宮女們也願意由此而改變自己的命運。

咸豐帝的玫妃，原為宮女，後被看中，一路攀升，居然有了身孕，生下一子，最終晉為貴妃。咸豐帝風流成性，放蕩不羈，有民間傳說他曾寵愛過市井漢人之女，攏入圓明園，日夜臨幸為歡，稱為「圓明園四春」。

考證「圓明園四春」，果有其人。查中國第一歷史檔案館的原始檔案，發現咸豐九年四月十一日敬事房傳旨：長春宮女子海常春封為禧貴人，次序在吉貴人之次。「四春」分別為禧妃、瑃妃、吉妃、慶妃，其出身均為宮女，他們的父親不是廚役、主事，就是雜役和園戶。由於長相俊美，頗得帝寵，可惜都未能生出一男半女。這恐怕是咸豐皇帝風流過度的結果，不

僅「四春」娘娘沒有生育，他的大多數后妃也都沒有生育，自此敲響了大清王朝即將絕嗣的喪鐘。

但這些人在宮中的地位還是相當低下的，她們不會作為皇后的候選人而主宰後宮。如乾隆帝的哲憫皇貴妃，姓富察氏，父親是一個佐領，乾隆還是皇子的時候，她便侍奉在側，就像《紅樓夢》中的襲人侍奉賈寶玉一樣，由於長相漂亮，做事得體，深得弘曆之心，兩個人偷偷相愛，並在弘曆 19 歲那年為之生育了第一個皇子永璜，三年後再生皇二女。可惜，哲憫皇貴妃壽命不永，就在乾隆繼位前一個月，她病逝了。乾隆為了表達對她的愛意，於乾隆十年追封她為皇貴妃，並在乾隆十七年恩准她葬進乾隆裕陵地宮，與皇帝合葬，這也許是她做夢都沒有想到的事情吧。

2. 民族的烙印

我國是多民族聚居的國家，清王朝是以滿洲貴族統治為主體的封建王朝，其後宮在民族構成上必然呈現出明顯的民族特徵。

清朝諸帝中后妃人數多寡不一，其中努爾哈赤 16 人，皇太極 15 人，順治帝 32 人，康熙帝 55 人，雍正帝 25 人，乾隆帝 41 人，嘉慶帝 19 人，道光帝 20 人，咸豐帝 18 人，同治帝 5 人，光緒帝則只有 3 人，統計起來概為 249 人，這只是檔案中明確記錄的數據，實際上由於皇帝具有至高無上的權力，不可能受到人數多少的限制，真實情況比這些可能要多得多。比如，康熙帝的宮廷檔案中，就有數百位大答應、小答應，不過

由於她們沒有生育或沒有得到正式冊封，而未能載入玉牒，最終不能葬入皇家陵園。

前文所述，努爾哈赤起兵之初，為了統一女真，將自己的婚姻定位在部落通婚上，也就是女真各部間互相通婚；而皇太極則採用滿蒙聯姻的政策，以達到滿蒙軍事上的合一地位。這兩位首創帝王定下的婚姻格調一以貫之，從來沒有改變過。大清後宮中，基本上是以滿族和蒙古族這兩個民族的女子佔據主導地位。從現有檔案分析，清宮后妃的民族構成主要有五類。

強勢的蒙古貴族

主要是博爾濟吉特氏家族的女子。強大的蒙古實力，使得清帝在擇后時，不得不加以考慮。博爾濟吉特氏，居內喀爾喀蒙古五部之一的科爾沁部，為蒙元成吉思汗的直系後裔，乃蒙古一大姓，世代貴族，人口繁衍興盛，具有一定的政治勢力。努爾哈赤興起時，博爾濟吉特氏尚認識不到他的前途。到太宗時，博爾濟吉特氏台吉等誠心歸服，太宗、世祖俱賜以宗室封號，親如骨肉，結為姻親，累世不替。在清朝 27 位皇后中，博爾濟吉特氏女子就有 6 位。這一特點，在清初表現得最明顯，皇太極朝 2 位，順治朝 2 位。康熙以後，蒙古對清廷的影響越來越小，其後宮中女子的所佔份額也就越來越少，雍正、乾隆、嘉慶時期基本上沒有顯赫蒙古女子入宮。而在清廷中所封的 21 位皇貴妃中，就沒有蒙古族屬，因為只有到康熙以後，皇貴妃這一等級才被正式載入史冊，就充分說明了這一點。

血統純正的滿洲貴族

滿族女子在清宮中的份額，自始至終佔有絕對優勢，其理由不言而喻，是為了保持滿洲血統。在 27 位皇后中，除去 6 位蒙古族，2 位隸漢軍旗外，其餘的 19 位均為滿洲女子。

清帝在滿洲內部擇后時，是很注意門第觀念的。那些在滿洲歷史上正輝煌或曾經輝煌的大姓，是其選后的重要標準。如鈕祜祿氏，是滿洲八大姓之一，在清王朝鼎建時，其先祖曾發揮過重要作用，因而清王朝 27 位皇后中就有 6 位為鈕祜祿氏，分別為康熙朝 1 位，雍正朝 1 位，嘉慶朝 1 位，道光朝 2 位，咸豐朝 1 位。而另一大姓葉赫那拉氏佔據 3 位，分別為太祖時 1 位，咸豐朝 1 位，光緒朝 1 位。烏喇那拉氏佔有 2 位，雍正朝 1 位，乾隆朝 1 位。所以，在清宮后妃中，滿洲女子的門閥地位很重要，尤其是皇后、皇貴妃的重要位置，基本上為門閥大姓所壟斷。而對於妃嬪的選擇就不那麼講究了，不僅普通人家的滿洲女子會當選，有的甚至會選那些奴僕的女子，也許這是對那些多情帝君的一種補償吧。

風口浪尖中的滿漢通婚

歷來有一種說法，滿漢不通婚。這種說法源於順治初年，孝莊太后曾頒下懿旨：「有以纏足女子入宮者斬」。此旨懸於神武門內，嚴厲而帶有政治色彩，使本來輕鬆有趣的話題帶有了些許血腥味道。吳士鑒有詩為證：

華風纖巧束雙足，妙舞爭誇貼地蓮。

何似珠宮垂厲禁，防微早在入關年。

另外，光緒二十七年（1901 年）十月，慈禧太后也曾下懿旨：「我朝深仁厚澤，浹治寰區，滿漢臣民，朝廷從無歧視。惟舊例不通婚姻，原因入關之初，風俗語言，或多未嫻，是以着為禁令。今則同道一，已歷二百餘年，自應俯順人情，開除此禁。」兩位太后的懿旨相隔二百餘年，似乎在此時間內，滿漢沒有通婚。

不僅不准通婚，連那些喜歡漢裝的女子也不能如願以償。咸豐三年（1853 年）上諭：「應選女子禁止時俗服飾，衣袖不得過六寸，其時俗叉子高頭燕尾，寬大袍袖，漢式衣服，概不准濫行裝飾。」又有詩為證：

六宮粉黛不輕施，宮裡梳妝禁入時。
昨日大堂嚴諭止，寬袍燕尾漢裝衣。

這其實是一條霸王條款，大家知道，乾隆就曾有多幅著漢裝的畫像傳世，雍正也有十二妃著漢裝的畫像，為甚麼不許應選女子穿漢裝呢？

滿洲不與漢族通婚的理由是甚麼？不外是想保持滿洲自身的純正血統。清初，典籍中確有這樣的記載，「在京城的旗人之女，不准嫁與民人為妻。」然而，真實情況下，滿漢真的不通婚嗎？

其實，早在順治五年（1648 年），順治帝就曾諭禮部：「方今天下一家，滿漢官民皆朕臣子，欲其各相親睦，莫若使之締結婚姻。自後滿漢官民有欲聯姻好者，聽之。」同時，又諭戶

部：「嗣後凡滿洲官員之女欲與漢人為婚者，先須呈明爾部，查其應具奏者，即與具奏，應自理者，即行自理。」這些諭旨，就為滿漢通婚打開了方便之門。也可以說，清初滿漢通婚是有明文規定的。後來，清世祖順治帝竟率先垂範，公開納漢女入宮。清宮詞中，曾有《漢女石妃》一首，記道：

通婚滿漢始章皇，入選蛾眉許漢裝。

金谷園中好春色，弓彎雲髻拜昭陽。

詩中所記女子為石氏，《池北偶談》載，「石氏，灤州人，戶部侍郎申之女也。」《后妃傳稿》中也作了明確記錄，而石申為漢人無疑。這位北方漢族女子，踏着三寸金蓮，搖曳着進入了並不歡迎她的內廷，是有記載的第一個闖入清廷的漢族女子，可謂勇敢、果斷和富有智慧，因為在當時的情況下，石氏不但沒有喪命深宮，相反很得寵，在民間留下了好多關於她的傳說。資料記載，世祖甚至想「以漢女備六宮」，不過遭到孝莊文皇后的阻止而未能如願。

世祖風流倜儻，公開納漢女為妃，其他帝王如何呢？我們再查史料，發現康熙帝的密妃王氏也是漢女。她的父親王國正是個知縣，沒有入旗。入宮後，王氏很得寵，康熙三十二年生下皇十五子允禑，三十四年生皇十六子允祿，四十年再生皇十八子允衸。王氏身體一直不錯，康熙死後，她又活了 22 年，直到乾隆九年才去世，歷經了三朝，70 多歲，可謂長壽。

而雍正帝敦肅皇貴妃年氏，則仍屬漢軍鑲黃旗，其本質出身是地道的漢人。此外，還會有一些漢軍旗的女子入宮為妃，而且地位也很高。如嘉慶帝生母孝儀皇后魏氏，史書記為「漢

人而投旗者」。其實，她為漢軍旗包衣管領下人，出身寒微。入旗後，賜姓魏佳氏。對於這個女人，需要介紹一下。

孝儀皇后，也就是「令妃」，她有兩個特點：一是柔嘉的女人。乾隆帝一直認為，魏佳氏是一位性格柔嘉之人，乾隆十年，晉封魏佳氏封號，首次稱她有「柔嘉之質」（《清列朝后妃傳稿》）；乾隆十四年，乾隆帝再稱讚她有「柔嘉之質」；乾隆二十四年，稱讚她「居心柔嘉」（《清列朝后妃傳稿》）；乾隆六十年，乾隆帝追贈她為孝儀皇后，稱讚她「淑順柔嘉」（《清列朝后妃傳稿》）。可以說，在乾隆帝的眼中，魏佳氏就是一個柔嘉的女人。二是年輕的女人。魏佳氏出生於雍正五年，小乾隆帝16歲。這個年齡，在宮中非常佔優勢。因為，乾隆帝25歲做皇帝，之前與他結婚的女人，年齡也大體如此。而當乾隆帝做了25年皇帝以後，皇帝已經50歲了，那些與他早年結婚的妃嬪們也已經四五十歲了，而魏佳氏則剛剛三十幾歲，正是一個女人最佳的年齡。所以，乾隆帝五十歲左右的時候，他眼中的貌美妃子，魏佳氏恐怕是最佳的人選。

也正因為這樣，魏佳氏在宮中如魚得水，順風順水，備受乾隆帝的寵幸，因而，也就有了最大的收穫。

其一，封號穩步上升。魏佳氏初入宮的時候，僅是一個地位低下的貴人，在後宮之中，位次是倒數的了，根本無優勢可言。經過她的努力，這個女人的封號，居然穩步上升：乾隆十年，被封為令嬪；乾隆十四年，晉升為令妃；乾隆二十四年，晉升為令貴妃；乾隆三十年，晉升為令皇貴妃。從魏佳氏的宮中封號，我們看出，她是扎扎實實地由最基層的貴人升起，幾乎沒有跨越任何一個等級，可謂穩中求進。到最終，她的封號已經是最高的了，因為到乾隆三十年，她晉封為皇貴妃，皇后

在第二年去世，那麼，直到乾隆四十年魏佳氏去世，這十年的光景，後宮之中沒有皇后，她就是宮中的老大了。

其二，寵冠後宮。寵冠後宮的標誌就是，魏佳氏與乾隆帝生育了6個孩子，這是很不容易的事情。因為，在乾隆帝的後宮之中，妃嬪成群，也有更為年輕的女子，只有她和乾隆帝生育子女最多，這是一件很榮耀又很不易的事情。我們看看她的生育情況：乾隆二十一年，生皇七女；乾隆二十二年，生十四子永璐；乾隆二十三年，生皇九女；乾隆二十五年，生十五子永琰（後改名顒琰，即嘉慶帝）；乾隆二十七年，生皇十六子；乾隆三十一年，生十七子永璘。我們從魏佳氏生育的年份看，從乾隆二十一年開始，乾隆帝46歲，魏佳氏30歲，一直到乾隆三十一年，乾隆帝56歲，魏佳氏40歲，他們之間保持了10年的生育期，也就是在這10年裡，魏佳氏最為得寵，這在宮中十分難得。可以看出，在這段時間裡，魏佳氏寵冠後宮，是乾隆帝最愛的女人。

其三，在宮鬥中大獲全勝。其實，魏佳氏的得寵遠不止這些。乾隆帝寵她，愛她，信她，給她以最優厚的待遇，讓這個女人盡享勝利者的快樂。毫無疑問，魏佳氏是一個敢於挑戰的冒險家，她的對手就是中宮皇后那拉氏。在後宮之中，那拉皇后的下面是令貴妃，位置是最近的了。可是，令貴妃心氣兒很高，她有更高的要求，就是晉封為皇貴妃。但是，她確實犯了忌諱，因為皇貴妃的位置直逼皇后，為了不給皇后壓力，清朝皇帝一般不設皇貴妃。儘管如此，她還是要得到這個封號。就在乾隆三十年，陪同乾隆帝南巡途中，在杭州的「蕉石鳴琴」，這一問題被提上了日程。皇太后、皇帝都支持魏佳氏，決定晉升令貴妃為皇貴妃。可是，那拉皇后堅決抵制，最終竟然以剪

髮相威脅。其結果是：那拉皇后「論其行事，即予廢黜，亦所當然」(《清列朝后妃傳稿》)，被打入冷宮，乾隆三十一年七月，黯然死去。而魏佳氏，在皇后被打入冷宮、備受煎熬之時，她卻如願以償，「乾隆三十年六月，晉封皇貴妃」(《清列朝后妃傳稿》)。魏佳氏打敗了皇后，大獲全勝。

其四，兒子被立為皇太子。打敗了中宮皇后，晉封為皇貴妃，魏佳氏如願以償。但是，這不是她的最終目標。乾隆三十一年，她又生育了乾隆帝第十七子，使她達到生育 6 個子女的最高目標。那拉皇后去世後，她在宮中位置最高，到乾隆三十八年冬至節，她的兒子第十五子永琰被「高宗密建皇儲」(《清皇室四譜》)。雖然，魏佳氏並不能完全確定，但是，憑她的宮中地位，憑她的直覺，還是很有把握的。

其五，死後享哀榮。乾隆四十年，魏佳氏不幸病逝，走完了她 49 歲的人生。她的去世，使乾隆帝非常悲痛，他痛苦地寫道：「強收悲淚為歡喜，仰體慈闈厪念諄。」(《高宗御製詩四集》)表達自己悲痛而又思念的心情。到乾隆六十年，乾隆帝禪位，做太上皇，魏佳氏的兒子永琰繼位，她母以子貴，「着贈為孝儀皇后，升祔奉先殿。」(《清高宗實錄》)她的神牌被擺放到太廟、奉先殿和陵寢大殿，她的棺槨被安放到裕陵地宮。這一切，都是那些宮中妃嬪們望塵莫及的事情，真是死後享哀榮。

由此，我們看出，魏佳氏這個女人真是太有心機了，不僅收穫了最高封號，兒子也得以成為太子。更重要的，自己俘獲了乾隆帝的心，成為乾隆帝后妃中生育最多的女人。

詩人吳士鑒曾以《滿漢通婚》為題，作詩一首：

漢姓難同色目儕，當年卻特制誠乖。

東朝未下通婚詔，聖母曾聞氏魏佳。

有的專家稱，康熙生母孝康皇后佟佳氏為漢人，說康熙大帝具有三個民族血統：祖母為蒙古族，父親為滿族，母親為漢族。真是仁者見仁，智者見智。可是，筆者認為佟佳氏並非漢族，細考佟氏家族，原本女真，為遼東望族，但他們世代受封明朝官階，被人誤視為漢人，而他們本身也以漢人自居，說一口流利的漢語，漢化程度非常高，與漢人無異。後來，滿洲人入關，定鼎天下，佟佳氏一族深感自己當年自稱漢族有失遠見，可是，要想族歸滿洲旗下，也並非易事。到康熙時，以孝康章皇后、孝懿仁皇后母家為皇親國戚，而將佟圖賴、佟國維本支由漢軍旗抬入滿洲旗，所以，應排除在滿漢通婚之列。

儘管如此，滿漢通婚這一做法，在宮中總處在猶抱琵琶半遮面的狀態之中，漢族女子和優秀的漢文化時刻在吸引着清代帝王。雖然，他們一再聲稱「宗室覺羅不得與民人結親，違者按律治罪」（乾隆五十七年上諭），但處在漢文化包圍下的清代帝王，怎能做到這一點呢？所以，即使發生宗室聯姻的事情，也只好聽之任之，「不必離異」，只象徵性地給一些處分而已。清史專家王鍾翰先生曾就滿漢通婚作過結論：「恰恰相反，在清代官書《清實錄》裡即有大量准許滿漢通婚的明文記載。」

維吾爾族傳奇──香妃

乾隆帝的后妃中，居然有一位維吾爾族女子，這位女子在宮中封號為容妃。雖然她在宮中的地位不是很高，可是，近年來卻被炒得紅紅火火，在畫像上、在學術上、在影視作品上、

在民間傳說上、在葬地上都籠罩着神秘的光環，讓人感到撲朔迷離，被當時和後世稱之為「香妃」。關於她的真實情況，我們有必要揭開其廬山真面目。

關於香妃的身世，經過考證，她的真正封號為「容妃」。因她 27 歲入宮，有人推測她入宮前結過婚，但丈夫是誰無從考證，傳聞她是叛亂酋首霍集占的王妃，乾隆平叛後，將其掠入宮中，強納為妃。

《清史稿·后妃傳》中記：「高宗容妃，和卓氏，回部台吉和扎麥女。初入宮號貴人，累進為妃，薨。」其他資料中亦有類似的記載。容妃出生於雍正十二年（1734 年）九月二十五日，小乾隆帝 23 歲。她的父親為台吉和扎麥。實際上，「和卓」乃是對中國新疆及中亞、西亞等地伊斯蘭教封建貴族上層的尊稱，有創教者後裔和宗教學者兩層含義；而「台吉」一詞為爵位，為容妃之兄圖爾都最初的封爵，而這一爵位又是世襲而來，所以推斷，其父也應為台吉；「和扎麥」，卻不是人名，而是稱號，即「和卓木」，意為「我的和卓」，表示更加尊敬。那麼，容妃之父真正的名字為「阿里和卓」，是回部第二十九世和卓。所以，按漢人的規矩，應記成這樣：「容妃，和卓氏，阿里和卓之女。」容妃的原名，史書上並無記載。只是到光緒年間，才在一些清人筆記中偶有出現。至於「香妃」名字的廣泛出現，則是在清亡之後，一些關於清宮的疑案秘聞到處氾濫，就包括「香妃」的傳說。近年學者考證其名為「伊帕爾罕」，「伊帕爾」乃為麝香，「罕」是維吾爾族女性名字常用的詞尾。

容妃的哥哥名圖爾都，反對割據，不屈服於叛酋霍集占兄弟，將全家從天山南路的葉爾羌遷往天山北路的伊犁定居。乾隆二十三年，當聞知清軍征討大小和卓叛亂之時，容妃的五叔

額色尹偕同圖爾都及堂兄瑪木特，配合作戰，平息了大小和卓叛亂，乾隆帝以功封額色尹為輔國公，瑪木特被授一等台吉，圖爾都也被封為一等台吉。乾隆二十五年四月初一日，額色尹、瑪木特、圖爾都等在京師落戶，享受朝廷俸米。

容妃一家定居京師後，於乾隆二十五年六月十九日，圖爾都將妹妹送入宮中，封號為「和貴人」，時年 27 歲，而乾隆帝已 50 歲了。和貴人入宮後，在宮中受到特別禮遇，表現為：

位號屢封。乾隆二十七年五月十六日，奉皇太后懿旨，晉為容嬪，時年 29 歲。乾隆三十三年六月，奉皇太后懿旨，晉升為容妃，時年 35 歲，至此，封號不變。

民族信仰得到尊重。一是服飾上，在宮中允許穿維吾爾族衣服，並為其製作維吾爾族朝服。二是飲食上特殊關照。因為滿族喜食豬肉，維吾爾族忌諱，於是，在宮中特為她準備回部廚師名叫努倪馬特，曾製作「滴非雅則」「谷倫杞」兩道名菜，並為其製作回子餑餑、羊肚絲、羊西爾占、五香雞、羊肚片、羊他他士、酒燉羊肉、鹿筋羊肉等，並多次有鮮荔枝賞賜。三是允許回部雜技班入宮表演，以排解她的鬱悶。其中玩小羊、玩繩桿、鬥羊等都曾入宮表演，並得賞賜。四是多次隨帝出巡，並多有賞賜，如南巡、東巡等。

容妃的得寵是個奇跡，因為在以滿洲女子為主體的清宮后妃中，其他民族的女子是很難立足的，尤其是險惡的宮廷，加上挑剔的乾隆皇帝，會使得後宮妃嬪很難達到久寵不衰。但是容妃做到了。有詩為證：

南向丹梯寶月開，香妃曾此望家還。

小樓一角遙相對，下有天方聚族來。

乾隆寵愛容妃，世人多有流傳，一些史學前輩也對其進行過多方考證。最具說服力的就是乾隆之建寶月樓。

　　史界近來反對寶月樓是乾隆為容妃而建的樓閣。因為寶月樓建於乾隆二十三年，而此時容妃尚未入宮。但史學前輩孟森教授仍認為寶月樓與容妃之寵關係匪淺。

　　孟森先生稱道高宗之寵容妃，稱其「兼露英主本色」。本來當時回部為「叛亂之邦」，其實正在平叛之內，回部之女不宜尊寵，但乾隆不能自持，牽愛於斯，孟森又解釋為：「夫尊寵其來歸之女而滅其母家，是清室之家法。」並列舉了太祖之於孝慈、太祖之於太妃（攝政王之母）等舊例，為乾隆納容妃正名。

　　因而，孟森認為寶月樓初雖不是為容妃之設，但高宗為寶月樓歷年作有詩篇，如乾隆三十三年春節，有詩云：

　　淑氣漸和凝，高樓拾級登。
　　兆杓已東轉，西宇向南憑。

　　並有註：樓臨長安街，街南俾移來西域回居之。

　　這首詩證實了寶月樓與回子營遙相對應，有人說，長安街迫近禁城，本不許民居相近，而剛剛平定的叛亂部族，卻可在寶月樓前建回子營，是高宗為了慰藉容妃的思鄉之情。

　　而且，孟森考證，乾隆帝多次御臨寶月樓，在此娛樂作詩，抒雍雅之情。而《寶月嘗荔圖》正是這一時期的應景之作。所以，孟森教授以嚴謹的學識考證，寶月樓與容妃之寵大有干係。

022　關於容妃的畫像，流傳於世的主要有幾種：香妃旗裝像、

香妃戎裝像、香妃洋裝像。此外，還有香妃「騎馬遞箭像」和「寶月嘗荔像」。但這些畫像一直有爭議，有人認為根本不是容妃，又有人說其中的戎裝像可能是惇妃所生的十公主，莫衷一是。經過專家考證，民國年間，陸夫人在清東陵裕妃園寢中發現的「容妃神像」是真實的香妃，我比較認可這個觀點。細審這幅神像發現，容妃面容清瘦，長相端莊，是個美人胚子。

至於容妃為高宗生母賜死一節，則為笑談。依宮廷檔案，高宗生母孝聖憲皇后崩於乾隆四十二年（1777 年）正月二十三日，壽 86 歲，而容妃則薨於乾隆五十三年（1788 年）四月十九日，此時，皇太后已死去 11 年了。而且，容妃由貴人而容嬪而容妃，都是乾隆遵照皇太后的意願而晉封的，何來太后賜死容妃之事！

容妃入宮後，身體一直很好，多次隨帝出巡。但到乾隆五十二年十月初四日，太醫向她進了平安丸一丸，看來她是得病了，直到乾隆五十三年三月十二日，首領劉芳傳旨，賞容妃奶餅一盤。四月十四日，總管劉秉忠傳旨賞春橘 10 個，5 天後，即四月十九日，容妃死去，終年 55 歲。

容妃在宮中后妃的地位是一路攀升的。到乾隆四十二年，她已名列第三，侍候她的太監、宮女就有 24 人。她死後，穿戴為：繡杏黃緞錦蟒袍一件、緙絲八團有水褂一件、桃紅緞錦衫衣一件。身下鋪：杏黃妝緞大褥一床、綠錦緞大褥一床、大紅妝緞大褥一床。身上蓋：大紅妝緞被一床。身體旁邊安放有：繡八團有水一套有襯衣。碧霞朝珠一盤，松石佛頭塔記念墜角背雲。玉如意一柄，錶一個，容鏡手巾、水晶鼻煙壺一個。福壽金正面簪三塊，每一塊上綴東珠三顆，小紅藍寶石五塊，紅寶石二塊，螺子一塊。金茶花一塊，上綴六分重正珠一顆，

正珠六顆，嵌金剛石。金火焰簪一塊，上綴一錢六分重正珠一顆。金如意吉慶平簪一塊，上綴正珠、東珠四顆，紅藍小寶石十一塊，大藍寶石一塊。金荷葉扁豆蟈蟈簪一對，上綴正珠、東珠十八顆，紅藍寶石十四塊。金荷葉蜘蛛簪一對，上綴大小東珠十顆，大小紅藍寶石十八塊。金如意一支，金豆瓣簪四支，伽式正珠墜一副連金焰正珠六顆，重四錢。

關於容妃葬地。一說葬於新疆的喀什噶爾。其實，經考證，該墓為容妃曾祖父阿吉‧穆罕默德‧優素福‧霍加的墓地，始建於 1640 年，位於喀什東門外，是一組大型的宗教建築群。主要建築有主墓室、四座禮拜堂和一座教經堂。而容妃真正葬地為河北省遵化市的清東陵裕妃園寢內。具體方位為前數第二排之東邊第一號墓中。

乾隆五十三年四月十九日容妃死後，於同年九月二十五日葬入妃園寢中。容妃墓早年被盜，1979 年 10 月，雨季過後，墓前踏垛級石塌陷。經上級文物行政部門批准，對容妃地宮進行清理，發現其地宮結構完全為清式葬法，由兩個券堂組成，金券內有青白石寶床，寶床上有一具旗材棺木。棺木紅漆，與已發掘的清宮其他棺具無異，但是只有一層棺，無內棺，棺頭正中有金漆的伊斯蘭文數行，經辨認為「以真主的名義……」

在清理地宮中，發現了一具頭骨和其他肢骨、體骨等，一條長 85 厘米花白髮辮、吉祥帽、龍袍殘片、宮中織物、如意、荷包、珍珠、寶石、貓眼石、鑽石等物。

關於容妃的身體，說她「生而體有異香」，香氣撲來，吸引了乾隆皇帝，使他魂不守舍，總想接近她。當時，「香妃」這個名字並不存在。查閱資料，最早出現「香妃」記載的是光緒十八年，蕭雄在《西疆雜述詩》中留有記錄。實際上，通過

對容妃體骨進行科學檢測，發現她具備維吾爾族人的體貌特徵，卻沒有發現可以釋放香味的特殊物質。「生而體有異香」的記載，應該是人為虛構的故事。

通過對香妃屍骨進行科學鑒定，得出如下結論：

從容妃頭骨上分析，其方顱闊面而低額，是典型的維吾爾族的頭型特徵。

從她的頭骨和花白髮辮上分析，是一個年逾五旬的老年女子。

通過對其遺骨分析，人體汗腺及皮脂的分泌物應為一種特殊的氣味，這主要是其中含氮物質腐化後產生出來的氣味，確非香味。「香妃」之名，很可能是一種愛稱，或她生前大量使用化妝品，或攜香料所致。

朝鮮族佳麗

清代，朝鮮為清王朝的附庸國，諸事多報之於清廷，而且有歲貢。我們在查閱清宮棺槨的製作檔案時，就看到好多關於高麗紙的記載。在清東陵，陪葬着一位朝鮮族女子朴氏，詔封為奉聖夫人。她曾撫育過順治帝和康熙皇帝，死後，陪葬在東陵風水牆外東側，其丈夫也一起陪葬。稱為「奉聖夫人園寢」，立碑勒文，甚為壯觀。

乾隆帝有一淑嘉皇貴妃，金氏，也一樣是朝鮮族。不過，她出身不高，父親為上駟院卿，名叫三保，是正黃旗下包衣人，典型的奴僕出身。她的哥哥金簡，初隸漢軍旗，後來沾了妹妹的光，得到了重用，不僅賜姓金，抬旗，還委以重任，授吏部尚書，掌控全國的官吏事務，頗有權勢。

淑嘉皇貴妃早年入宮，時間不詳，乾隆二年十二月封嘉嬪，四年即生下皇四子永誠，即被封多羅履端郡王。乾隆六年十一月晉嘉妃，乾隆十一年生皇八子永璇，即和碩儀慎親王；乾隆十三年，再生皇九子，期間，畫師為其畫有半身像，但見她細眉杏目，十分嫵媚，令人觀之可親。乾隆十三年再晉嘉貴妃，乾隆十七年生皇十一子永瑆。

淑嘉皇貴妃頻繁地生育，說明其在宮中很得寵，生育的 4 個皇子，除皇九子早殤外，餘者都成年分府出宮，其中，永璇活了 87 歲；而永瑆又十分擅長書法，是當時著名的書法家。裕陵大碑樓中的碑文就是永瑆書寫的，頗見功底。

金氏死於乾隆二十年十一月十五日，終年不足 40 歲。乾隆帝以其入宮較早，誕育 4 個皇子，追封為皇貴妃，葬入裕陵地宮之中，位在地宮金券左側垂手床上。1928 年 7 月，孫殿英盜掘裕陵地宮，淑嘉皇貴妃早已化為一堆朽骨。頭骨、肢骨等漂於兩米多深的積水之中。一個月後，清朝遺臣奉溥儀之命前去殮葬，因無法區分哪位是皇后，哪位是皇貴妃，怕失禮數，便請示遜帝，全部抬格，以皇帝之禮安葬后妃屍骨，即將 4 位后妃屍骨殮入乾隆帝的大棺之中：皇帝屍骨居中，左右各安奉兩具屍骨，而那具未朽之女屍則單葬一棺。這樣，淑嘉皇貴妃的大金棺就空空地放置一邊了。

3. 後宮管理學

居住在後宮的后妃，由於人數眾多，必須有一個成熟的制度加以約束，否則，就會出現皇家後院失控的狀態，嚴重時會

牽扯皇帝的精力。

順治以前，天下未定，典制未備，後宮沒有現成制度可言。自康熙始，國家大局已定，后妃制度也隨之制定出來，並歷經各朝，逐步完備。

從家庭式管理到忠孝思想的控制

清朝的后妃制度，是一個逐步完備的過程。在關外時，沒有嚴格的制度，努爾哈赤和皇太極的後宮其實就是貴族家庭式的管理模式，直到 1636 年，皇太極棄汗稱帝，才有了後宮的雛形，但很不完善。

具體而言，努爾哈赤的中宮皇后在當時被稱為大妃或大福晉，餘者被稱為小福晉。1636 年，皇太極棄汗稱帝時，冊封後宮，有中宮皇后，又稱國君福晉，另外，加封了東宮大福晉、西宮大福晉和衍慶宮淑妃及永福宮莊妃，至於其他宮中女眷，則概稱側妃、庶妃或格格。關於格格，在這裡簡單解釋一下。「格格」，滿語中小姐的意思。努爾哈赤時期，皇帝的女兒也稱為「格格」；皇太極時期，皇帝之女一般就稱之為公主了，而那些王公之女則多稱之為「格格」了。到順治時期，這些格格被規定出了嚴格的等級。此外，也有稱滿洲貴族的女兒為格格的，當然，這不符合清朝的封爵制度。

順治一朝，雖備位中宮，先後有過 4 位皇后，但典制與等級仍未脫離皇太極時期的制度，皇后以下即為妃子。雖然董鄂氏曾被加恩封為皇貴妃，但並不能說明當時已建立了嚴格的后妃制度。比如孝東陵中就葬有 4 位福晉和 17 位格格，這種混亂不堪的後宮稱呼，帶有鮮明的關外色彩。

順治親政後，對後宮進行了整飭。尤其是當年後宮受多爾袞擅權的影響，無論王公大臣還是後宮妃嬪，都對皇權產生了弱化的影響，這是獨裁天子所不能容忍的。於是，順治帝首先提出了「自古平治天下，莫大乎孝，孝為五常百行之原」，把孝道作為建國立邦、教化黎民的根本。從一定意義上講「孝」就是對皇權之「忠」。

順治帝曾親撰《御製孝經序》，更加明確地提倡遵循儒家的倫理之孝，移孝作忠，要人人做忠臣的典範。而對於後宮，福臨於順治十二年（1655年）推出《內政輯要》一書，該書收集了中國歷代后妃的嘉言善行，共二十章，四十一則。順治帝細心作註，並要求徵引歷代賢后、賢妃事跡，為當朝者借鑒。

順治十三年（1656年），再推出《內則衍義》，共十六卷，八綱，三十二子目，對歷代后妃善言嘉德進行了闡釋，對后妃在孝、敬、教、禮、讓、慈、勤等諸多方面提出了要求，於內廷刊刻頒行，成為約束后妃的制度。

康熙中葉，後宮制度井然，制度備位後宮，品級和冊封禮儀基本完善，規定了後宮主位的稱謂，尊帝祖母為太皇太后，母為皇太后，同住慈寧宮，太妃、太嬪隨住；皇后居中宮，主內治；皇后以下設：皇貴妃1人，貴妃2人，妃4人，嬪6人，分居東西六宮，嬪以下有貴人、常在、答應無定數，隨皇貴妃等分居12宮。

冊封后妃制度。康熙一朝典制大備，冊封后妃活動頻頻舉行。關於皇后的冊封確立，有三種形式：

一是皇帝舉行大婚，迎娶入宮，如康熙的孝誠皇后，從大清門進入內廷，成為後宮的主宰。二是由皇貴妃、貴妃、妃等晉升而成為皇后，如康熙的孝昭、孝懿等皇后，一旦皇后去

世，後宮不可沒有主人，便按例將皇貴妃提拔為皇后。三是追封皇后，老皇帝死去，新皇繼位，尊其生母為聖母皇太后，隨即追封為先皇皇后，如雍正生母德妃，被上徽號為「仁惠皇太后」，慈禧太后也是一樣，由貴妃一躍而成為皇太后。

冊封妃嬪之禮與冊封皇后之禮大同小異。

乾隆七年，弘曆命敬事房修訂內廷典制，遂成《欽定宮中現行則例》。卷首是乾隆及以前諸帝關於內廷之「訓諭」，以下共分宮規 18 門，可歸納為四個方面：

一、規定後宮人員等級待遇，如名號、玉牒、冊寶、服色、宮分、鋪宮、遇喜 7 門。其中宮分最為詳盡，對皇后等位分的宮中享用進行了明確的劃定。

二、規定後宮禮儀、宴儀、典故、進春、謝恩 5 門，如宮中主位生日的稱謂，就有萬壽、聖壽、千秋、壽辰、生日等多種稱謂，要視等級而定，不可稱錯。

三、規定後宮各項管理制度，如安設、歲修、錢糧等。

四、規定對宮中太監和宮女的管理制度，如品級、待遇、職責、賞罰等。

不可逾越的宮規家法

高高的宮牆，幽深而昏暗，給人以神秘莫測之感，將那些涉世未深的女子深深鎖住；而在宮牆內，嚴厲的宮廷制度，層疊的宮規家法才是皇權之下最具權威的桎梏。

后妃不得干政，這應該是中國歷朝歷代對后妃女子的基本要求。在歷史上，有好多由於女人干政而亂政的事例。比如漢朝的呂后專政、唐朝的武則天亂政、明朝的萬貴妃專權等，都

給清帝以借鑒。

　　清代后妃干政的始作俑者，當屬努爾哈赤的大妃阿巴亥。大妃為努爾哈赤生育 3 個皇子：阿濟格、多爾袞和多鐸。大妃也因此恃寵而驕，頻加干政，最終到努爾哈赤病逝之後，被皇太極等人逼迫殉葬，年僅 37 歲。

　　可是，清宮后妃並沒有因為大妃之死而終止干政的慾望。人總是這樣，不會牢記教訓，那些權力慾很強的后妃，紛紛粉墨登場，儘管會有慘痛的教訓，也會在所不惜。

　　清初的孝莊太后和清末的慈禧太后可謂清代后妃干政的典型。孝莊太后還在皇太極時期，就對國事產生了濃厚的興趣。傳聞崇德六年，皇太極圍錦州，將明將薊遼總督洪承疇俘獲。皇太極想盡一切辦法，都未能說服洪承疇投降，正在一籌莫展之際，莊妃（後來的孝莊太后）自告奮勇，以其聰明和美貌打動了洪承疇，其降清後，成為一代開國重臣。莊妃初嘗參政的喜果，便一發而不可收拾，尤其在其子福臨繼承帝位以後，她使用高超手段，籠絡住多爾袞，促使其扶持福臨，竟也傳出「太后下嫁」的傳聞。此後，她輔佐順治、康熙兩代幼主，在關鍵時候，能一語定乾坤。

　　清末慈禧太后，以低微的宮中封號，生育大阿哥。相傳，她是個有心人，咸豐帝還在世時，她就曾在一旁侍立，幫助看奏章，引起權臣肅順的不滿。當咸豐帝病逝之前，託孤八大臣之時，肅順力諫咸豐帝仿漢武帝行「鉤弋故事」，誅殺葉赫那拉氏，防止她將來干政，禍亂朝綱。可惜咸豐帝心軟，猶豫不決，終於釀成慈禧太后垂簾聽政達 48 年之久的歷史鬧劇。

　　皇帝生前，因為過分寵愛某位后妃，也會出現干政局面。這種干政發生在皇帝還健在的時候，是心甘情願的。清宮中，

有兩個這樣典型的實例：

順治帝自從傾心於董鄂妃，即使在深夜批閱奏章時，也要讓董鄂妃陪伴一邊，有時甚至讓她同閱。董鄂妃一面「為國事」以身相謀，為順治帝整飭吏治諫言，一面又極力避嫌，「妾聞婦無外事，豈敢以女子干國政！」為自己干政辯解。但不管怎樣，董鄂妃言行舉止止於可止之時，從不逾度，從而使迷戀她的順治帝愈加寵愛。可是，當時健在的太后卻看在眼裡，對董鄂妃干政之事大為不滿，卻也無可奈何。直到順治皇帝死去，才在對待董鄂妃的喪葬問題上大做文章，使她死去的靈魂遭到冷遇。

而另一位有「干政」之嫌的寵妃則為光緒帝珍妃，相傳珍妃經常到皇帝辦公地——養心殿，陪伴皇帝批閱奏章。而且利用皇帝以權謀私，重用珍妃兄長志銳，賣官鬻爵。清末賣官早已公開化、制度化，形成所謂捐納制度，不同的官階有不同的價目。珍妃在宮中由於手頭緊，也想藉光緒帝的權勢，賣官得些銀兩，多次得手，收穫不小。可是，後來與慈禧太后和李蓮英的利益發生了衝突，賣官醜聞敗露出來。更嚴重的是珍妃在後來參與了帝黨與后黨之爭，支持光緒帝變法革新。

戊戌變法中，形成了兩大對立集團：以光緒帝和康有為、梁啟超等人為核心，力主學習西方，變革現狀，稱為「帝黨」；以慈禧、榮祿、剛毅等保守派為核心，極力反對變法，主張恢復舊制，稱為「后黨」。最終，光緒帝變法失敗，珍妃自然成為了權力鬥爭的犧牲品。

所以，后妃作為生活在政治中心的群體，有時會被政治引誘得誤入歧途，不自覺地捲入政治旋渦，不能自拔，多數難善其終。

嚴苛的宮規家法裏挾着皇宮裡的女人，時刻提醒她們皇權的不可侵犯和尊卑有序的禮儀規範，不得越雷池一步。

　　一、在皇帝面前不得造次。

　　后妃雖為皇帝的老婆，但亦屬君臣，名分已定，相見時絕不是尋常人家那樣隨意，而是有嚴格的宮中規定。比如大婚後，皇后要率眾妃嬪向皇帝行六肅三跪三叩禮，皇后拜墊居中而前，後面依次遞為左右，以示卑尊。而皇帝此時面對自己的后妃，則要鄭重其事地升上寶座，接受眾妃的叩拜。

　　即使同是后妃，地位相對低下的皇貴妃、貴妃等位，又要由皇貴妃率領，到皇后寢宮去行六肅三跪三叩禮，以示皇后為宮闈之主。

　　二、吃不踏實的御膳。

　　毫無疑問，宮廷的美食為天下之冠。可是，按照宮規，后妃卻不可以隨意和自己的丈夫共同享用。只有在皇帝萬壽節這天，帝后妃才可以在一起會餐，同桌吃慶壽宴，還可以説些笑話，只有此時，才像是一家人。

　　如果給太后侍膳則大為不同，太后在那裡坐享美食的時候，后妃則只能站在一旁，也不可隨意取食。尤其給慈禧太后侍膳，連皇帝都很少被賜坐。眾人還要用心看着太后的眼色，老太后用眼瞧哪樣菜，太監就會挪哪樣菜。但后妃們不可以勸膳，或貢菜（各地督撫進貢），或例菜（御膳房做），或時新菜，隨由太后自定。妃子勸膳會遭到申斥或懲罰。

　　三、不得以色媚君。

　　宮中規定，皇帝在大年三十至初二 3 天，要由皇后侍寢，其餘時間由皇帝自定。皇帝喜歡哪位妃子，便在其他時間召至養心殿。女主們若以色相媚惑君王，而使皇帝身體受損，皇后

就要出面干涉，到時候，獻媚的妃子就要按宮規處置。

四、穿衣不許流俗市井。

衣冠乃一代昭度，一代之興，必有其衣冠之制。史載，清代宮廷服飾是孝莊太后等參與制定，由康熙逐步完善的。當時，孝莊太后聰明的侍女蘇麻喇姑曾設計過宮服樣式，頗有建樹。所以，歷代沿襲不替。社會上時下流行的服飾難免會傳入宮中，后妃們也想一試新鮮。但是，按照宮規是不允許的。而且，嚴禁穿奇裝異服。

光緒帝珍妃入宮之初，喜歡追求新潮，做各種新款式時裝，還喜歡穿戴男子的冠服，有時甚至與光緒帝互換裝束，遊戲取樂。結果忤怒了慈禧太后，她於光緒二十年十月初一日，下了一道懿旨：

平素妝飾衣服，俱按宮內規矩穿戴，並一切使用物件不准違例。皇帝前週年節照例准呈進食物，其餘新巧稀奇物件及穿戴等項，不准私自進呈。如有不遵者，重責不貸。特論。

其中，還提到了向皇帝進呈禮物，除了一些如意、香囊之外，再就是在元旦進獻蘋果、青果、蓮子等，蘋果象徵平安，青果象徵長生不老等，其餘新奇之物則不准進獻取寵。

五、會見娘家人，有苦說不出。

后妃不許私自出宮，同太監和宮女一樣，沒有自由。有時后妃會很想娘家人，想念在家裡的自由和快樂，尤其是親情。可是，出宮談何容易，要層層上報，還不會被允准，只在特定的時間和節日裡，會允許娘家的眷屬進宮探望，稱為「會親」。但在見面的時候會很尷尬，即使是長輩見到女兒，也要先行君

臣之禮，再行家人之禮，以君臣之禮為主。如果必須出宮到娘家省親，則一樣是這種禮數，而且，有些親戚、兄弟等男眷不許走近相見。后妃在娘家或宮裡，也絕對不許向娘家人談宮裡的事情或傾訴不快之事。

后妃省親時，宮中會派出護衛軍人等，內務府會派出服務人員，達到 100 餘人跟隨其後，一是彰顯皇家的氣派，二是限制其人身自由。

我們曾經看到過一幅光緒隆裕皇后回家時的畫像，他的父親桂公爺早早地跪在了自家大門外迎候，當女兒路過時，他必須低眉順眼，等到皇后過去時，才可以在後面尾隨而入；與此同時，她的母親跪迎在大門內，同樣的禮儀，使她傷心已極。最難受的是在大堂之上設有寶座，皇后下轎後，頭也不回地走進大堂，升上寶座，父親母親這時候早已快步走進來，跪在了寶座前面，皇后接受父母的朝拜，不過，這時候，皇后會禮貌地站立接受拜禮。朝拜結束後，皇后會在父母的攙扶之下，走進裡屋，這時候，沒有了外人，皇后才可以抱住親生母親痛哭，表達思念之苦。母親卻不敢坐着接受，而要站立抱住女兒，不停地撫慰，但要特別注意措辭，會說「皇后保重，不要傷了身體」之類的話，其他的話就不敢說了。

六、走在路上，要知曉迴避。

后妃在宮中不可單獨行走，不論遠近，必有本宮太監和宮女跟隨。要有兩名太監在前面喝道，皇帝叫「打吃」，后妃叫「關防」，低一等級聽到後要閃在一旁為上級的主位讓道，否則，就要因觸犯宮規而受罰。即使是在宮外，也是如此。

有些太妃（母妃）在見到兒皇帝時，也應施之以禮。如垂目、低頭、遇事讓路等。可是，有的太妃卻不這樣。如雍正帝

繼位後，以 45 歲的年齡，曾與康熙帝的宜妃發生衝突。

宜妃入宮較早，在康熙十六年就已冊封為嬪，曾生育了 3 個皇子，資歷很深，甚至老於雍正帝的生母。於是，雍正帝繼位後，她很不服氣雍正生母仁壽皇太后，而且見到雍正帝也表露出來。按制，雍正的母妃需超過 50 歲，才可和雍正帝見面，這也是汲取歷朝后妃亂宮的教訓。既已見面，應施之以禮，定君臣名分，宜妃卻像沒看見一樣，氣宇軒昂，架子十足。雍正帝大為惱火，多次想整治她。

後來，宜妃覺得宮中沒有自己容身之處，只好屈尊，請示出宮，到自己兒子的王府中去了。

七、頭飾要符合身份，不可喧賓奪主。

正式場合的后妃，頭飾不會戴錯，因為等級有差，會很規矩。可是，在平日裡，這些愛美的后妃靠着手中的多年積蓄，會買一些上等首飾，尤其是名貴物料的頭飾。偶爾戴上，會感到心中滿足。但有的后妃由於疏忽大意，在拜見上一級主位時戴華麗頭飾，可能引起她們的不滿或嫉妒，難免惹出事端。在光緒朝就發生過某王妃頭戴華麗的頭飾，去拜見慈禧太后，慈禧覺得這樣的裝束把后妃都比下去了，覺得很沒有面子，因而大為不滿。

尤其是后妃們見上級主子時，要行見面之禮。行禮時，要請安或磕頭，頭飾和耳飾要做適當擺動，頭叩得不要太正，也不要太偏。這時，其頭飾、耳飾就會引人注目，喧賓奪主時就會遭到處罰。

有時，皇帝也會關注后妃的首飾。咸豐二年十二月十四日，咸豐帝為約束后妃穿著，使其保持滿洲古樸之風，曾下旨：

朕看皇后及嬪、貴人、常在等服飾未免過於華麗，殊不合滿洲規矩，是用定制遵行，以垂永久。

簪釵等項悉遵舊樣，不可競尚新奇，亦不准全用點翠；梳頭時，不准戴流蘇、蝴蝶，亦不准綴大塊帽花。帽花上不可有流蘇，活鑲等件，鈿上花亦同。

耳挖上不准穿各樣花、長壽字等項。

耳墜只准用鈎，不准用花、流蘇等項。

小耳鉗不准點翠，亦不准雕花。

尋常帽飄帶，皇后用黃色，皇貴妃同貴妃至嬪俱用杏黃色，貴人以下無論何色，俱二根同色，緣五分寬片金花邊，不准緣花縧。

不准戴大耳鉗、玉耳環。

皮至紗敞衣、襯衣袍、窄袖襯衣、緊身襯袖，俱不准緣邊。

皮至紗敞衣、襯衣袖，不准寬俱倒捲。

又規定，「尋常所帶棉夾領，不准有花邊，縧邊，青緞邊。」規定可謂細之又細。同時，咸豐帝命人將此諭掛於皇后以下各宮之中，隨時戒勉。

至咸豐四年，又規定：「梳頭時，只准戴兩支花，若有戴三支花者，即應懲辦。手上所帶鐲子不准用響鐲。」

八、不許招惹已出宮女子。

《國朝宮史》規定：「應出宮女子，既已出宮，即係外人，不許進宮請安。」宮中后妃或因留戀宮女，而召其進宮敘舊，將受到懲處。同樣，奉旨進宮女子，不許將宮外之事向宮內傳播。

九、太妃、母妃、皇妃，不可將宮中之物移入娘家。

《國朝宮史》載，乾隆六年，上諭：「諸太妃（聖祖妃）所有一切，俱係聖祖皇帝所賜；諸母妃所有亦是世宗皇帝所賜；即今皇后所有，是朕所賜。各守分例，撙節用度，不可將宮中所有移給本家，其家中之物亦不許向內傳遞，致涉小氣。嗣後本家除來往請安問好之外，一概不許妄行。」后妃和娘家基本處於隔絕狀態。

為了使后妃行止有度，乾隆時曾製《宮訓圖》12 幅。選擇古代以美德賢淑著稱的 12 名后妃，乾隆為之作贊，稱頌她們的美德懿行，分別掛於東西十二宮內，宣傳封建婦道、禮教，來約束后妃。12 宮訓圖為：燕姞夢蘭、徐妃直諫、許后奉案、曹后重農、樊姬諫獵、馬后諫衣、西陵教蠶、姜后脫簪、太姒誨子、婕妤當熊（僅載十圖之目，缺二圖）。這些宮訓圖每年十二月二十六日掛於各宮之中，次年初三撤下。

這些清規戒律，就像枷鎖一樣，牢牢束縛住了這些后妃，使其透不過氣來。難怪珍妃姐妹入宮前，到大堂拜別母親時，這位慈祥的母親竟抬手打了她們每人一個嘴巴道：「只當我沒有生你們兩個。」然後，淚流滿面地走進裡屋，不忍相送。當時，懵懂無知的姐妹兩個，覺得莫名其妙，母親何以做出如此乖戾的舉動。果然，珍妃入宮後，受到了非人的折磨，慘死於宮內。多年後，珍妃落葬崇妃園寢，其母參加了女兒的葬禮，她痛哭失聲，覺得女兒入宮實在是一個天大的錯誤。

霸權太后

嘉慶以後，清廷呈現明顯的衰敗之象，對宮中規定雖然屢

有增益，但總的說是恪守成憲，無甚創舉。

清代皇帝娶進后妃，有一套完整的制度。從當初的大婚，到每三年一度的選秀女活動，幾乎是個程式化的宮中活動，不會改變，咸豐以前的帝王都是如此。因為只有這樣，才能使皇帝的後宮中不時增加些新面孔，也才能使皇帝覺得有新鮮感，從而達到滿足皇帝情慾和衍生子嗣的雙重目的。

1861 年，咸豐帝去世以後，25 歲的慈安太后和 27 歲的慈禧太后垂簾聽政。權柄多操縱在慈禧太后手中，而作為宮廷后妃制度的衰敗跡象，表現最為明顯的就是太后包辦了後宮的一切，皇帝管不了自己的后妃，一切均由太后做主。

同治帝 6 歲繼位，到同治八年，他已經 14 歲了，若按清初順治、康熙兩朝舊制，兩宮太后應撤簾歸政小皇帝。可是，兩位太后似乎都不想交出大權。直到同治十一年，載淳已經 17 歲了，大婚在即。在這個問題上，兩宮太后是如何表現的呢？

首先是包辦婚姻，以達到控制皇帝的一切，這就是兩宮太后的想法。但在選擇皇后的問題上，慈安、慈禧意見相左。慈安屬意長皇帝兩歲的阿魯特氏；而慈禧卻執意立滿洲鑲黃旗員外郎鳳秀之女為后，最終同治帝違背了親生母親的意願，立阿魯特氏為皇后，封鳳秀之女為慧妃，加封知府崇齡之女為瑜嬪，前任副都統賽尚阿之女為珣嬪。這種選擇，在迎合慈安太后的同時，忤怒了慈禧，為以後宮闈失和埋下了禍根。

同樣，光緒帝 4 歲繼位，一直由兩宮皇太后垂簾聽政，光緒七年，慈安暴亡，慈禧太后獨掌天下。直到小皇帝長到十四五歲時，理應大婚和親政。可是，到光緒帝 17 歲時，慈禧太后才不得不放權給皇帝，但還要「訓政數年」。光緒十四年，18 歲的皇帝必須大婚親政了。攬權的慈禧太后絞盡了腦

汁，決定通過皇帝后妃來掌控皇權。慈禧太后不顧光緒皇帝本人的反對，硬把自己親弟弟桂祥 21 歲的女兒指配給皇帝為皇后。這位皇后比光緒帝大 3 歲，又無才華，長相也不漂亮，光緒帝十分不情願。

其次是對皇帝感情的強迫。皇帝大婚後，其後宮生活本應由皇帝自己做主。可是，慈禧太后卻一意孤行，總想把一切強加給皇帝，包括感情在內。

同治帝皇后，阿魯特氏，蒙古正藍旗，尚書崇綺之女，生於咸豐四年（1854 年）。同治十一年，敬事房傳旨，冊封其為皇后，迎入宮中，為慈安太后所喜愛。同治帝本來比較喜歡皇后的文采，加之皇后比皇帝大 2 歲，在生活上會多方照顧皇帝，同治帝喜歡召皇后過夜。可是，慈禧總想讓皇帝和慧妃一起生活，將來生了皇子，做了皇帝，才遂心願。這樣，同治帝怎能順從呢？

同樣，光緒帝喜歡珍妃，不喜歡皇后，可是，慈禧卻總想着撮合兩位。於是，在某年過年時，慈禧太后藉光緒及后妃向其請安的機會，講了一個螽斯門的故事。螽斯門，紫禁城內的一個宮門，這個名字本是明朝的舊名，清廷佔領後，欲全部廢除明宮舊名，但當看到螽斯門這個名字時，特旨留下。螽斯，一類昆蟲，雖為害蟲，但繁殖能力特別強，「宜子孫」，因而清廷在希冀皇家子孫興旺願望的驅使下，保留下了這個門的名稱。慈禧太后敲山震虎，警告光緒帝要多召幸皇后，以便生下更多孩子。

在慈禧太后的干預下，清朝後期，皇帝後宮妃嬪的基本人數都不能保證。按康熙制度，皇后以下迄嬪位，人數可達 14 人，貴人、常在、答應無定數。可是，在同治、光緒

時期，由於慈禧太后的淫威，皇帝後宮之中的正常選妃活動一直未能進行，都還只是皇帝初婚時期的后妃人數。同治帝有 5 位后妃，均為同治十一年進宮，以後再沒有后妃選進；光緒帝的后妃就只有他初婚時的葉赫那拉皇后和珍妃、瑾妃 3 人。所以，清末，東西十二宮中就不像清初康乾盛世時那樣，熱熱鬧鬧地住着皇帝成群的后妃，這些后妃為皇帝生下幾十個孩子，宮廷之中不時傳來嬰兒的啼哭之聲，有時一年之中要生下數位皇子、公主，所以嬰兒啼哭之聲是此起彼伏，不絕於耳。而到同、光時期，由於清王朝進入沒落時期，皇帝后妃人數少得可憐，東西十二宮中冷冷清清，居然再也沒有孩子出生，王朝氣數已盡了。

4. 獨特的榮耀 —— 滿洲抬旗制度

抬旗，在清朝可以改變一個人的地位和命運，這恐怕是滿洲所獨有的制度。

清宮后妃的抬旗，是由下五旗抬入上三旗，這是一種重要的榮譽，不是特別得寵的后妃不會有此殊榮，因而對后妃來說很重要。

清代八旗有上三旗和下五旗之分。上三旗為鑲黃旗、正黃旗、正白旗。上三旗中把鑲黃旗置於首旗的地位，是與早期皇帝曾親掌此旗大有關聯，而時下一些人士總是以正黃旗為最高地位，其實是錯誤的。下五旗為：正紅旗、鑲白旗、鑲紅旗、正藍旗、鑲藍旗。上三旗歸屬皇帝直轄，地位尊貴，與下五旗有着明顯的區別。

雖在旗籍上有上下之分，但選秀女入宮卻不分上下，一同選擇，同時驗看。所以，被選中的女子身份會很不一樣，有高有低。

從現有檔案分析，清帝后妃中的旗籍會有一個變化的過程，主要是身份最高的皇后，由下五旗旗籍抬入上三旗。

皇后抬旗。清人筆記《養吉齋叢錄》記載，「皇太后、皇后丹闡（漢意：母家之意），在下五旗者，皆抬旗。」

順治以前，典制未備，后妃的身份變化不大，因而，沒有抬旗現象。最早實現抬旗的皇后是順治帝的妃子佟佳氏，也就是皇三子玄燁的生母。因為她的父親佟圖賴隸漢軍旗，康熙帝繼位後，為了抬高生母的地位，於康熙十六年將佟佳氏抬入滿洲鑲黃旗，為八旗中的首旗。

這種抬旗的皇后還有很多，比如乾隆帝孝儀皇后，她本為漢軍旗，為正黃旗包衣，由於她的皇十五子後來當了皇帝，便被抬入滿洲鑲黃旗。慈禧太后也是一樣，其父惠徵本旗為鑲藍旗，載淳繼位後，她被抬入鑲黃旗。

但是，如果皇后本來出生在上三旗之中，就無需抬旗了，即使她並不是鑲黃旗也是如此。比如順治帝孝獻皇后為正白旗滿洲、康熙帝孝誠皇后為正黃旗滿洲、雍正帝生母為正黃旗滿洲、雍正帝孝敬皇后為正黃旗滿洲、乾隆帝那拉皇后為正黃旗滿洲、嘉慶帝孝淑皇后（道光帝生母）為正白旗滿洲等。

蒙古貴族之女，由於當時其自身的高貴血統和歷史上的原因，一般不抬旗，比如清初諸后等都未進行過抬旗。可是也有特例，比如奕訢生母孝靜成皇后，雖為蒙古博爾濟吉特氏，卻也被抬入滿洲正黃旗，同治帝皇后阿魯特氏入宮後，也由蒙古旗抬入滿洲鑲黃旗。因為在那個時代，滿洲畢竟為正統的統治階級。

皇貴妃抬旗。皇貴妃作為僅次於皇后的女主人，在宮廷中有着特殊而敏感的地位。按照規制，皇貴妃在後宮中只有一位，如果皇后不在或皇后死去，要由皇貴妃代皇后行使職權，管理六宮事務。可是，為了解除皇后的心理壓力，皇貴妃之位往往虛位不設。平時，皇貴妃則輔佐皇后處理事務。查閱史料，我們發現清宮中的皇貴妃大多數是上三旗中人，如康熙帝敬敏皇貴妃章佳氏為滿洲鑲黃旗人、愨惠皇貴妃為滿洲鑲黃旗、雍正帝純懿皇貴妃為滿洲鑲黃旗，等等。

皇貴妃中明確記載抬旗的當為乾隆帝的兩位皇貴妃，即慧賢皇貴妃和淑嘉皇貴妃。前者初隸出身卑賤的包衣，後被抬入滿洲鑲黃旗；後者初隸內務府漢軍旗，後抬入正黃旗包衣，並賜姓金佳氏，實際上她本是一名朝鮮族女子。

第 二 章

御膳的奧秘

在清宮戲中，我們會經常看到后妃們在內廷之中的生活場景。那些有頭有臉的主子，會有一群太監宮女陪伴，用膳時，還會大講排場。可是，真正的後宮女主在傳膳、用膳中的盛大排場，在電視劇中是很難表達出來的。豪華而精緻的餐具、色味俱全的美食、魚貫而入的侍膳人流無不反映出皇家用膳的奢華和氣派。

1. 御膳房裡的大學問

皇帝處理完政務後，一般要到後殿去休息，這時候也該傳膳了。平時，由於皇帝使用御膳房的膳食，后妃則各有自己的小食堂，或幾個人共用一個食堂，所以，一般皇帝用膳時，不需后妃侍膳。但是，凡遇有節日，皇帝則喜歡傳部分后妃侍膳。侍膳的后妃雖然比在自己寢宮用膳辛苦，但是會有一種優越感，覺得皇帝這個時候想着自己，就預示着好運來了，因而格外小心、珍惜。

傳統兩餐制

清宮裡用膳有別於漢族的習慣，沿襲着入關前的習俗，採取了比較合理的膳食制度，即定時、定質、定量。

清宮每日兩餐制，因為在關外時勤勞的滿洲人在出去勞作之前，要吃一次早餐，吃完早餐就要到山上、草原上、大河裡去辛苦勞作。中午他們是不回來的，因而不吃午飯，實在餓了，就會用一些小乾糧，直到下午時分才回來，這叫「一

開箱」。回來後，已是飢腸轆轆，便趕緊用餐。所以，在關外時，由於受到生活條件的限制，滿洲人民實行兩餐制。清帝入關後將這一制度帶進宮廷，相傳勿替。早膳在卯時（早6點半到7點半），晚膳在酉前（下午2點至3點）。兩膳之間有一次點心；晚膳之後有一次酒膳。

另外，清帝很注意飲食有度，切忌暴飲暴食。康熙講過：「各人所不宜之物，知之即當永戒。」要求節制飲食。對於飲酒，康熙「平日膳後或年節筵宴之日只飲小杯一杯。」乾隆三十五年曾明確規定，宮廷筵宴時，每桌用玉泉酒四兩，不得超量飲用。

定質量，是飲食的關鍵。質量包括葷素搭配、物料來源、營養齊全等方方面面。以乾隆為例，每晨起空腹吃一碗「冰糖燕窩」，早晚各備葷素菜餚八品，佐餐小菜二品，餑餑、米膳四品，粥、湯各一品，共十六品。晚膳為酒膳，小菜四品，玉泉酒一杯。還要隨季節變換而適當調換：秋末冬初，早、晚膳加兩個熱鍋菜；四月，換涼拌菜；六月至八月增涼拌藕、江米藕；冬三月則加食鹿肉、羊肉；夏三伏，加綠豆粥、糊米粥。可是，這種質量的膳食，也只有皇帝才可能辦到，作為一般老百姓，連溫飽都成問題，哪裡還要這麼講究呢！

馬虎不得的養生搭配

常人理解，皇帝的御膳一定都是山珍海味，昂貴的不得了。其實，我們看一下檔案就知道並非如此。清宮飲食首重平衡膳食。如乾隆野意酒膳中，有高熱的鹿肉，高蛋白的野鴨、雞肉，又有老虎菜、榆蘑、菜麵合一的包子、燙麵餃、炸盒

子……是一餐滋養清熱的酒膳。平衡了食品中的熱量、蛋白質和營養纖維的吸收。這裡的老虎菜、菜麵合一的包子、燙麵餃、炸盒子等都是很普通的菜餚，尋常人家也能做到。

其次是佐餐。宮中稱配盤小菜，如醃菜、芥菜纓、酸黃瓜、酸韭菜、葫蘆條、蜜山楂、狗奈子等佐餐配菜。

最後是粥。有粳米粥、紅豆粥、小米粥、綠豆粥、大麥粥、黃米粥、百果粥、紫米粥、老米粥。最有名的為八珍粥，以小米、冬瓜皮、白扁豆、山藥、薏仁米、蓮子、人參等為原料同煮而成，營養價值極高。

所以，我們看到，皇帝、后妃們的每日飲食也有接近百姓生活的一面。但是，他們還是喜歡大講排場給別人看，來顯示皇家的威嚴和奢侈。

下面是最能說明皇家奢侈的一份檔案了。我們從中可以看到皇帝、后妃們吃的不是飯，而是白花花的銀子。

皇帝：盤肉 20 斤、湯肉 5 斤、豬油 1 斤、羊 2 隻、雞 5 隻、鴨 3 隻，白菜、菠菜、香菜、芹菜、韭菜共 19 斤，大蘿蔔、水蘿蔔和胡蘿蔔共 60 根，包瓜、冬瓜各 1 個，莖藍、乾閉蕹菜各 6 斤，蔥 6 斤，玉泉酒 4 兩，醬和清醬各 3 斤，醋 2 斤。早、晚膳餑餑 8 盤，每盤 30 個，御茶房備茶乳等。皇帝用牛乳 100 斤，玉泉水 12 罐，乳油 1 斤，茶葉 75 包。

皇后：盤肉 16 斤，菜肉 10 斤，雞、鴨各一隻，白菜、香菜、芹菜共 20 斤 13 兩，水蘿蔔、胡蘿蔔共 20 根，冬瓜 1 個，乾閉蕹菜 5 個，蔥 2 斤，醬 1 斤 8 兩，清醬 2 斤，醋 1 斤。早、晚膳餑餑 4 盤，每盤 30 個，用乳牛 25 頭，每天用乳 50 斤，每日用玉泉水 12 罐，茶葉 10 包。

皇貴妃：盤肉 8 斤，菜肉 4 斤，每月雞、鴨 15 隻。貴妃：每日盤肉 6 斤，菜肉 3 斤 8 兩，每日雞、鴨各 7 隻。妃：盤肉 6 斤，菜肉 3 斤，每日雞、鴨各 5 隻。嬪：每位盤肉 4 斤 8 兩，菜肉 2 斤，每月雞、鴨各 5 隻。貴人：盤肉 4 斤，菜肉 2 斤，每月鴨 8 隻。常在：盤肉 3 斤 8 兩，菜肉 1 斤 8 兩，每月雞 5 隻。而所需其他菜蔬則共同調配：每日共需白菜 40 斤，香菜 4 兩，芹菜 1 斤，蔥 5 斤，水蘿蔔 20 個，胡蘿蔔、苤藍、乾閉蕹菜各 10 個，冬瓜 1 個，醬、醋各 3 斤，清醬 5 斤。

此外，菜房備辦皇貴妃、貴妃每日用乳牛各 4 頭，得乳 8 斤；妃日用乳牛 3 頭，得乳 6 斤；嬪為乳牛 2 頭，得乳 4 斤，以上各位每日用茶葉 5 包。貴人以下沒有乳牛，隨本宮主位賞用。

這些帝后妃們每日所用巨大，是普通人很難想像的。而這只是他們享用的其中一部分，各種時鮮及進貢（食用）尚不包括在內。足見舉國供張的清宮內廷消費之巨。但是，我們可以推測，這些后妃們每日養尊處優，活動量極小，能吃多少東西呢？所以，她們往往將剩餘之物精裝打包，賞人了事。或上一級主位賞給下一級主位，或賞宮外王府、公主府，或賞太監、宮女，有時也賞用外戚。而在禁城內值宿的軍機及章京們有時也可得到賞食。

火鍋的誘惑

清宮飲食，不言而喻，少數民族的特點十分濃厚，表現在：喜食野味。野菜類：各種山菜、菌；狍、鹿、野豬、野雞、鵪鶉；野果：如榛子、松子。乾隆曾有「野意酒膳」。這部分

野味，完全靠各地進貢，其中，還是東北進貢得多些。

喜食雜糧：米、麥、豆、高粱、玉米、糜子做成各種美食。這也和滿洲人在關外時所處的環境有很大關係，在東北廣袤的黑土地上，到處都是五穀雜糧，使他們養成了食雜糧的習慣。

喜食奶茶：清宮食奶量很大，皇帝及后妃每日有定額：皇帝日用 50 頭牛交乳共 100 斤，皇后每日 25 頭取乳 50 斤，其餘遞減。製成奶製品有奶皮子、奶捲、奶餅、奶酥油、奶餑餑。無論是會面、宴請，還是出征之前，滿洲人都喜歡喝一碗奶茶，暖身，保健，還壯膽。

喜食火鍋。滿洲人對火鍋的鍾愛，源於其先世女真人，而女真人喜食火鍋則受一千多年前契丹人的影響。在滿洲，尤其是貴族人家，遇有喜慶、年節時，都要食火鍋，而在平時，則不食用，視其為奢侈之物。在清宮中，歷代帝王、后妃都喜食火鍋。無論在檔案上還是在清宮文物中，我們都看到了火鍋的影子。如現在於清東陵發現的清宮銀火鍋，製作異常精美。在民間的貴族之家，則很難看到金銀之器，概以錫為之，據記載：「火鍋以錫為之，分上下層，高不及尺，中以紅銅為火筒，着炭，湯沸時，煮一切肉脯雞魚，其味無不鮮美。冬月居家，宴客常餐，多喜用之。」引文對火鍋形制、質地、使用方法及所涮之料都做了詳盡說明。其實，我們在清宮千叟宴中，就看到使用火鍋的記載。如乾隆六十年，以明歲丙辰，紀年周甲，元旦舉行授受大典，改元嘉慶，決定於次年正月初四日在皇極殿舉辦千叟宴，參與活動的人數達 8000 餘眾。進饌時，分出一等桌張和次等桌張兩種，其中「一等桌張用火鍋」，也就是說，在盛宴菜譜中，以火鍋為核心，為元菜，被記錄在檔。

「子孫餑餑」的故事

餃子也稱「水點心」、「扁食」、「餑餑」,是清宮帝王、后妃十分喜愛食用的麵食。餃子在民間十分普遍,最早見於唐代史料,明代稱之為扁食,清代承之。餃子之所以受到青睞,與其名字有直接關係。「餃」與「交」諧音,取「歲更交子」之意,所以人們在除夕之夜,子時一到,都要放鞭炮,吃餃子,辭舊迎新。而到正月初五,人們又要包餃子,其用意是將來年的破爛東西全部包住,盡納其中,將其吃掉,以求新的一年吉祥如意。

皇家會在吃餃子時增加一些趣味活動,通常像民間一樣,在一鍋餃子之中,揀極少的幾個餃子中包有小金銀錁或寶石,誰吃到了,就意味着新的一年內大吉大利。不僅如此,清代帝王為了祈求代代衍續,香火鼎旺,還要在皇帝大婚時吃餃子,宮中稱為「子孫餑餑」,這在清宮檔案中常有記載:如同治十一年九月十五日,同治帝與皇后舉行大婚禮,夫婦二人在洞房花燭之夜,先吃子孫餑餑,再吃長壽麵。

皇帝吃餃子與尋常百姓不同,要吃出派頭。從食具上,太監先端上配有食蓋的彩色小瓷盆一個,內裝有不同皮、餡的餃子,再端上小瓷碗、小瓷碟數個,均彩繪「萬壽無疆」圖案,最後,端上銅胎嵌琺瑯淺碗 3 個,分別盛有南小菜、涼菜、醋等。檔案記載,御膳房的廚役們煮餃子的時間必須十分精確,皇帝一到昭仁殿,餃子要剛好出鍋,熱氣騰騰端上來。清宮規定,元旦前後,皇帝出門都要放鞭炮作前導,聽炮之遠近,即可推測出皇帝的行止處所。皇帝吃餃子從來不忘佛祖,所以,皇帝所吃餃子與敬佛的餃子要在同一鍋中煮出來。但敬佛必須

用素餡，有長壽菜、金針菜、木耳、蘑菇、筍絲等餡。乾隆吃餃子之前，要先到欽安殿、天穹寶殿、奉先殿、坤寧宮等處佛像前拈香禱告，經過一系列繁文縟節之後，直到凌晨 3 點忙完一切，才安心吃上餃子。

光緒帝由於有遺精的毛病，吃了好多養精固本的藥也不見效果。因而，清宮在每年正月初一都要格外關照皇帝。光緒帝也十分賣力氣，一次就吃 20 個餃子，其中有豬肉長壽菜餡 13 個，豬肉菠菜餡 7 個。可是，儘管他吃了這樣多的餃子，還是未能生出一男半女來。

清宮不僅各主位吃餃子，太監、宮女、雜役等都會被賞吃餃子。如果哪個奴才被罰不許在正月初一吃餃子，那真正是很嚴厲的處分了。不僅如此，皇帝或后妃們還會吩咐，在宮裡的牆根下、老鼠洞前，也放一些餃子，表示清宮的主子們恩澤天下，普度眾生。

迷醉味蕾的小食點心

漂亮的鮮花不但是裝飾品，可供人觀賞，還可以做成各種食品、菜餚，供人食用。清代宮廷就曾製作過許多以鮮花調配的美味食品，后妃們尤其喜食，有的還流傳至今。

菊花。用菊花調製的宮廷菜很多，其一是「菊花火鍋」。做法是採摘白菊花一兩朵，將花朵上焦黃的或曾沾過污垢的花瓣剔除，再於溫水中漂洗一二十分鐘，接着再放入溶有稀礬的溫水中漂洗。準備好盛有大半鍋原汁雞湯或肉湯的小暖鍋，和一碟盛有去掉皮骨的薄生魚片或生雞片，少許醬、醋。揭開暖鍋蓋，將魚片和雞肉片適量投入湯中，蓋蓋蒸煮五六分鐘，再

揭開蓋，將適量菊花瓣放入湯中，封蓋約五分鐘，即成味道鮮美、清香可口的佳餚。

其二是「清蒸什錦豆腐」。需備物料為：豆腐 8 兩，口蘑 4 錢，竹筍 3 個，木耳 2 錢，菊花 2 錢，蓮子 20 粒，銀杏 20 個，藕 1 兩，冬菜 6 錢，黃瓜 1 根，黃豆芽 9 兩，鮮薑 2 錢，油 6 兩。做法是：在大鍋內倒入半鍋水，放進黃豆芽，煮 30 分鐘，然後去掉豆芽，留湯備用。用開水泡木耳、蓮子、銀杏、冬菜、黃瓜等各切成條或絲狀。菊花仍用開水泡 10 分鐘，洗淨後，切成長約 3 厘米的細絲備用。一切準備妥當後，在大碗內放入口蘑、竹筍、木耳、菊花、蓮子、銀杏、藕、冬菜、鮮薑、豆腐，最後倒進已調好的豆芽湯半碗，加入油和鹽，上籠用大火蒸 30 分鐘，再用小火蒸 30 分鐘，最後將黃瓜片碼在豆腐上，趁熱食用。

玫瑰花，可做成玫瑰餅。清代每年農曆四月，宮廷大量採買玫瑰花，將其中鮮嫩、色正的花瓣洗淨後晾乾，製成粉，再和以麵粉，調入少量蜂蜜，做成餅，放入蒸籠中蒸，約半小時即成美味食品。另外一種玫瑰食品是明宮元宵，元宵是一種流行很廣的食品，而明宮元宵用糯米、細麵為皮，以核桃仁、白糖、玫瑰花為餡，甘甜爽口，清宮后妃喜食。

桂花，可做成芸豆捲。芸豆是豆科植物菜豆的種子，芸豆捲的做法是將 1 斤芸豆以水泡發，放入鍋中，加水煮熟，待冷後，搓成泥狀。取紅棗 5 兩，以水泡發，去核煮熟，趁熱加紅砂糖 3 兩，桂花適量，相拌成泥狀，最後，將芸豆泥與棗泥相間平鋪，捲成。另外一種桂花食品是清宮元宵，它與明宮元宵不同之處在於明宮用玫瑰花為餡，清宮用桂花、白糖、核桃仁、豆沙等為餡，爽口味甘。

玉蘭花，是清宮菜「金魚鴨掌」的重要佐料，其做法是將鴨掌放入鍋中，清水煮 15 分鐘，五成熟取出，剔掉骨頭與掌心硬繭。將香料和玉蘭花放入其中，混煮，清爽可口。

2. 由內而外的皇家華貴

皇家的華貴是名副其實的，是由內而外的。造成這種實實在在的華貴，其實是舉國供張的結果。全國人民供養一個皇宮，那當然是應有盡有，最華麗、最精美的東西都在這裡。

攬天下精品——進貢

普天之下，莫非王土。所以，作為各地的封疆大吏，要通過進貢來博得皇帝的歡心，誰進貢的東西好，皇帝會很高興，各官僚的地位也會很鞏固。

宮中所需各種廚上物料，除米、麵、蔬菜、酒、醋等，肉食、野味、魚類及南果子、茶葉等主要靠各地進貢。如：

盛京將軍，每年貢鹿 780 隻，狍 210 隻，鹿尾、鹿舌各 2000 個，鹿筋 100 斤，其他野味如野豬、野雞、樹雞等無定額。盛京佐領，每位每年額交鵝 60 隻、臘豬 20 隻、鹹魚 1500 斤、雜色魚 40 尾等。盛京三旗網戶，每年額交雜色魚兩萬四千斤……打牲烏拉總管等，每年交進的鱘鰉魚、鱸魚、雜色魚等，均無定額。

吉林將軍、黑龍江將軍和張家口外牛羊群總管、達里岡愛羊群總管等，每年定交鹿尾、野豬、鱸魚、細鱗魚、野雞和樹

雞等,並交乳油 750 瓶、乳酒 365 瓶、大乳餅 2 石一斗等。

蒙古王公每年要進獻許多熌羊、黃羊、鹿尾和野豬。各地莊頭、園頭、三旗果園頭也要交額定的雞、鴨、交鹿、鹿尾、鹿肉乾等。

南方的消費珍品,自然也要進貢宮廷。在那個時代,看看這些東西是如何走進宮廷的:

貢荔枝,由福建等地進貢,有鮮荔枝和荔枝乾。產地距北京達三四千里之遙,運輸過程十分不易。但自雍正年間至道光年間,從未間斷過,達百年時間。進入宮廷的鮮荔枝,皇帝要賞給每位后妃,即使每次不過只有 1 顆,已屬不易,后妃們更多食用的則為荔枝乾,有時賞有數瓶之多。

貢普洱茶,由雲南進貢,每年五月端午節進貢最多,終清一世,皇帝不僅自己享用,還大量賞人。

貢黃茶、芽茶,由浙江進貢,其中,上用黃茶每年 28 簍(每簍百斤),內用黃茶 92 簍,芽茶 2000 斤。

南果子,由廣東進貢。廣東官員為迎合皇帝的喜好,大量進貢時令水果,主要有荔枝、桂圓、甜橙、酸橙、香柚、椰子等。由於水果不易長期保存,因而不可能建立大件檔案,只見於小型貢典之中。

此外,還有出巡進貢和西洋進貢等。

出巡進貢。皇帝出巡,排場很大,地方官多有進貢。除去奇珍及地方特產之外,進貢食用品是地方官的當務之急。皇帝出巡時,所用食物出自內帑,並將宮中所帶食物賞給地方,如:鹿肉、糟鹿尾、糟野雞、馬奶酒等。地方官也要極盡心力,進奉美食,以取悦帝王、后妃。如康熙四十四年三月南巡時,浙江、江西、河南、山東各鄉紳即進獻長生果、櫻桃肉、

燭酒、葷素蜜餞、小菜、果點等物；而在天津，則有新雨前茶、鮮毛筍、糟火腿、糟鴨、糟油等物。

西洋進貢，也是清廷貢物的來源之一。創立於康熙盛世的廣州十三商行充當了這一角色。除了進貢西洋的奇巧之物如琺瑯、鼻煙、鐘錶、儀器、玻璃器、金銀器等外，對南洋水果等海外美食也多有進貢。尤其是嘉慶帝偏愛南洋熱帶水果，便下旨廣東督撫、粵海關監督採買進貢。

……

儘管各處進貢東西很多，但仍不敷使用。清廷還要責成內廷向戶部支銀每年達 3 萬兩之多，向各地購買。宮廷檔案留下了不少這樣的記錄。

美食不如美器

皇帝不僅要享用天底下最好的食品，還要使用最好的食具，才與美食相配。毫無疑問，皇家美器，顯得比美食更重要。

乾隆說過，美食不如美器。精美迷人的食具、餐具確實給人以賞心悅目的感受，提升人們的食慾。清宮廷的美食餐具追求美食與美器的和諧統一，力圖通過精美而至尊、至榮、至崇的食具來體現皇帝與皇權的至高無上，給人以高山仰止之感。所以，其御膳美器體現出裝飾性、華貴性、誇耀性等特點。

宮廷所用食器，多為金銀、玉石、象牙等高級質料，由專門作坊製作。但需要說明的是，即使皇家食器豪華，非金即銀。但是，滿洲樸素的生活習俗並沒有完全摒棄。順治帝時，中宮皇后不知節儉，所用食器如果不是金銀，就要大發雷霆，順治帝以此為藉口，將其廢掉。

為了保障皇家食器精美，皇室精心安排。不僅委託造辦處，打造相關精美的食器，比如琺瑯器，還要欽定御用窯廠，專門為皇家燒造精美瓷器。比如景德鎮官窯，不僅日常承辦皇家瓷器燒造，還要在重大節日比如萬壽節打造專門名款的特殊瓷器。其中，也成就了很多陶瓷藝術大家，比如唐英，他以自己的努力，積累了豐富的製瓷經驗，燒造出無數精美的瓷器，深得雍正、乾隆的嘉許，他主持的窯廠稱之為「唐窯」，名震古今。

清宮美食器具種類繁多，但都有專門賬目管理。以乾隆二十一年十一月初三日《御膳房金銀玉器底檔》為例，有：

金羹匙一件。金匙一件。金叉子一件。金鑲牙箸一雙。銀西洋熱水鍋二口。有蓋銀熱鍋二十三口。有蓋小銀熱鍋六口。無蓋銀熱鍋十口。銀鍋一口。銀鍋蓋一個。銀飯罐四件。有蓋銀桃子六件。銀鏇子四件。有蓋銀暖碗二十四件。銀蓋碗六件。銀鐘蓋五件。銀鏨花碗蓋二件。銀匙二件。銀羹匙十三件。半邊黑漆葫蘆一個，內盛銀碗六件。銀桶一件，內盛金鑲牙箸二雙，銀匙二件，烏木筷十雙，高麗布三塊，白紡絲一塊。黑漆葫蘆一個，內盛皮七寸碗二件，皮五寸碗二件。銀鑲裡皮茶碗十件。銀鑲裡五寸無分皮碗一件。銀鑲裡磬口三寸六分皮碗九件。銀鑲裡三寸皮碗二十二件。銀鑲裡皮碟十件。銀鑲裡皮套杯六件。皮三寸五分碟十件。漢玉鑲嵌紫檀銀羹匙、商絲銀匙、商絲銀叉子、商絲銀筷各二件（或二雙）。銀鑲裡葫蘆碗四十八件。銀鑲紅彩漆碗十六件。

以上各件，為乾隆帝一日餐具之用，而且，也只是其中的一部分。皇家美器雲集，可見一斑。

3. 令人驚歎的國宴

清宮筵宴。皇帝設宴款待賓客不僅僅是為了吃飯，政治意義遠遠勝過其他。國宴一方面體現了皇帝的恩惠，對被宴請的人來講則是一種榮譽，一種拿錢都買不到的政治待遇。

清宮筵宴很多，場面極為壯觀。主要有三大節，即元旦、冬至、萬壽三節。元旦乃一歲之始，冬至乃一陽之始，萬壽乃人君之始。筵宴（在太和殿）主要有乾清宮家宴、太后聖壽筵宴、皇帝萬壽筵宴及千叟宴。

乾清宮家宴

是皇帝與后妃共同與宴，一人一桌。但這樣的機會很少，平時各宮妃嬪在各宮進膳，節慶時才舉辦乾清宮家宴。

《甄嬛傳》中演繹了一段乾清宮家宴的場景。場景表現雖然宏大，但是出現了一個小錯誤，那就是果郡王出席了這個宴會，並在這裡產生了感情，為日後甄嬛「紅杏出牆」打下了基礎。實際上，皇帝的家宴程序複雜，場面非常壯觀。需要說明的是，清代宮廷家宴，果郡王不會出現。這很好理解，既然是「家宴」，就不會有外人參加。果郡王作為成年分府出去另過的王爺，屬於帝王家庭的「外人」了，按理，皇帝不會請他參加家宴，尤其是后妃在場，更不會讓果郡王出席。

以乾隆二年為例，《國朝宮史》記載，與宴時，主位均穿吉服，皇帝升座奏中和韶樂，后妃行禮奏丹陛大樂。進饌、進果、進酒時奏丹陛清樂、中和清樂，並演戲助興。皇帝寶座前設金龍大宴桌，擺群膳、冷膳、熱膳 40 品，有各式糕點、果

品、小菜、青醬，金匙、牙筷、花瓶、紙花。左首皇后，頭等宴1桌，擺群膳32品及各式點心、花瓶、紙花；嫻妃，二等宴1桌；嘉嬪、陳貴人，三等宴1桌；右首貴妃，頭等宴1桌；純妃，二等宴1桌；海貴人、裕常在各三等宴1桌。各坐於椅上，先擺熱膳，進湯飯，後進奶茶，最後為酒膳、果茶。

千叟宴

始於康熙，盛於乾隆。各時期不僅人數不同，其應宴老人年齡也各不相同。

康熙時，召八旗滿洲、蒙古、漢軍旗的文武大臣及退閒人員、兵丁、閒散人，年滿65歲以上，有1000多人；乾隆年間，還加進了朝鮮、暹羅、安南、廓爾喀4國的使臣，其年齡放寬至60歲以上，而在乾隆六十年時，又限制在70歲以上，其受宴人數達8000餘眾。筵宴地點也不盡相同，康熙時在乾清宮前，乾隆後期則在皇極殿。

8000餘人的千叟宴，憑藉紫禁城的御廚們做飯菜，那是無法完成的。怎麼辦呢？小說家們虛構了民間廚師對此大有作為的故事，我想，這也許是真的。

千叟宴實際上是「康乾盛世」的表現，國家富裕才可以實現。乾隆以後，國勢日衰，清廷再也沒有舉辦過「千叟宴」。

太后聖壽宴

太后聖壽宴和皇帝萬壽宴更為隆重，尤其是整壽之時，舉國為之慶賀。太后聖壽大宴，僅以乾隆生母50歲生日為例：

乾隆六年十一月二十五日，鈕祜祿氏（孝聖太后）50歲大壽，宮中大擺筵席，每日早、晚兩膳各擺：膳9桌，奶皮敖爾布哈1桌，大壽桃1桌，乾、濕點心1桌，豬肉六方3桌，羊肉六方3桌，小食9桌，酒膳9桌。

　　其膳譜略為：

　　高頭類，5種30類；主食類，有壽桃、壽麵、糕點、米飯共65類；果品類，共有果脯63類；菜譜類，達到81種；湯類，6種；酒類，3種，共計248品，可謂洋洋大觀。

　　清宮筵宴，帝后妃們所用當為精緻而華美的各式美器，盡享人間榮華。

　　清末慈禧太后用膳排場非常大。不僅在御膳上有豐足供應，自己還設立私廚，稱西膳房，有葷菜局、素菜局、飯局、點心局、餑餑局之設，每餐耗資巨費。慈禧太后的御廚房能做各式點心，達400餘種，菜品4000餘種，花樣翻新，應有盡有。慈禧平日錦衣玉食，搞不清她喜歡吃甚麼。但有宮女、太監回憶，她對以下食品還是情有獨鍾的：

　　小窩頭：由玉米麵、小米麵、栗子麵、糜子麵、爬豆麵、紅棗麵（或棗肉）加紅糖和成，蒸食。

　　飯捲子：由米飯加白麵混合而成，有甜有鹹。鹹的加花椒鹽，或五香椒鹽；甜的加棗泥、豆沙、松子、核桃仁，有陳米飯捲、秈米飯捲、粳米飯捲等多種。

　　炸三角：芝麻醬加水和麵，擀成麵片；豬肉絞成碎末，加蝦米、口蘑、火腿，切碎，攪拌，加進佐料，拌成餡，將餡放進麵片中，做成三角形，入油鍋炸成黃色，外酥裡軟，可口香甜。

　　炸糕：用油和麵，做成麵皮；將白糖、芝麻、山楂絞碎，

加進奶油，成餡，做成圓餅，燒餅大小，入油鍋炸酥。

燒麥：即開口包子，其餡為豬肉加口蘑，上籠蒸 20 分鐘即可。

菜包鴿鬆：用羊油、黃醬炒麻豆腐，把各種青菜炒成碎末，把二者混合拌進飯裡，再以嫩白菜心為皮將混合飯包好，連菜葉一起吃。

和尚跳牆：做法是用 4 個熟雞蛋，將皮剝去，再在屜上放好酥造肉，將 4 個剝皮雞蛋嵌於其中，上屜蒸熟。由於光滑的雞蛋一半露於外面，像光頭的和尚，慈禧便賞名為「和尚跳牆」。

餎餷：相傳，慈禧來遵化謁陵時，東陵守護大臣絞盡了腦汁，命廚役們做出各種山珍海味來討好慈禧。可是，慈禧甚麼沒吃過呀，均覺得平淡無奇。廚役們想來想去，便把一種用綠豆麵做成的食品，用醋熘成後，給端了上去。慈禧嚐了一口，覺得很新鮮，爽口不膩人，便又吃了一口，吃到第三口時，旁邊的老太監就要叫停，因為宮中規矩，帝后不可貪食喜愛食品，以免被奸人看出，在菜中下毒。有鑒於此，侍膳的后妃們便欲叫人將此菜撤下。慈禧看了看，有些捨不得，但又不好再伸筷去吃，只好說：「攔着吧。」意思是不要撤下，先放在一邊。這時，東陵守護大臣立刻叩首道：「謝老佛爺賜名。」從此，這種食品就有了自己的名字，叫作「餎餷」。傳說，後來餎餷進了宮廷，成為慈禧喜食的美味。

其實，餎餷就是一種綠豆食品，由綠豆麵做成，佐以澱粉、薑黃等。澱粉就是紅薯澱粉，目的是增加餎餷的韌性，同時，也會起到滑韌的作用；薑黃是一種純天然草藥，顏色很黃，將其曬乾研成很細的粉，目的是為了調色。其配料比例會

因季節不同而有所區別：在冬季，綠豆麵和澱粉的比例大約是1:10，其他季節則有所改變，會適當減少澱粉的比例。如果比例不適，做出來的餎餷會顏色不好看，或者質地很脆，就屬於沒有做好的餎餷。其做法很獨特，是在很大的平底鍋中製作，將一定比例的綠豆麵、澱粉、薑黃放入容器中，加入溫水，調成稀粥狀。其所用燃料是非常嚴格的柴草，因為柴草的火不是太硬，火苗軟中帶硬，而且火源均勻，使得鋪撒上去的料麵受熱均勻。受熱的料麵約莫過去幾分鐘就可以出鍋了。出鍋的餎餷是直徑大約 50 厘米的薄薄的餅，顏色為黃中透着淡淡的綠色。這是一種經驗性很強的手藝活，師傅要經過反覆練習才可以上灶，否則做不出上等餎餷。在東陵老滿族聚居地，這種工藝得以流傳下來，手藝人還嚴格按照當時的工藝，一絲不苟地製作出地道的餎餷。

餎餷製成的食品多種多樣，可以煎、炒、烹、炸，製作出：餎餷盒兒、玻璃餎餷、餎餷角、醋熘餎餷、澆熘餎餷、佛手餎餷、銅錢餎餷、菊花餎餷等數十種精美菜餚。如今，中外貴賓來東陵做客時，當地人仍喜歡拿出自己的手藝，烹飪出千姿百態的餎餷宴，來款待最尊貴的客人。

西瓜盅：將西瓜瓤挖去，僅留西瓜皮，把切好的雞丁、火腿丁加新進鮮蓮子、龍眼、胡桃、松子、杏仁，封嚴，在文火中燉幾個小時。

清燉肥鴨：將整個鴨肉加進調味品，放進罐子裡，在鉗鍋中用文火蒸 3 天。

響鈴：把帶皮豬肉切成小方塊，放進豬油中煎着，這樣豬皮很脆，嚼起來帶響，稱為響鈴。

櫻桃肉：把上好的豬肉切成棋子大小，加進新鮮櫻桃、調

味品和清水，一起裝進瓷罐中，用文火燉 10 小時。

蔬菜：豌豆、蘿蔔、膠菜、蘑菇、銀耳、猴頭菇、發菜、寒蔥。

海味：魚翅、魚唇、魚肚、燕窩、海參。

慈禧每次正餐都備有 100 多道菜，而她吃的也不過三四道菜。吃之前，由嘗膳人（如李蓮英等）先用銀筷子吃過，確認安全後，她才動口吃菜。吃完後，剩下的菜品要打好包裝，遵懿旨賞人。有人估計，慈禧伙食費每餐至少要 200 兩銀子。真可謂慈禧一餐之費，百姓萬家之炊。

儘管清宮餐品十分豐盛，但這些主子們還不時出宮賞玩，品遍天下美食。如康熙六下江南，乾隆六下江南等，就曾在秦淮河邊、西子湖畔，一面賞景吟詩，一面品茗宴飲，盡享人間榮華。

滿漢全席

此名記載最早見於雍正、乾隆朝。滿漢全席主要由滿點與漢菜組成。滿點即滿洲餑餑席，席面以點心為主，菜餚極少，做法也十分簡單。漢菜則種類繁多，做法講究，味鮮色美。這兩個民族，兩種風味的席面合在一起，配以精細的組合，稱「滿漢全席」。其內容多種多樣，文獻記載一種「滿漢全席」分為五步品嘗：

一是頭號五簋碗 10 件，如燕窩雞絲湯、海參燴豬筋、鮮鯉蘿蔔絲羹、海帶豬肚絲羹、鮑魚燴珍珠菜、淡菜蝦子湯等；二是二號五簋碗 10 件，如鯽魚舌燴熊掌、糟猩唇豬腦、蒸駝峰、梨片伴蒸果子狸、野雞片湯等；三是細白羹碗 10 件，如

鴨舌羹、豬腦羹、假班魚肝、芙蓉蛋鵝掌羹、甲魚肉肉片子湯蘭羹等；四是毛魚盤 20 件，如掛爐走油雞、鵝、鴨、鴿、白蒸小豬仔、小羊仔，什錦火燒，梅花包子等；五是洋碟 20 件，熱吃雞 20 味，小菜碟 20 件，枯果 10 徹桌，鮮果 10 徹桌……

　　還有一種：宴會酒席中食品多至 50 餘種，開宴以 20 品侑酒，記有四鮮果、四乾果、四蜜餞果、八冷葷（或用四大拼盤，每盤二種）。首用八寶果羹或蒸蓮子，用大海碗，次用燕窩，加之魚翅，再加燒整豬、整鴨片上，或以整鴨、整尾鮮魚。大件五簋碗，中碗炒菜八品，中間點心三道，每人一份，分別為甜點心、奶點心、葷點心。最後用四大湯菜，什錦火鍋。大致如此。

守望四季好時光

清朝后妃生活在深宮之中，每天都做些甚麼呢？她們的喜怒哀樂能否得到盡情的釋放呢？通過檔案的解讀，可以管窺這些高貴而可憐的女人們的生活和內心世界。

1. 尚武與怡情

　　清宮的后妃被宮牆鎖住，一面享受錦衣玉食，一面任憑時光匆匆逝過。這些養尊處優的女子，由於不同於尋常一夫一妻制的小家庭，為了打發無聊的時光，平時她們都做些甚麼呢？

　　后妃由於受滿族尚武精神的影響，也很想一試身手，一方面消遣鬱悶，一方面又鍛煉身體。但是，由於後宮后妃身體尊貴，一般在公共場合又都穿有高底的花盆鞋或元寶底鞋，很不適宜活動。所以，她們在宮中體育項目中多是充當觀眾的角色。

端陽競渡

　　端午日，宮中歷來不朝會，皇上帶后妃到圓明園福海的蓬島瑤台觀看龍舟競渡，十分有趣，這樣的活動有時也在避暑山莊舉行。本來，舊曆五月端陽競渡是南方人的盛大節日，因為水鄉才方便競渡龍舟。可是，圓明園的蓬島瑤台周圍，水面很大，也給皇帝端陽競渡提供了可能。所以，到乾隆時期，這個風流天子也會湊熱鬧，趕這個日子與妃嬪們共享天倫。

冰嬉娛樂

冬至以後，或臘八日，清帝帶后妃在西苑太液池去觀賞冰上運動，被稱為「國俗」，世行不替。這個冰嬉活動，本來就是滿洲人在關外的拿手戲，無論男女老幼，大家都很喜歡。實際上是有很多好處，不僅可以鍛煉身體，還能考驗參與者的合作精神。尤其是士兵，他們會組成各種陣勢，有梅花陣，有海棠陣，也有太極陣，高空觀賞非常漂亮。當年乾隆還作御製冰床聯句詩，以記其事。冰嬉之人在冰上起舞遊戲，十分壯觀。皇宮的女主們也盼望着這個日子，出來觀景散心，愉悅身心，但需要更正的是，在《甄嬛傳》中，安陵容苦練冰嬉，並以此重獲聖寵。事實上，這並不符合歷史真相，后妃們只是觀賞，皇帝不會允許后妃們參與這種事情，更不要說是安陵容自作主張，給皇帝「驚喜」。

狩獵和布庫

每年秋季，皇帝要到木蘭去圍獵，以不忘國本和表達尚武精神。屆時，往往有后妃隨往，甚至有后妃參與哨鹿的行為。如乾隆之容妃，就有策馬遞箭的畫留傳於世。

布庫是一種赤膊相撲的活動。布庫，滿語譯音，即為角抵、撅跤、武術戲，類似今天的摔跤。康熙初年，輔政的鰲拜結黨營私，把持朝政。足智多謀的年輕康熙，挑選十幾名八旗子弟，入內苑陪侍康熙練「布庫戲」。一日，康熙獨召鰲拜入宮，當場宣佈他的罪行，十幾名少年聞聲而至，當場擒拿鰲拜。這是清宮廷史中關於布庫的生動記載。

清宮相撲主要有兩種，一為滿族式摔跤，一為蒙古族式摔跤，兩種形式各有區別。這種比較猛烈的運動，后妃們不會參與，多在一旁圍觀。

水獵與踏雪

澱園有水圍，乾隆年間，高宗后妃曾在昆明湖觀賞水獵，取樂嬉戲。還在關外的時候，滿洲人就喜歡下河漁獵，那個時候，主要是生活所需。入關後，資料中多次記載康熙帝親自下河網魚，還記載他到盛京謁陵時，路過黃河的時候，下河網魚，命人將新鮮的魚運回皇宮，給皇太后和后妃們品嚐，令宮裡的妃嬪們非常感動。

寂寞的后妃，有時會在大雪紛飛的冬季，紛紛走出戶外去踏雪，淨化心情，倒也有無窮樂趣。在夏季，后妃有許多排遣寂寞的方式，皇帝會安排她們到行宮，比如圓明園或者其他的離宮別苑去，享受別樣生活。可是，冬天就必須回到紫禁城。這裡不僅規矩多，而且天寒地凍，女主們只有待在寢宮中，無所事事，寂寞萬分。所以，反而在大雪紛飛的時節，妃嬪們會愉快地走出戶外，堆雪人，打雪仗，做些遊戲。

另外，觀看煙火表演也是後宮喜聞樂見的重要娛樂活動。乾隆以後，每年正月十九，在圓明園山高水長放煙火，宮中后妃隨帝觀賞取樂。當五彩繽紛的焰火騰空而起，后妃們會高興地跳起來，宣洩積鬱已久的心緒，是后妃們最快樂的事。有資料記載，圓明園放煙花，燃過的煙花紙片落下來，堆成厚厚的一層，五彩斑斕。這種過度的煙花燃放，在紫禁城內是不允許的，他們懼怕因此而發生火災。在圓明園也曾經因為燃放煙花

而起火，朝廷也是三令五申，娛樂的同時，不可引發火災。

高規格的旅行——南巡

隨帝出巡遊玩，這其實也是后妃與皇帝一起進行的娛樂活動。

后妃平日不許隨意出宮，連見娘家人省親也是如此。但皇帝有時為了排解她們的鬱悶，會在適宜的季節，帶着后妃出巡。如康熙、乾隆都曾六次南巡，東巡齊魯，幸五台，謁盛京，都有帶着后妃的記錄。如康熙奉孝莊、孝惠，率后妃到京畿；乾隆帶皇后、容妃等去南巡等。她們一面欣賞一路美景，一面品嚐天下美食，好不快活。檔案記載，康熙六次南巡如下：康熙二十三年九月二十八日始，一路南下，至十月二十六日，在蘇州回鑾；康熙二十八年正月初八日始，二月二十七日至杭州後回鑾；康熙三十八年二月初三日始，三月二十九日自杭州回鑾；康熙四十二年正月十六日始，二月十六日自杭州回鑾；康熙四十四年二月初九日始，至杭州後回鑾；康熙四十六年正月二十二日始，至揚州後回鑾。

乾隆皇帝仿祖父康熙六巡江浙，乾隆六下江南的情況如下：

第一次為乾隆十六年正月十三日出發，五月初三日返京；第二次為乾隆二十二年正月十一日出發，四月二十六日返京；第三次為乾隆二十七年正月十二日出發，至五月初四日返京；第四次為乾隆三十年正月十六日出發，四月二十一日返京；第五次為乾隆四十五年正月十二日出發，至五月初九日返京；最後一次即第六次為乾隆四十九年正月二十一日出發，至四月二十三日返京。這六次南巡，一般都要到江寧、蘇州、杭州、揚州，後四次都到過浙江海寧。

皇宮戲迷

清宮的后妃基本上都是戲迷，因為唱戲、聽戲是當時人們最愉快的休閒樂事。每逢節慶，如皇帝登極、萬壽節、后妃千秋節、皇子或公主生日、后妃生育、立春、上元、端午、七夕、中秋、重陽、冬至等，都要上演不同的戲目。戲目無非是帝王將相、神仙鬼怪的故事。有《萬壽長生》《福壽雙喜》《四海昇平》等曲目。戲種有崑腔、弋陽腔等。

一般在早 6 點至 7 點開戲，下午 2 點至 4 點散戲。地點會有很多，但外東路寧壽宮閱是樓院內的暢音閣大戲台最有名。

關於宮中唱戲娛樂，有許多故事。

一個是雍正皇帝。雍正向以勤政著稱，但卻留下了「杖殺優伶」的傳聞。

《嘯亭雜錄》記載，雍正帝有一次看雜劇，演的是有關常州刺史鄭儋打子的故事，扮演常州刺史的伶人藝術高超，「曲仗俱佳」，雍正帝十分高興，大加讚賞，給了這位伶人許多獎勵。可是，這位伶人竟有些忘乎所以，問皇上當今常州刺史為誰，雍正帝立即翻了臉，喝道：「汝優伶賤輩，何可擅問官守？其風實不可長！」接着下旨，將此優伶立即打死。剛才還是晴空萬里，一會兒就烏雲密佈。真是伴君如伴虎。因為一句話就丟了腦袋，誰還敢説話呢？

另一個是咸豐皇帝。咸豐雖然政治作為不大，但在看戲上卻有一套。他是個戲癡，曾親自上演一部思春戲《小妹子》。

咸豐帝鍾愛戲曲，中外聞名。他荒唐而庸俗，在他所點的戲目上頗有反映。

咸豐六年正月，檔案上記載着咸豐帝與昇平署太監的一段

對白。

問：有會唱《小妹子》的嗎？

答：沒有。

問：原先誰唱過？

答：吉祥、李福唱過，已故了。

……

咸豐帝非常失望，他多麼希望馬上看到這齣戲。隨即，他給昇平署下旨：迅速學出《小妹子》來。

這齣戲是甚麼內容，對咸豐帝有這麼大的吸引力，竟達到着魔的程度？

《小妹子》又名《思春》，原為崑腔戲，曾被收入清刻印的劇本《綴白裘》裡。它是一部典型的思春戲，其中心情節是，被情夫拋棄的婦人，哀憐地發出對負心郎的怨恨。

其中的部分唱詞是：

當初呀，我和你未曾得手的時節，恁說道如渴思漿，如熱思涼，如寒思衣，如飢思食。你便在我的跟前，說姐姐又長，姐姐又短，又把那甜言蜜語來哄我。到如今，才知道你得手的時節，便遠舉高飛……負心的賊！可記得，我和你在月下星前燒肉香疤的時節？我問你那冤家呀，改腸時也不改腸？聽信你，說永不改腸，才和你把那香疤來燒。誰想你忘恩薄幸，虧心短命的冤家！

這段唱詞，咸豐帝都能背下來，台上演員稍有差錯，他都能給指出來。為了迎合咸豐帝，昇平署特地請來師傅，並招選貌美如玉的姑娘，學演《小妹子》。經過 20 多天的趕排，於三

月十五日在同樂園演出。女演員搔首弄姿,頗得帝寵。咸豐帝看得非常認真,他邊看,邊唱,邊指點,最後,他竟上台與演員對白。以後,這齣戲多次在宮中上演。

2. 深宮逗趣

皇宮中的后妃,不僅參與有趣的體育鍛煉,同時,她們也喜歡遊戲活動,既養生又愉悅心情。

在宮中,后妃們在規定的範圍內想方設法找些有趣的事情來做,以磨煉心志,排遣寂寞。

琴棋書畫

其實皇帝很重視有才華的女子,聰穎而賢惠的后妃自然受寵。因而,她們平時也注意加強修養。

下棋,如圍棋等,慈禧有弈棋圖傳世:圖中畫一方桌,桌上擺着一盤正在進行的對局棋。慈禧端坐於桌的左方,面帶微笑,手拈棋子,桌右一陪弈男子,持子侍立,有説為太監李蓮英者。從這幅畫中,絲毫看不出慈禧是一個大權在握的女獨裁者。

書法練字,陶冶情操。《養吉齋叢錄》記,自康熙開始,除夕前一日,皇帝會向近臣、近侍等賜「福」字,以後相傳不替。至於后妃,則會仿效皇帝,有時皇帝會請些女師傅來教授,她們也會練寫「福」「壽」等字。如慈禧太后在聽政之餘,頗感宮闈寂寞,便找來筆硯,繪畫練字。慈禧雖天資聰穎,但

字畫的純熟需要真功夫練就，慈禧有些望而生畏。恰此時，有一位繆嘉惠，頗具丹青書法，又中年喪夫，生活無着，以賣字畫為生，於是，被及時推薦入宮。慈禧果然十分賞識繆嘉惠，特免行跪拜禮，賜穿三品服色，月銀 200 兩，每日在後宮指點慈禧練字繪畫。慈禧性情急躁，稍不順心則推翻桌案，拋掉筆管。繆嘉惠不慌不忙，命人扶好桌案，重整筆硯，凝神坐下，揮毫潑墨，一行行秀雅玲瓏的字體映入慈禧眼中。她轉怒為喜道：「繆卿果然真功夫。」繆嘉見慈禧高興，便開始指點她作畫寫字。慈禧喜歡祥瑞，作畫多為「海屋添壽」，有雲水殿閣及仙鶴飛翔；「靈仙祝壽」，有蟠桃、靈芝、蝙蝠、水仙；「富貴長壽」，有牡丹、青松、綬帶鳥。畫完，由繆嘉惠校正後，加蓋「慈禧皇太后之寶」印章。慈禧像其他帝王一樣，喜歡賞字於臣，於是，便練寫大字，主要有「福」「壽」「龍」「鳳」「美意」等。由於慈禧年事已高，練大字頗感吃力，但她十分自信，堅持不懈，終於有所長進，不久，便有許多加蓋慈禧印章的大字賞人。這些大字筆條流暢，遒勁有力，頗見功底。一些臣子頗以得此字為榮幸之至，便爭相乞賜。但慈禧覺得力不從心，乾脆由繆嘉惠代筆書寫，照樣加蓋印章賞人。

後宮妃嬪中作畫作詩者有之，如號稱「懶夢山人」的同治帝瑜妃，精通文墨，擅作詩文；而同治帝皇后阿魯特氏，不僅知書達禮，書法還特別好，尤其擅長左手寫大字；光緒帝瑾妃，也有山石扇畫留傳於世，其畫線條細膩，頗有古風。

有時為了排遣時日，皇帝會為后妃們請來技法高超的畫師，為后妃們畫像。如乾隆時期，意大利人郎世寧進入宮廷，結合中國繪畫高手，將東西方畫技結合起來，為清宮中的帝后妃繪畫，有肖像畫，也有風景和出巡畫像等。歷代后妃都有傳

世的畫像。其中有朝服像、常服像、漢裝像和戎裝像，五花八門，雖不見得十分真實，卻也可從中看出清宮后妃的容貌大概。后妃們坐在那裡，等着畫師們一點一點畫，如果是脾氣好的，會一直等下去。但慈禧卻不然，當美國人卡爾為其畫像時，她嫌畫得太慢，走開了。卡爾只好先畫好衣服，再請出太后來補畫面部。

九九消寒

「九九消寒」是一種流傳很廣的宮中文化娛樂活動。冬至開始，漫長難熬的冬天來臨了。於是，宮妃們採用九九消寒之法來打發冬日。即選出九個字，或「雁南飛哉柳芽待春來」，或「亭前垂柳珍重待春風」或「春前庭柏風送香盈室」，各句中每字均為 9 筆，頭九第一天寫一筆，每日一筆，寫完第一個字，頭九過去了，書完 9 個字，81 天之後，冬去春來。這些有的是皇帝御製，如「亭前垂柳珍重待春風」為道光御製，也有説為乾隆御製。並有許多詩傳世，如《九九消寒詩》《寒梅吐玉詩》《管城春滿消寒詩》。

玩偶與寵物

玩偶，在民間會為成年人所不屑，在宮中卻不然。起初，這些木偶玩具是小皇帝或小皇子、小公主們的玩具，後來宮妃們無聊時，也會一起玩耍。玩偶的種類很多，有戲劇形象，也有小動物模型，有會動的，有會發出各種聲響的，也有智力測試的，製作十分精巧，妙趣橫生。

清宮的御花園設有鹿苑，放養着仙鶴；內務府有養牲處、養狗處、養鷹鷂處等，東華門內東三所，是內養狗處。這些動物在宮裡待遇很高，有吃，有穿，還有養牲賬簿進行記錄，記錄着日撥口糧。雍正帝有「狗癖」，曾親自設計狗窩、狗衣等，計劃周詳。慈禧太后留傳於世的照片中，就有其與愛犬的合影，而且，竟有大臣祈斌為其愛犬畫像，敬獻給慈禧。慈禧的愛犬也有狗衣流傳下來，為綠緞做成，做工精細，令人咋舌。

吸水煙

清宮后妃吸水煙，而且有許多煙具流傳下來。一些資料中明確而詳盡地記錄了水煙袋的構造及吸水煙的過程。尤其是慈禧太后幾乎天天吸，而且是飯後吸。吸水煙成了她每日必不可少的習慣。慈禧飯後有吸煙的習慣，但她不吸旱煙。清宮裡忌諱「水煙」二字，因與「水淹」諧音，所以，儲秀宮管水煙叫青條。此煙為南方專門進貢，也叫潮煙。

以慈禧為例：有 4 個宮女伺候慈禧吸煙。敬煙前要準備好 6 樣東西：火石、蒲絨、火鐮、火紙、煙絲和煙袋。宮女在慈禧面前點火敬煙，必須十分小心，萬一火星濺到慈禧臉上，她一發怒，宮女本人連同祖宗三代就會遭滅頂之災。

所用煙絲細薄而長，約 10 厘米。煙絲有一股清香味，用青綠色紙包裹，長方條狀，所以叫青條。水煙袋全為銀製，有兩缸，一為煙缸，一為水囤，長長的煙管彎如鶴腿，叫鶴腿煙袋。慈禧的這柄水煙袋，銀體外飾燒藍釉，再外包錦套，上繡花卉、卍、蝙蝠、煙嘴上掛的穗上是用真絲編成的長壽字。這

柄煙袋高 40 厘米，重 608 克。

慈禧吸煙時，敬煙宮女必須跪下，用手托起水煙袋，當慈禧輕輕用眼一看煙袋時，宮女便把煙嘴送到太后嘴前約一寸遠地方，慈禧根本不用手接，只略一伸嘴便能含入口裡。慈禧一次要吸兩缸水煙。吸煙時，宮女不能正面對着慈禧，怕出氣吹着她，但也不能背過臉，必須恭敬地微側臉，低眉順眼，呼吸輕微地伺候。吸完煙後，宮女不可背過身，揚長而去；而要彎腰低頭，趨腳倒退而出。

康熙大帝的蟒式舞

在關外時，滿族人其實也是載歌載舞的，清宮活動中有時也跳舞，但不多見。比如孝惠章皇后七十大壽時，康熙帝以 57 歲高齡，還走上戲台，為太后跳蟒式舞，以助其興。

康熙四十九年正月十六日，是孝惠章皇后 70 大壽。宮裡宮外格外忙碌，到處張燈結彩，呈現出一派喜氣洋洋的氣象。孝惠章皇后生於崇德六年，是科爾沁蒙古的名門望族。她是在姑母被廢的第二年，即順治十一年入宮為妃的，當年六月十六日，即被冊封為皇后。可是，由於孝惠章皇后不善逢迎，入宮後，年輕風流的順治帝並不十分寵愛她。之後，董鄂妃入宮，順治帝更想廢掉皇后，以董鄂氏取而代之。可以説，在順治一朝的 7 年中，孝惠章皇后並未得到過真正的愛情。順治帝死時，她才 21 歲，開始了她漫長的寡居生涯。

然而，孝惠章皇后也從此時來運轉，康熙帝尊稱他為母后皇太后，對她十分孝順。孝惠章皇后長玄燁 13 歲，雖不是他的親生母親，但由於玄燁生母在康熙二年即死去，孝惠章

皇后便協助孝莊太后擔負起共同輔育小皇帝的義務，因而，母子間關係十分融洽，加之玄燁是一位孝順的皇帝，對皇太后十分敬重。玄燁多次到外地巡視時，都要侍奉皇太后同行，在宮中，也是每日親自去太后宮中行禮問安。皇太后十分感動。

皇太后生日在宮中稱「聖壽節」，歷來十分重視，尤其是遇到皇上、皇太后整壽，宮中便早作準備，大加慶賀。這次皇太后 70 歲整壽，玄燁決心大辦一番，以表達自己的孝心。正月十六日這天，宮中大宴賓客，又召來戲班子，一時間燈紅酒綠，好不熱鬧。

康熙帝一面陪太后看戲，一面說些為太后祝壽的吉祥話，一場戲下來，57 歲的玄燁突然走上戲台，要為太后祝壽跳蟒式舞。太后忙站起，要勸阻皇帝，因為皇帝年歲實在太大了，不宜跳舞。可是，康熙帝興致勃勃地朝太后施禮祝壽後，便跳了起來。

蟒式舞，為滿洲傳統的筵宴歌舞，在民間早已流傳，不知何時傳入宮中。舞蹈形式為九折十八式，舞者舉一袖至額頭，反過一袖至後背，盤旋作勢，形式巨蟒跳躍，所以叫蟒式舞。九折即九組動作，一為起式，二為擺水即打魚動作，三為穿針即織網動作，四為吉祥即歡慶動作，五為單奔馬即打獵動作，六為雙奔馬即出征動作，七為怪蟒出洞即龍舞動作，八為大小盤龍即龍戲水動作，九為大圓場即歡慶動作，與四同。十八式即十八個舞蹈姿勢，有手、腳、腰、轉、飛各三式，肩二式，走一式。做完這些動作，康熙帝額頭已微微出了一些汗，皇太后感動得站了起來，連忙說：「皇帝孝心，天地昭昭，請歇息，不要累着。」母子親情，油然而生。

紙牌的流行

中國是紙牌的發源地，玩紙牌興於唐朝（618—907 年），距今已有千餘年的歷史了。清宮造辦處中有紙牌木模子，用來印製紙牌，供后妃娛樂。紙牌的形制有兩種，一種為「幺萬」—「九萬」、「幺餅」—「九餅」、「幺條」—「九條」等，每種圖形 4 張，共 120 張；另一種為《三國演義》《水滸傳》人物，30 個人物各 4 張，共 120 張。其玩法和打麻將相似。那些宮中太后、太妃，及當朝后妃們為打發難熬的無聊時光，便會在本宮中與太監宮女們鬥牌玩。

此外，宮中不允許賭博（太妃們除外，她們會鬥牌賭博），但有時也玩擲骰子，但不賭錢的，輸贏看主子的賞錢。

3.「萬歲」養生秘笈

世間有沒有長生不老之術呢？長生之術不僅普通老百姓在追求，帝后妃們同樣企圖通過養生辦法達到長壽的目的。帝后妃這些主位，作為天下的王者家族，至尊至重。他們在享受天下錦衣玉食的同時，又十分注重養生、保健和美容，來使自己延年益壽，擁有更多的時間去享受。

帝后妃試圖長命百歲，長生不老。但是清宮中有這樣的百歲壽星嗎？我們查閱大量史料，發現其中確實有高壽者，帝王之中 60 歲以上者 6 人，其中，最高壽者為乾隆帝，他活了 89 歲，其次是聖祖和宣宗為 69 歲，太祖為 68 歲。清 12 帝的平均年齡為 53 歲，總的來說，還算可以。

后妃之中，按現有資料統計活到 60 歲以上的為：

皇太極的孝莊文皇后，75 歲；順治的孝惠章皇后，77 歲，淑惠妃 70 歲；康熙的孝恭皇后，63 歲，順懿密妃 70 歲，定妃 97 歲，愨惠皇貴妃 76 歲，悼怡皇貴妃 86 歲；雍正帝孝聖皇后 86 歲，純懿皇貴妃 96 歲；乾隆帝愉貴妃 79 歲，穎貴妃 70 歲，婉貴妃 92 歲，惇妃 61 歲；嘉慶帝孝和皇后 74 歲，恭順皇貴妃 74 歲；道光帝佳貴妃 75 歲，成貴妃 76 歲，預嬪 82 歲；咸豐帝慈禧太后 74 歲，端恪皇貴妃 67 歲，婉貴妃 60 歲；同治帝珣妃 64 歲，瑜妃 75 歲，瑨妃 77 歲。

這 25 位較高壽的后妃中，有 3 位是 90 歲以上，即康熙的定妃、雍正的純懿皇貴妃和乾隆的婉貴妃。3 位老壽星在丈夫生前地位均比較低下，定妃和純懿皇貴妃僅為嬪位，而且也只有純懿皇貴妃生有 1 子，其他兩位終生未孕。

所以，對清宮帝王和后妃的養生與保健有必要進行探討，從中得到一些啟發。

乾隆的長壽秘法

乾隆號稱「十全老人」「古稀天子」，活了 89 歲。

長壽秘訣，清代御醫後裔總結為「吐納肺腑、活動筋骨、適時進補」、「十常」、「四勿」。「十常」即齒常叩、津常嚥、耳常彈、鼻常揉、睛常運、面常搓、足常摩、腹常旋、肢常伸、肛常提；「四勿」：食勿言、臥勿語、飲勿醉、色勿迷。這套養生之法，為乾隆皇帝所接受，並靈活運用，達到了預想的效果。

后妃成群，御之有度。乾隆有名姓記載的后妃為 41 位，

可謂多矣。可是乾隆皇帝並沒有一味沉浸在後宮之中，而是御之有度，從其均勻的生育中即可悟出這一道理。

營養合理搭配，飲食有度。一年四季中，乾隆每膳前必先吃一碗冰糖燉燕窩。在早、晚兩正膳中，也常有燕窩菜，即燕窩紅白鴨子、燕窩炒雞絲、燕窩拌白菜、燕窩白菜滑熘雞鴨等。他還注意用鹿肉滋補身體。對於成群后妃，他並不是疲於應付，而是按時、按節接納，並十分注重營養滋補。尤其喜食鹿肉。中老年以後，他幾乎天天以鹿肉進補，保持體力精壯。

應節氣適當調節飲食有益無害，如春季食榆錢餑餑、榆錢糕、榆錢餅；端午節吃粽子，重陽節食花糕等。他還注意以粗補細，以野補身，如百姓常食的黃瓜蘸麵醬、炒鮮豌豆、蒜茄子、芥菜纓、酸黃瓜、酸韭菜、秕子米飯等，他都適量進食。

乾隆帝注意適量飲用玉泉酒。玉泉酒是宮中專門釀造的，供帝王、后妃飲用。此酒選用玉泉山的水釀造，甘醇可口，彌足珍貴。乾隆帝每日分次飲用，總量不超過 4 兩。乾隆十分重視玉泉酒的分配和使用情況，有時會親自過問。乾隆四十七年，因宮中使用玉泉酒過量，乾隆震怒，下旨命軍機處嚴查。內廷裡面因為這樣的生活瑣事而要軍機處參與查案，在清宮史中從未有過。軍機處不敢怠慢，很快查明了真相。原來，這一年事情很多，有阿哥娶福晉、公主下嫁等，所以，這一年用掉 1039 斤玉泉酒，比平時多好多。

康熙的養生之道

康熙帝活了 69 歲，一生歷經諸多坎坷，達此壽齡已屬不易。其規律為：

一日只兩膳，不進小吃。他說：「朕每日進膳二次，此外不食別物，煙酒及檳榔等物皆屬無用。」

不吃補藥。宮中補益類的藥品非常多，太醫也不斷獻方，地方臣僚也多有進奉，但他概不使用。飲食有節，起居有常。再好吃的東西，他也不多吃，按量進補。

適量飲用葡萄酒，達到養生保健的效果。葡萄酒傳到北京的時間，是在明末清初，由耶穌會士帶來或由西洋進貢。自康熙廢皇太子後，他得了一場大病，儘管御醫使盡了渾身解數，仍不見效。西洋傳教士請他喝葡萄酒試試：「西洋上品葡萄酒，乃大補之物，高年飲此，如嬰兒服人乳之力，請皇上飲用。」康熙帝試着飲用，感覺不錯。於是，每天飲用幾次，居然增加了食慾，精神也好了許多，這是康熙帝沒有想到的。

心態平和，不求長生之術。他說：「人之有生必有死，如朱子之言，天地循環之理。」「朕之生也，並無靈異；及其長也，亦無非常。」堅決摒棄《煉丹養身秘書》。

御用之物，不尚奢華。這是康熙皇帝最與眾不同之處。

內外兼修的保健良方

清宮有太醫院，院中有御醫 13 人，吏目 26 人，醫士 20 人，醫生 30 人。這些御醫全為漢人，醫術高明，日夜為宮廷服務。舉例說明如下：

酒類：龜齡集、龜齡酒、松齡太平春酒、椿齡益壽藥酒、健脾滋腎狀元酒、如意長生酒等。

丸劑：健脾滋腎狀元丸、密壽固本仙方、清暑益氣丸等。

代茶飲：解表代茶飲、清熱代茶飲、去暑代茶飲、溫中代

茶飲、補益代茶飲，其配方並不是茶，而是一些人參、黃芪、甘草之類。

八珍糕：有黨參、茯苓、薏米、白朮、芡實、扁豆、白糖、白米粉等物，研成粉蒸成。

……

清宮對人參的異常重視，人參產於我國東北，與貂皮、鹿茸並稱「關東三寶」。人參是傳統的中醫補藥，功能主治：補元氣，生津液；主治虛脫、虛喘、崩漏失血、驚悸，以及一切元氣虛弱、氣虛、津少等症。清王朝發興於東北，皇室對人參更是鍾愛有加，從人參的種植開採、分配、使用到出售，幾乎統歸皇室。人參成了皇家獨有享用的宮廷用品。

清政權入關以前，滿洲人所採人參，作為珍貴稀罕物品，或進貢朝廷，或交換物品以維持生計，是他們經濟收入的重要來源。入關後，清政府對人參的開採採取了壟斷政策，將採參大權高度集中於中央，並制定了一系列保護國家參源的法律政策。

清皇室內務府壟斷採參後，採參任務主要由盛京內務府上三旗兵丁和吉林打牲烏拉總管衙門的牲丁承擔。這樣，大量上等人參每年源源不斷地被運到清宮。據不完全統計，康熙四十八年，交送宮中人參 1000 斤，康熙五十八年，交參 3000 斤，乾隆十年交參 1439 斤，乾隆三十年交參 2059 斤……這些源源而來的人參，均進入內務府廣儲司茶庫。

進入宮中的這些人參，共分十二類：大枝、特等、頭等、二等、三等、四等、五等、蘆鬚、渣末、參葉、參籽、參膏。而只有四等以上的人參才是專供帝后享用或御用入藥的人參。此外，還可作為賞賜官員和少數民族王公貴族及外藩等使節，

有時，多餘人參也要到外地販賣成銀兩入庫。

清宮帝后使用的人參，一般為特等、頭等和二等參。如雍正十年五月二十二日，一天就用一號特等參 5 斤 10 兩 2 錢，頭等參 10 斤 12 兩 4 錢 5 分，三等參 106 斤，四等參 217 斤 9 兩。此外，皇帝出巡、狩獵、祭祖掃墓等，也隨身攜帶備用人參。如乾隆元年十月十一日，乾隆帝恭送雍正梓宮，就備有三等人參 3 斤，四等人參 5 斤，五等人參 10 斤。

人參為大內補藥，御藥房在研製各種成藥時，一般加入人參。雍正十二年，御藥房全年用於入藥的各等級人參就在 384 斤以上。

關於賞參，數目更是驚人。主要用於對各少數民族的上層頭人，如對蒙古王公貴族、外藩、各國來華使節、年邁體弱的功臣、官員等的賞賜。如雍正十二年，用於賞賜的人參就達 172 斤。

飲用水質也很重要，因此清宮用水很講究，只用玉泉山的專用水，不用其他。其實，玉泉山的水自元代起，就已成為帝王專用水。玉泉山的水質是經過嚴格測量的。早在乾隆年間，乾隆帝命內務府製銀斗一個，較量天下名泉名水，質量以北京西郊玉泉山水最輕，玉泉水也被稱為「天下第一泉」。這樣，清宮便派出專車每天去玉泉山拉水。拉水車早上出神武門，待下午太陽西斜時再拉回神武門。帝后妃們每日御膳、泡茶之水都用玉泉山之水。而慈禧太后在洗澡時也用此水，為的是保持她的肌膚細膩光滑。

另外，清朝皇家很注重沐浴保健，主要有兩種途徑，一種是湯泉洗浴，利用地下熱水中豐富的礦物質，來治療各種皮膚病。北京的湯泉有昌平小湯山溫泉，還有河北遵化的湯泉，孝

莊、康熙都曾來此，沐浴療疾；另一種是人工製作洗浴水。宮中后妃，有在冬季使用木瓜湯洗浴，因為木瓜有舒筋活血的功效，夏日則用杭菊粉洗浴，因為杭菊具有醒神明目的作用。慈禧太后就曾用過此方劑。后妃所用溫泉有三處，即河北赤城、遵化湯泉、北京昌平小湯山。

赤城溫泉的浴療效果相當好，因其高溫弱鹼，主要成份為硫酸鈉，對皮膚病、關節炎、牛皮癬、坐骨神經痛療效明顯。尤其是每當桃花盛開的季節，赤城溫泉被譽為洗桃花水，一條白浴巾會染成粉紅色，趣味無窮，康熙帝后曾侍奉孝莊多次前往洗浴。

遵化湯泉是在康熙十年開始見諸記載的。因為此處距順治孝陵近，康熙在奉太皇太后謁陵的同時，便去湯泉療疾，有時一住就有 40 多天，説明效果是不錯的。直到今天，遵化湯泉還保留有流杯亭、六角石幢等建築，記錄下了湯泉曾經有過的輝煌。

小湯山湯泉在北京昌平，那裡泉水如煮，礦物質豐富，備受帝王后妃青睞。每年都有后妃前往洗浴。晚清慈禧太后有時也會前往坐湯，並在檔案中留下了記錄。

還有就是清宮之人對鼻煙的鍾愛。清初，宮廷內禁止吸食煙草，皇太極曾頒告示，力主禁煙。可是，雍正繼位後，認識到鼻煙有諸多好處，它不僅可以治療頭疼、咳嗽、風濕等病，而且還可以緩解疲勞，提神醒目，具有一定的保健功能，對於工作狂雍正來説，鼻煙就是保健養生的一劑良藥。因此，他非常喜歡，並不時命造辦處製造各式鼻煙壺進獻，有時，自己還會提出一些修改意見，十分內行。清宮造辦處也極盡心力，製作出牙雕、玉器雕、銅雕、琺瑯、瓷製、黃銅、景泰藍、料

器、漆雕等多種式樣。光緒帝也嗜好鼻煙，光緒二十六年出逃西安時，竟忘記帶鼻煙，於是，命人去街市購買。在宮裡時，珍妃會隨身攜帶鼻煙壺，隨時為他提供服務。

清宮崇信佛教，信佛，向佛，清心寡慾，在清宮複雜多變的鬥爭環境中，那些結有佛緣的后妃，往往閉目靜神，向佛捻珠，陶冶心性。孝莊太后就有便裝捻珠像傳世，看上去十分安詳、寧靜。慈禧太后在心緒煩亂之時，就會到靜室中向佛祈禱，直到心緒平靜下來才肯出來。蘇麻喇姑，一生崇信佛教，她認為人生有諸多罪惡，所以在年三十夜洗浴時，要將髒水喝下贖罪。她死時，已有 90 多歲了，是個老壽星。

此外，鍛煉必不可少，清宮后妃們已經認識了鍛煉的重要性。如清宮每年的狩獵、冰嬉等運動，還有在御花園等處散步。慈禧等常去散步，消食、醒腦、健身。

珠光寶氣

深宮中的女人不比尋常人家，普通人家的女人不僅要操持家務，還要為生計而奔波。皇帝的女人們就只有享受的份兒了，她們穿金戴銀，珠光寶氣，盡情享受世上的寶物。所以，梳頭、美容、養顏等事，就成為她們的生活主業了。

1. 女為悅己者容

駐容有術

後宮佳麗們深居簡出，極狹小的活動範圍內所能自主做的事情，就只有打扮自己，以使青春永駐。這樣，皇帝才能更多地關注自己，也才會有出頭之日。

六宮粉黛們一定會挖空心思鑽研此道，宮外投機之人也會將美容法寶獻進宮廷。此外，皇帝出於自己的考慮，也會極力支持后妃們打扮自己。

美容和養顏，坐在鏡子面前辛苦地打扮自己，是后妃們常做的功課。她們時刻關注自己和往常有甚麼不同，是否有皺紋不經意地爬上來。平時她們就十分注意保養容顏。

遍查史料，終於發現了晚清慈禧太后美容的種種方劑和做法。慈禧皮膚歷來不白，膚質不細，為了嫩面、潤膚，達到增白、防皺功效，她採用了以下辦法（這些方劑均來源於清宮檔案）：

宮粉：由米粉、益母草粉、珍珠粉加香料配製而成。慈禧入睡前，在臉、脖子、前胸、手臂上大量使用宮粉。

胭脂：由新鮮玫瑰花製成。每年五月，北京妙峰山的玫瑰

專門進貢清宮，提煉成玫瑰油，再將玫瑰油加工成胭脂。

漚子方：由 8 味中藥研成粗渣，與 3 斤燒酒同煮，去渣留汁，兌上白糖、白蜂蜜、冰片粉、朱砂麵攪勻即可。塗於臉部，有嫩面、滋養、潤膚功效。

玉容散：由白芷、白牽牛、白丁香（麻雀糞）、鷹條白（鷹糞）等 16 味中藥組成，可去除面部黑斑、粉刺、斑紋。用時，將散劑用水調和，搓搽面部，再用太平車在面部反覆滾動。

藿香散：由藿香葉、香白芷、零陵香、檀香、丁香、糯米、廣明膠等 7 味組成。可以通經絡，除面黑，增加皮膚彈性，潤膚香肌。

栗荍散：將栗子的內皮晾乾，研細麵成散劑。使用時，用蜜調和塗於臉上。能祛雀斑，減少皺紋，光潔面部。

加味皂：在皂中加入檀香、排香草、廣陵香等香料，長期使用，可嫩面玉容。

護髮術有：

香髮散：由 14 味中藥細研，加蘇和油拌勻，晾乾後再研成粉。梳頭時將香髮散噴於髮中，用篦子反覆梳理，頭髮蓬鬆、柔順，既可養髮，又可防白。

菊花散：用 9 味中藥研成粗渣，加漿水煮沸後去渣，用藥汁洗髮。

抿頭方：由香白芷、荊穗、白僵蠶、薄荷、藿香葉、牙皂、零陵香、菊花 8 味中藥，加水同煮，冷卻後加冰片，可使髮質軟化，清神醒腦，防止脫髮。

長春益壽丹：由 32 味中藥製成，每早空肚，用淡鹽水送服，可防止髮白。

固齒術有：

固齒刷牙散：由青鹽、川椒、旱蓮草、枯白礬、白鹽等組成，研成細粉，早晚漱口，可防止牙齒變黃。

固齒方：用生大黃 1 兩、熟大黃 1 兩、生石膏 1 兩、熟石膏 1 兩、骨碎補 1 兩、銀杜仲 1 兩、青鹽 1 兩、食鹽 1 兩、明礬 5 錢、當歸 5 錢、枯礬 5 錢。每天早晨以此散劑擦牙根，用冷水漱吐。當歸、杜仲養血補腎堅骨骼；石膏固齒；食鹽、明礬殺蟲解毒；大黃、石膏可消胃熱，止火牙痛，每日擦用齒固無搖。

此外，慈禧在日常生活中，還喜歡用茶水漱口，每次飯後，她都要嚼檳榔，長期堅持，可除掉牙酸，清除口腔腐氣。

沐浴方：用宣木瓜 1 兩、薏米 1 兩、桑枝葉 1 兩、茵陳 6 錢、甘菊花 1 兩、青皮 1 兩、淨蟬衣 1 兩、莫連 4 錢。將以上配料和為粗渣，盛布袋內，熬水浴之。此方可清風散熱，平肝明目，又可殺菌，對皮膚真菌有抑制作用。其中蟬衣、薏米可加強散風熱、透風疹，能防治皮膚病。如果是在夏季，慈禧則喜歡用杭菊粉兌水沐浴，因為夏季炎熱，暑氣上升，使用杭菊水洗浴，能起到清心醒目的良好功效。

食補膳丸：

延年益壽丹：用茯神 5 錢、遠志 3 錢（肉）、杭白芍 4 錢（炒）、當歸 5 錢、黨參 4 錢（土炒焦）、黃芪 3 錢（炙焦）、野白朮 4 錢（炒焦）、茯苓 5 錢、橘皮 4 錢、香附 4 錢（炙）、廣木香 3 錢、廣砂 3 錢（仁）、桂圓 3 錢（肉）、棗仁 4 錢（炒）、石菖蒲 3 錢、甘草 2 錢（炙），共研細麵，煉蜜為丸，成綠豆粒大小，朱砂為衣，一日 3 次，每次服 2 錢 5 分。對因思慮過度導致心脾受傷，營血虛少，進而併發失眠、健忘、眩暈、盜汗、飲食少、體倦有功效。方中桂圓、棗仁、遠志、茯

神、當歸等補心養血；黨參、黃芪、甘草、白朮等，補脾生血；木香舒脾理氣，增強補氣生血功能；白芍，養陰補血，治血虧、月經不調；香附，解鬱開氣；石菖蒲，開心利竅；橘皮，健胃利氣；廣砂，行氣破滯；茯苓，滲濕利竅。此方，擬於1880 年。

五芝地仙金髓丹：由 11 味中藥加蜂蜜配製而成。服用百日後，可五臟充實，益氣生津，肌膚潤澤，延緩衰老。

平安丸：由 9 味中藥調配而成，即檀香、沉香、木香、白蔻仁、肉蔻仁、紅蔻、神麴、麥芽、山楂等。連服數日，消化有力，氣血旺盛，皮膚營養充足，面色逐漸紅潤。

保元益壽丹：用人參 3 錢、炒於朮 3 錢、茯苓 5 錢、當歸4 錢、白芍 2 錢（炒）、乾地黃 4 錢、陳皮 1 錢 5 分、砂仁 1錢、醋柴 1 錢、香附 2 錢（炙）、桔梗 2 錢、杜仲 4 錢（炒）、桑枝 4 錢、穀芽 4 錢（炒）、薏米 5 錢（炒）、炙草 1 錢，共研成極細的麵，每次服用 1 錢 5 分，老米湯調服。主治血虛、血虧引起的精神不振，肢體疲倦，面色黃萎，飲食少，虛熱等症。人參補元氣，當歸生血養血；砂仁、香附、陳皮理氣，舒肝，化痰；穀芽、薏米和胃消食；杜仲補肝腎，強筋骨；地黃清熱生津，甘草瀉火解毒。和為補血、理氣、調肝、健脾、清熱、保元、強健之功效。此方擬於 1882 年。

十全大補丸：人參 2 錢 5 分、白朮 5 錢（土炒）、當歸 5錢、川芎 5 錢、白芍 5 錢、黃芪 1 兩（蜜炙）、茯苓 1 兩、肉桂 1 兩、熟地 1 兩、甘草 2 錢 5 分，共為研末，水疊為丸，每次服用 1—2 錢。此方主治血虛引起的精神不振，肢體疲倦，面色黃萎，飲食少。所用熟地，滋陰補血；當歸和氣生血，白芍斂陽益血，川芎調和血氣，人參大補元氣，白朮健脾強胃，

茯苓滲濕利竅，甘草補脾益氣，黃芪益氣，肉桂溫血，和為助陽，固衛，保元，大補秘方。此方擬於 1884 年。

這些美容健身之術，使得慈禧皮膚狀況有所改善，加上她富有心計，又擅唱南曲，終於引起了咸豐帝的注意，臨幸過後即懷孕生子，幸運之神終於向她招手了。

咸豐死時，她年方 27 歲，正是風華之年。她一面追逐權力，一面更加刻意地打扮自己。她甚至養成了喝人乳的習慣，將那些剛剛生產過的（一定是二胎，因為二胎的產婦奶水純正而旺足）相貌漂亮的旗人（只有旗人才放心）少婦弄進宮來，奶水旺足，供其服用，每天常用這樣的奶母就有 3 人。服用時，有時要加進少量珍珠粉。久而久之，慈禧的皮膚越發白皙。

香料的調製

關於宮中「香料」，《甄嬛傳》塑造的兩個人與之產生了關聯：一是安陵容親自調製香料，並且是個「香料」高手；二是最愛歡宜香的華妃。根據清宮檔案，清宮主位確有熟悉醫道之人，比如康熙、雍正、乾隆、慈禧，也有慈禧親自指導宮人配製胭脂的記載。可是，妃嬪們配製香料的檔案卻不見記載。究其原因，普通妃嬪們地位不高，其生活細節不會被記錄在檔；另外，這些人也不可能深諳香料的製作工藝。尤其是安陵容這種作為雍正帝的嬪御，約束甚嚴，並不敢在後宮大行其道。

據不完全統計，宮中女人每年光脂粉一項開銷不下四萬兩白銀，將香噴噴的胭脂裝在漂亮的盒子內，既實用又好看，后妃們樂此不疲。這些胭脂有自製的，也有從廣州進口的，還有

外國使臣或公使夫人獻上的。六宮粉黛通過使用高檔脂粉，越發美麗動人。資料記載，光緒二十六年，隆裕皇后隨慈禧西逃時，倉促間，未帶脂粉盒，一路上沒有脂粉用，很不方便，直到太原、長安才命人到民間去購買。

清宮中曾有瑪瑙太平車傳世，其實是后妃臉部按摩器。按摩前，后妃們先用鷹糞、珍珠粉兌上乳汁，做成膏狀物，再將其塗於臉部，然後用太平車來回揉搓，不僅使其皮膚不易衰老，還會緩解面部疲勞。有時按摩，會在面部塗一些增白的膏劑，有利於皮膚白皙。

另外，清宮女人是否會使用香料呢？民間盛傳乾隆香妃體有異香，有專家考證，香妃自身不可能發出香味，極有可能是其隨身攜帶並大量使用香料，久而久之，香味滲透到了皮膚裡面，才散發出了奇異的香味。

又有人考證香妃之「香」，可能與一種沙棗樹有關。沙棗樹產於新疆，葉子為銀，花為金色，開花時芳香無比，沙棗樹素有「金花銀葉鐵幹幹」之稱。香妃入宮後，相傳她要在宮中種植沙棗樹，以解思鄉愁緒。乾隆依了她，種植大量沙棗樹，花香味熏染了香妃，從此她身上也帶有奇異的香味。

華貴護指

清宮后妃有留指甲的習慣，一般在大拇指、無名指和小拇指留有長長的指甲。這些長指甲極易折斷，尤其是在冬季，指甲脆弱。所以，太醫院的太醫們便為后妃們研製了軟化指甲的藥水，定時由宮女們伺候浸泡。不僅如此，為了美化和保護指甲，要製作漂亮的甲套，有金護指、銀護指、玉護指和棉

護指，適用於不同季節：冬季，會用棉護指，裡面有棉；夏季用玉護指，玉石的質地會很涼爽；春秋季節，則使用金護指或銀護指。從慈禧太后的照片中我們可以看出她的指甲足有 7 寸長，不僅有華麗的甲套，還要塗進口的甲油，並有專門宮女按時伺候泡洗，宮中為她的指甲準備了一套專用工具箱，內有小刷子、小剪子、小刀子、小銼子之類。慈禧太后在 1900 年西逃前，怕暴露目標，狠心剪掉了自己多年養起來的指甲，當時還為此大哭了一場。

實際上，清代的女子們並不都留這種指甲。這麼長的指甲，會影響她們幹家務，這對於務實的滿洲人來講是不現實的。而只有那些深宮中的女子，也包括王公貴族之家的女子們，為了顯示高貴的身份，養尊處優的生活方式，或許會留下這些指甲示人。需要強調的是，並非每一個女人都有留指甲的習慣；也並非每個皇帝都喜歡自己的女人留下長長的指甲，所以，影視劇中的女人護指有些藝術誇張的成份了。

2. 當窗理雲鬢，對鏡貼花黃

珍貴的金髮塔

好多電視劇導演都認為后妃是由太監來梳頭的。其實，像梳頭這種工作屬於細活，一般不會由太監來做，而是使用經驗豐富的宮女來完成。但是，晚清的慈禧太后確實使用過太監李蓮英梳頭，這應當是一個特例。

后妃除了日常活動以外，總愛在梳妝台前逗留。宮裡有專

門的梳頭宮女或太監，他們侍候着這些女主們。除了梳好頭髮外，還要趁此時加深與后妃們的感情，講些宮外時新的話題，或是后妃感興趣的話題。

後宮的女人們梳下的頭髮，要加以保留，因為她們認為父精母血給予之物不可輕易扔棄。關於頭髮的重要性，《孝經》這樣記載：「身體髮膚，受之父母，不敢毀傷，孝之始也。」至於明清之交，明朝的遺臣們面對多爾袞氣勢洶洶的剃髮令，也十分傷感和不願，清初散文三大家之一的侯方域說：「身體髮膚，不敢毀傷，聖人之訓也」。這是漢族男人的態度，同樣，滿洲男人也是一樣，他們愛髮如命，並不輕易剃去。至於男人髮式中剃掉前額頭髮，只是一種習慣而已。

滿洲女人遇有大喪事件，比如長輩去世，則要表達一種喪葬中的孝順之意，把頭髮披散開，剪掉耳邊的一綹頭髮，是以髮代頭，表示殉葬先人之意。所以，清朝的男女，都非常珍視自己的頭髮。慈禧入葬時，就把她生前梳落的萬縷青絲隨葬地宮之中；而乾隆皇帝的生母孝聖皇太后去世後，乾隆帝為其鑄造了黃金塔，用來存儲孝聖皇太后梳落的頭髮，後人稱為金髮塔。

乾隆為其母製作金髮塔，靡費頗巨。當初，擬造高 2 尺 1 寸 6 分，但由於其中需供無量壽佛法身大，原高度容納不下，於是，再行加高到 4 尺 6 寸，用金數量頗為巨大。宮廷裡的承辦人員想方設法，把一份金冊、一枚金印、壽康宮茶膳房金器及所存盆、匙、箸等金器等盡行蒐羅，共得黃金 2300 餘兩，仍不敷使用。於是，福隆安想出用白銀添鑄的辦法，乾隆允諾，將 700 餘兩白銀熔入其中，共有 3000 餘兩。承辦大臣由福隆安和和珅共同負責，職能部門有工部、戶部和內務府，具

體操作施工由內務府造辦處負責辦理，互相監督，以防怠惰和克扣。經過 3 個多月的緊張勞動，金髮塔終於完工。金塔由下盤、塔斗、塔肚、塔脖、塔傘、日、月和松石瓔珞等部分組成。紋樣端莊，構圖完美。其中金塔內的盛髮金匣是關鍵，乾隆帝從樣式到刻畫紋樣都一一過目。

清宮髮式

東西六宮中，每宮必有一處梳妝台。身份高的后妃會有十分高檔的梳妝台，梳妝台可以摺疊，並配有各種小抽屜，可以裝進脂粉或梳具等物。梳妝台的質地有紫檀和紅木，有嵌螺鈿的，異常華美。梳具中，有各種質地，如黃楊木和象牙等類。梳具按盒裝，盒中按梳具形狀設置出各種凹槽，有梳門髮、鬢髮、邊髮等具，也有刷子和篦子，齒疏密不等，用途各異，每盒梳具總有十來件。

后妃梳頭時，為保持頭質柔軟而光亮，會使用頭油來護髮。如康熙歷次南巡時，各地大臣的貢單中就有「香頭油」「梳妝香油」等進奉。

流連在梳妝台前，有得意，有失意。失意的后妃會不時地歎氣，哀怨時光不饒人，年老而色弛。但她們很多人並不會因為皇帝喜新厭舊而離開梳妝台。相反，一旦她們認識到自己已經老了，就會更加刻意地裝扮自己，因為漫漫的人生餘路不會因為皇帝失寵而斷絕，生活還要走下去，直到人生盡頭。

清宮后妃的髮式，受封建禮數的約束，不可過分張揚和造次。但當外界廣泛流行時，也會很自然地將各種髮式流入宮中。而且，隨着時代的變化，宮中后妃的髮式也會變化。主要有：

孩兒髮：清代，無論男孩和女孩，都剃去周圍的頭髮，只留顱後髮，編結成辮，盤於腦後。女子待成年後，開始蓄髮，縮鬢。

知了髮：乾隆、嘉慶時期，滿洲婦女時興頭頂盤髮一窠，耳前兩旁作「雙垂蟬翼」式，形如知了，故此得名。

宮頭：盛行於光緒年間，其髮式為總全髮於顱頂，束之以繩，復分兩縷，纏成兩把，再行加高，以樺皮桶 2 個，長約 3 寸，紅繩纏束，穿假髮套，以丁字形鐵叉穿桶中，佈髮於叉，構成兩硬翅，又加 1 尺左右長之扁方，縛令平立，兩翅餘髮雙搭扁方之上，交叉盤繞，塗以髮油，餘梢纏繞頭頂。髮短則以假髮，外邊用紅繩圍上，再在上面插上各式花朵、簪、釵等。

軟翅頭：盛行於清朝嘉慶、道光年間。方法是縮全髮於頭頂，束之以繩，再分成兩縷，各用紅繩纏成兩把，長約三五寸，雙垂於腦後，略呈「八」字形。咸豐、同治朝以後，其兩把結構由矮而高；由豎垂腦後，演變成橫臥頭頂。

高把頭：由軟翅頭演變而來。方法是縮全髮於頭頂，用頭繩束住，再分成兩縷，用紅繩纏成細而短的兩把，用鐵叉支住，再在鐵叉上纏線。挽髮如雙角，作朝天馬鐙狀，頸後綴一燕尾髮鬢。流行於旗人世家僕婦中。

旗鬢：方法是縮全髮於頭頂，盤成一圓鬢，這種簡便的髮式，在出閣後的婦女中，均可梳之。

但若有事出門或喜慶大事時，則改梳莊重頭型。

大拉翅：盛行於光緒、宣統年間。其式為頂髮梳成圓鬢，腦後髮呈燕尾式，另以黑緞、絨或紗製成「不」字形皂板，稱為「頭板」。它的底部用鐵絲製成扣碗狀，稱為「頭座」。扣於頭頂髮鬢上，並用髮纏繞，使之固定。在頭板中戴彩色大絹

花，稱為「頭正」，或「端正花」，並加飾珠、翠、玉簪、步搖和鮮花，或於右側綴一彩色長絲穗。

燕尾：清朝滿族婦女在梳兩把頭時，將腦後髮左右分開，下成兩歧，梳成兩尖角燕尾式扁髻，垂於腦後，再用線縫製固結，以防其鬆散。開始時，燕尾窄小平攏，後來聳起且長。在清朝末年，市肆上甚至有賣假燕尾的，以比其長短。

3. 金玉珠釵，滿目琳琅

德齡公主在《清宮二年記》中這樣記錄初見到的慈禧太后，「我們一眼就看見一位老太太，穿的黃緞袍上繡滿了大朵的紅牡丹。珠寶掛滿了太后的冕，兩旁各有珠花，左邊有一串珠絡，中央有一隻最純粹的美玉製成的鳳。繡袍外面是披肩。我從來沒有看到過比這更華麗、更珍貴的東西。這是一個漁網形的披肩，由三千五百粒珍珠做成，粒粒如鳥卵般大，又圓又光，而且都是一樣的顏色和大小，邊緣又鑲着美玉的瓔珞。此外，太后還戴着兩副珠鐲、一副玉鐲和幾隻寶石戒指。在右手的中指和小指上，戴着三英吋長的金護指，左手兩個指頭上戴着同樣長的玉護指。鞋上也有珠絡，中間鑲着各色的寶石。」通過這樣的記述，我們可以想像到作為當時紫禁城中最尊貴而有權勢的女人是甚麼裝扮和模樣。

朝冠之禮

宮中后妃的頭飾，在節日或重要場合要具朝冠，有嚴格的

規定。朝冠有季節之分。皇太后、皇后的冬朝冠，其朱緯之上，周綴金鳳 7 隻，每隻金鳳上飾東珠 9 顆，貓睛石 1 顆，珍珠 21 顆。冠後有一金翟，其上飾貓睛石 1 顆，珍珠 16 顆。翟尾垂珠，共五行，每行為兩段，每行大珍珠 1 顆，共垂珍珠 302 顆。中間有金銜青金石結 1 個，結上飾東珠、珍珠各 6 顆。末綴珊瑚。

皇貴妃、貴妃的冬朝冠，其朱緯上，周綴金鳳 7 隻，每隻金鳳上飾東珠 9 顆，珍珠 21 顆。其冠後有一金翟，其上飾貓睛石 1 顆，珍珠 16 顆。翟尾垂珠，三行二就，共垂珍珠 192 顆。中間有金銜一青金石結，結上飾東珠、珍珠各 4 顆。末綴珊瑚。

妃的冬朝冠，其朱緯之上，周綴金鳳 5 隻，每隻金鳳飾東珠 7 顆，珍珠 21 顆。其冠後有一金翟，其上飾貓睛石 1 顆，珍珠 16 顆。翟尾垂珠，三行二就，共垂珍珠 188 顆。中間有金銜一青金石結，結上飾東珠、珍珠各 4 顆。末綴珊瑚。嬪的冬朝冠，其朱緯之上，周綴金翟 5 隻，每隻金翟飾東珠 5 顆，珍珠 19 顆。其冠後有一金翟，其上飾珍珠 16 顆。翟尾垂珠，三行二就，共垂珍珠 172 顆。中間有金銜一青金石結，結上飾東珠、珍珠各 3 顆。末綴珊瑚。

此外，皇子福晉、親王福晉、固倫公主、親王世子福晉、和碩公主、郡王福晉、郡主、皇孫福晉、皇曾孫福晉、皇元孫福晉、貝勒夫人、縣主、貝子夫人、郡君、鎮國公夫人、縣君、輔國公夫人、鎮國公女鄉君、輔國公女鄉君、民公侯伯夫人以下至七品命婦的冬朝冠在配珠，裝飾上各有區別，等級極其分明。

從皇太后下至七品命婦的夏朝冠，按《大清會典》的規

定，皆以青絨製作。其冠頂、冠飾及垂縧、冠帶皆與其各自的冬朝冠制同。也就是說，除冠質之外，冬、夏朝冠其制相同。按《大清會典》的規定，每年於秋季始換暖朝帽，春季始換涼朝帽。

等級分明的金約

金約，為清代后妃、福晉、夫人、淑人、恭人及公主下至鄉君、命婦穿朝服時，佩戴在朝服冠下檐處的一種圓形類似髮卡的裝飾品，其上飾以不同數量的珠寶，以此作為區別身份、地位的標誌。按《大清會典》的規定，皇太后、皇后的金約，鏤金雲 13 個，其上飾東珠各 1 顆，間以青金石。金約後繫金銜綠松石結，結上貫珠下垂，五行，每行三段，共 24 顆，每行大珍珠 1 顆。中間有金銜青金石結 2 個，每結上飾東珠、珍珠各 8 顆。每行末綴珊瑚。

皇貴妃、貴妃的金約，鏤金雲 12 個，其上飾東珠各 1 顆，間以珊瑚。金約後繫金銜綠松石結，結上貫珠下垂，三行三就，共珍珠 204 顆。中間金銜青金石結 2 個，每個結上飾東珠、珍珠各 6 顆。每行末綴珊瑚。妃的金約，鏤金雲 11 個，其上飾東珠 1 顆，間以青金石。金約後繫金銜綠松石結，結上貫珠下垂，三行三就，共珍珠 197 顆。中間金銜青金石結 2 個，每個結上飾東珠、珍珠各 6 顆。每行末綴珊瑚。嬪的金約，鏤金雲 8 個，其上飾東珠 1 顆，間以青金石。金約後繫金銜綠松石結，結上貫珠下垂，三行三就，共珍珠 177 顆。中間金銜青金石結 2 個，每個結上飾東珠、珍珠各 4 顆。每行末綴珊瑚。

此外，皇子福晉、親王福晉、固倫公主、親王世子福晉、和碩公主、貝勒夫人、縣主、郡王福晉、郡主、貝子夫人、郡君、鎮國公夫人、縣君、輔國公夫人、鎮國公女鄉君、輔國公女鄉君、民公侯伯子男夫人、鎮國將軍夫人、奉國將軍淑人、奉恩將軍恭人以下至七品命婦的金約，在裝飾上各等級有差別。金約後垂青緞帶 2 條，其帶以紅色片金織物為裡。不論是皇太后，還是七品命佩戴的金約，皆以紅色片金織物為裡，垂珠於頸後。金約和朝服、朝冠的應用場合相一致。

珠翠滿頭

耳飾，為清代后妃、福晉、夫人、淑人、恭人及公主下至鄉君、命婦穿朝服時所佩戴的耳墜。這種耳墜，在平日可以隨意佩戴；可是，在重要的場合，卻要像朝冠和金約一樣，按制佩戴。

制度規定，上至皇太后，下至七品命婦，皆左右耳各戴三具耳墜。按《大清會典》的規定，皇太后、皇后的耳飾，每具金龍銜一等東珠各 2 顆。皇貴妃的耳飾，每具金龍銜二等東珠各 2 顆。貴妃的耳飾，每具五爪金蟒銜二等東珠各 2 顆。妃的耳飾，每具五爪金蟒銜三等東珠各 2 顆。嬪的耳飾，每具五爪金蟒銜四等東珠各 2 顆。皇子福晉、親王福晉、親王世子福晉、郡王福晉、貝勒夫人、貝子夫人、鎮國公夫人、輔國公夫人、固倫公主、和碩公主下至鄉君的耳飾，每具皆為金雲銜珠各 2 顆。民公侯伯子男夫人、鎮國將軍夫人、輔國將軍夫人、奉國將軍淑人、奉恩將軍恭人下至七品命婦的耳飾，每具亦為金雲銜珠各 2 顆。上至皇太后，下至七品命婦佩戴的耳飾，皆

為三具縱向排列。其應用場合會各有區別。

鈿子，始於金，而盛於清。清代的鈿子，以鐵絲纏線製成骨架，將孔雀的羽毛黏上，上面再飾以各種紋飾。形狀前高後低，與鳳冠有些相似。其鈿有鳳鈿、翟鈿和各種花鈿。按清代的冠制，皇太后、皇后、皇貴妃、妃皆戴鳳鈿；嬪以下至輔國公婦女鄉君均戴翟鈿；民公侯伯夫人以下至七品命婦俱戴各種花鈿。

鈿子，也可以做成各種簪花。簪花上嵌以各種珍珠、各色寶石，並拼成各種富有寓意的吉祥圖案。鈿子，雖不比朝冠莊重，但由於飾物珍貴，反而顯得華麗。如：鑲珠翠青鈿子、金鑲二龍鈿口、銀鍍金嵌珠雙龍點翠條，其用質有金、有珠，有各色寶石，拼成各式圖案。扁方是后妃簪頭用的，有金質、玉質、翠質，有累絲，有鏤空，有雕刻，有嵌寶；此外，還有各式簪子、結子、鈿花、帽花、流蘇、耳墜、手串、戒指、鐲、佩、囊、背雲、別針等，真是五花八門，應接不暇。其做工，其用料都是既精細又考究的上上品。

后妃的頭花還會有各種貴重金屬如金銀製品，金托做成各式，上嵌珍珠、寶石等。當然，也有寶石如祖母綠、翡翠、紅寶石、青金石、珊瑚等各種質地的簪子、頭花和扁方。

其實，清代后妃的頭飾也會隨着時代的進步而有所發展。自西方侵略者入侵，歐風東漸，鑽石越來越為后妃所青睞，相比之下，珠玉有些相形見絀了。《清宮詞》中這樣記錄：

服飾宮妝總別裁，明珠約指制尤佳。
舶來鑽石連城璧，賤卻金梁耀月釵。

4. 旗裝的標配——花盆底鞋

滿洲「天足」

高高的宮鞋，穿在腳上，既好看又顯得高挑，后妃們很喜歡。

后妃們平日即使在休閒時，也愛穿高底的宮鞋。滿洲女子不裹腳，因而是大腳，稱為天足，因為在入關之前的滿洲，男人在外征戰，出生入死，女人在家裡也要幹東做西，甚至還要到地裡去幹農活，所以，不會像漢人女子那樣裹出粽子一樣的小腳，在家裡養尊處優。這樣一來，滿洲的女子就不會像漢族女子那樣飽受裹腳之苦。可是，入關以後，滿洲女子看到漢女的三寸金蓮，很羨慕，便效仿着也開始裹起了小腳。這種做法引起了清帝的恐慌，於是，乾隆皇帝下旨，嚴禁滿洲女子裹腳，認為這樣做會丟掉滿洲簡樸的傳統。

清宮「高跟鞋」

宮鞋有花盆底和元寶底之分，其鞋跟也有高低之分。之所以將鞋跟做成那麼高，是因為滿洲起源於白山黑水之間，那裡氣候潮濕，女子們在勞作時，怕露水打濕了褲腳，便做成高跟鞋。跟為木胎，以白細布包成。跟部有時要裝飾各種寶石，那要看主人的貧富程度了。鞋面則繡有各種圖案，十分華麗。慈禧太后十分愛穿這種高底鞋，鞋上綴滿粒大而瑩潤的珍珠。她死後，穿進棺材的是一雙元寶底鞋，約合現在的 38 碼鞋子。這種宮鞋也只有皇宮后妃或貴族婦女可以穿用，試想，那些辛

勤勞作的婦女，穿上這種高高的宮鞋，行動都不方便，怎麼能幹活呢？

可是，咸豐帝在世時，為杜絕奢華之風，曾於咸豐四年二月十四日，頒下特旨，規定：「鞋底只准一寸厚，若有一寸五分者即應懲辦，雖年節穿朝服、蟒袍時，亦只准一寸厚。」其實，這種規定，並未很好的執行，尤其是咸豐帝死後，慈禧太后專權，她本人就愛穿厚底鞋。從此之後，再無人約束了。

5. 漢服之美

說到滿洲人的旗裝，可分為男裝和女裝。關於男裝，一般解釋為緊身箭袖，滿洲人還稱為女真人的時候，就是這樣。主要是打仗和生產生活便利，才得以施行。

其實，早在皇太極時期，就有人主張滿洲人也效仿漢人一樣，穿寬衣大袖的漢服。雄才大略的皇太極當時就堅決予以駁斥，認為一旦穿用漢服，有敵人突然來襲擊，就會因為行動不便而束手就擒。入關後，康熙和乾隆也反覆強調語言、騎射和服飾不能丟棄，把它作為一種永世不變的國策。直到清朝滅亡的幾百年間，再也沒有人敢提易服的事了。

然而，任何事情都有變數，清帝極力堅持的事情，卻在宮中給率先破壞了。根據現有的資料，我們發現了好多清宮漢裝像。主要有雍正十二妃漢裝像、乾隆帝后漢裝像等，乾隆帝也有漢裝像傳世。喜著漢服的風氣愈演愈烈，竟無法控制，於是，咸豐三年，諭：「應選女子禁止時俗服飾，衣袖不得過六

寸。」指的是那些選秀的女子在入宮選看時，不可穿用漢族服飾。但事實上根本控制不住。

至於女裝，它的發展有一個過程。清朝時期的滿洲女裝，是現代旗袍的前身，一般來講，滿族婦女所穿用的一種服裝，兩邊不開衩，袖長八寸至一尺，衣服的邊緣繡有彩綠，比較漢族女裝是簡單的。

清宮后妃絕大多數為滿洲女子，因而，在其服飾上以滿洲傳統服飾為主色調。尤其在朝堂之上，更是不得有絲毫改變。日常生活中，后妃們穿傳統的旗服或吉服常服。但由於受漢文化的影響至深，她們覺得漢裝十分漂亮，便躍躍欲試。

但是，並非愛美，皇帝就會寵愛。有的后妃似乎摸不準皇帝的脾氣，一味只顧自己愛美，過着驕奢的生活，最後卻為節儉的皇帝所不齒。

順治帝元后博爾濟吉特氏，長相十分漂亮。可是她嫉妒成性，容不下別人。另外，她十分奢侈，「凡諸服御，莫不用珠玉綺繡綴飾」，在用品上，「有一器非金者，輒怫然不悦」。福臨十分厭煩她，開始與其分居，後來乾脆將其廢為靜妃，改居側室，她也成為清代宮廷中，唯一一位被廢掉皇后名號的可憐女子。

相反，順治帝的董鄂妃，不僅舉止有度，胸襟廣闊，而且在衣飾上，也是「絕去華彩，即簪珥之屬不用金玉，惟以骨角者充飾」。資料上作此記錄，順治帝給了她中肯的評價：

（董鄂妃）寬仁下逮，曾乏纖芥嫉意。善則稱奏之，有過則隱之，不以聞。於朕所悦，後亦撫卹如子，雖飲食之微有甘毳者，必使均嘗之，意乃適。宮闈眷屬，大小無異視，長者媼

呼之，少者姊視之，不以非禮加人，亦不少有誶詬。故凡見者，莫不歡悦，藹然相視。

　　這是順治帝對董鄂妃的評價，也是他對後宮女子提出的至好標準。所以他以「賢」字作為愛妃的封號，這已是宮中女子的最高封號了。

第五章

願為情癡不思量

清朝皇帝后妃成群，三宮六院，佳麗雖不及三千，也是尋常人家無法比擬的。那麼，皇帝與這些后妃們到底有沒有愛情呢？自古就有多情帝君的說法，顯然皇帝和後宮的女人是有感情的。而在帝王與妃嬪又有過甚麼樣的愛情故事？

1. 高處不勝寒的帝王情愛

　　許多資料記載過清朝皇帝對愛情的忠貞不渝，皇帝對心愛之人確實有着不同尋常的寵愛。皇帝也是人，也有七情六慾，也有愛情，有時甚至會愛得死去活來。清帝中不乏其人其事。

皇太極與宸妃

　　皇太極是位梟勇之君，35 歲繼承汗位，大智大勇，堪稱一代名君，而他與宸妃的感情卻也似梁山伯與祝英台、羅密歐與朱麗葉，柔情似水，傳為千古佳話。

　　宸妃，名海蘭珠，滿語的意思是「珍愛之女」，捨不得的女孩，有的文藝作品稱之為「哈日珠拉」。蒙古族，孝莊文皇后的親姐姐。宸妃入宮的時間較晚，天聰八年（1634 年）嫁過來時，她已 26 歲了。海蘭珠以其成熟女子的美麗贏得了皇太極的寵愛。崇德元年，皇太極稱帝冊封後宮王妃時，賜她居「關雎宮」。關雎語出《詩經·周南·關雎》，有「關關雎鳩，在河之洲，窈窕淑女，君子好逑」之句，此詩有序稱「后妃之德也」。皇太極以此表達愛意。

　　皇太極十分寵愛宸妃，宸妃也是備極溫柔，朝夕問醒，終

於在崇德二年有了結果，海蘭珠生下了皇八子。皇太極決定立此子為皇太子，可能出於兩點考慮：一是寵愛宸妃，二是此子排序與自己暗合，都為皇八子，認為可能是天意遂立其為皇儲。可是，皇太子不足7個月就夭亡了（感染天花），宸妃受的打擊非同小可，不久病倒，日漸沉重。

崇德六年（1641年）九月，皇太極正在松錦前線指揮同明軍作戰，戰況正緊，卻在九月十二日傳來宸妃病訊。他焦急萬分，星如急火地返回瀋陽。可惜，儘管他日夜兼程，也未能見上最後一面。十七日這天，天還未亮，宸妃就撒手西去了，年僅33歲。

皇太極得到宸妃病逝的消息大悲過度，表現出了異乎尋常的舉動。他直入關雎宮，全然不顧帝威，撲在宸妃的屍體上，放聲痛哭。一旁的大臣苦心勸解，都無濟於事。皇太極為宸妃舉辦了極為隆重的喪禮，厚葬從優，超越規制，達到國葬程度。皇太極還是無法排解自己對宸妃的思念。崇德六年二十三日中午，他竟然飲食失常，疾病襲身，最後昏迷倒在了地上，語言無序。宸妃入葬後，皇太極不顧一切地跑到宸妃墓前哭喪。

做完這一切，皇太極回想宸妃病逝以來，輔國公扎喀納、承政索海等王公大臣在治喪的過程中，並不盡心盡職，於是重懲臨喪不利之王，並破例奪爵，很多人都不理解，皇帝為何為了一個女人而重懲有功大臣。

康熙帝的殷殷情愫

康熙大帝後宮之中有名分的后妃人數達55位，居清帝之冠，實乃一代多情多義的帝王。最明顯的表現就是真愛皇后，

剋后不立后。在我們的印象中，康熙皇帝是一位重視自然科學的樸素唯物主義者，可是，當他的皇后死去之後，他認為是自己剋死了皇后，於是，當他的第三位皇后孝懿皇后病逝後，他就再也不立皇后了。

康熙生前共立過 3 位皇后，分別是孝誠、孝昭、孝懿皇后。孝誠皇后難產而死，康熙帝十分悲痛，當時就承諾立孝誠皇后之子允礽為皇太子。繼后孝昭只做了半年皇后，就死去了。此後他十多年不再立后，直到康熙二十八年，皇貴妃佟佳氏病篤，他才想以立后為之衝喜，結果佟佳氏只做了一天皇后即仙逝。所以，他認為自己剋后，從此不再立后，以表達自己對后妃生命的珍愛。

另一個細節就是帶愛妃遠征漠北，出巡塞外。一般來講，皇帝出征，是不帶后妃的。康熙皇帝出於對后妃的真愛，在出征時攜后妃前往。征戰不比巡幸，條件很惡劣。但玄燁仍樂此不疲。由於出發時準備不足，后妃的衣物沒有準備齊全，康熙皇帝居然放下皇帝身段，向蒙古王公夫人尋借衣物。

康熙皇帝在西北一帶巡視時，發現那裡的季節性食物很好吃，有別於宮中，於是，他命人飛馬送給宮中后妃，不時將一些外地紀念品託人帶給眾妃，還託人捎話說：「這是我的一點心意，別見笑。」

更為有趣的是，康熙帝在外巡幸時，很思念宮中的妃嬪，便向宮中后妃傳遞情書。情書傳出去了，他還急切地等待回音，不時地問：「有書信捎回來嗎？」飛鴻傳書，以表達思念之情，這在寡情的封建帝王中是不多見的。

帝后和諧的典範——乾隆帝與孝賢皇后

孝賢皇后，是乾隆帝的第一位皇后富察氏。雍正五年，她16歲的時候，被雍正帝指婚給弘曆為嫡福晉。富察氏一嫁給弘曆，就得到了夫君的尊敬。那麼，富察氏何以獲得如此的禮敬呢？

首先，出身高貴。富察氏先祖旺吉努，率領族眾歸順努爾哈赤，南征北戰，戰功烜赫；曾祖父哈什屯，歷經皇太極、順治兩朝，功勞卓著，贈太子太保；祖父米思翰，康熙時任戶部尚書，議政大臣；父親李榮保，任察哈爾總管；伯父馬齊，康、雍、乾三朝保和殿大學士；伯父馬武為領侍衛內大臣。所以，《清朝文獻通考》記載：「爾妃富察氏，鐘祥勳族，秉教名宗。」

其次，崇尚節儉。大概我們談到清宮女人的時候，往往用節儉這個標準來衡量是不是合格。這很好理解，滿洲發祥於關外，條件艱苦，歷來節儉。這位中宮皇后是非常節儉的。資料《嘯亭續錄》裡面舉了兩個例子，一是皇后的首飾，「珠翠等飾，未嘗佩戴，惟插通草絨纖等花。」這很了不起，身為中宮高位，卻不戴金銀珠寶。二是敬獻給皇帝的荷包，不用金銀線織成，她認為那樣很浪費，而是用鹿羔絨織成，獻給皇帝，以示「不忘本之意」。皇后的這種做法，就給後宮做出了榜樣，深得乾隆皇帝讚許。

再次，忠心勤勉。皇后在宮中非常勤勉，有責任心。照顧太后，勤勤懇懇，任勞任怨。「侍孝聖憲皇后，恪盡婦職」（《嘯亭續錄》）。照顧夫君，更是無微不至。盡職盡責，最能體現東方女性的美德了。資料記載，乾隆帝身上曾長了癤子，很厲害，御醫說：「須養百日，元氣可復」（《郎潛紀聞二筆》）。皇后

聽到這個消息後，怕奴才們照顧不周，便主動搬到乾隆帝寢宮外面，日夜照顧，直到一百天滿，康復之後才回宮。

乾隆帝為了表達對皇后的敬愛，便決定立她的兒子做太子。

雍正八年，時為嫡福晉的富察氏生下了弘曆的第二個兒子，這讓弘曆欣喜若狂，讚稱小皇子「聰明貴重，氣宇不凡」。弘曆把給這個孩子起名的權利交給了父皇雍正。雍正帝極為重視：「當日，蒙我皇考命為永璉，隱然示以承宗器之意。」（《清高宗實錄》）也就是說，那個時候就為將來做皇太子做好了準備。乾隆帝繼位後，肯定要學父皇秘密立儲的辦法。於是，在乾隆元年七月初二日，乾隆把寫有永璉為皇太子的匣子，放到了乾清宮正大光明匾額的後面，並且，告知了諸王大臣：「朕已命為皇太子矣。」

這是乾隆帝首次立儲。他是十分認真的，皇后雖然並不明確知道，但是，也會隱約了解一些。可是，不幸發生了。永璉於乾隆三年「偶患寒疾，遂致不起」，竟然一命嗚呼，年僅 9 歲。乾隆帝十分悲痛，他輟朝 5 天，賜名端慧皇太子，並多次親到棺前賜奠。後在陵園右側的朱華山修建了典制大備的皇太子園寢，隆重治喪。

大葬禮成，乾隆帝並未減少對孝賢皇后寵愛的程度，相反，他以滿懷的熱情給予她更多的關照，皇后也並沒有氣餒，她知道，這個時候一定要再努力，才有機會。所以，到乾隆十一年，終於又有了結果，皇后又生下了一位皇子，這就是皇七子永琮。乾隆又把繼統希望寄託在了永琮身上。可惜天不作美，這個孩子僅僅活了兩歲，就出天花而亡。而這個孩子去世這天，恰恰是大年三十，宮裡因此而沉浸在悲痛氣氛之中，往昔過年的歡樂氣氛蕩然無存。乾隆帝悲痛又無奈。

永琮的去世，無疑給皇后以最大的打擊，她的憂傷心情可想而知。這個時候，也只有乾隆帝能夠撫慰皇后的心靈。乾隆帝責無旁貸，他考慮到皇后「乃誕育佳兒，再遭夭折，殊難為懷」，便曲為勸解，為了使她心裡好受些，乾隆下旨，決定「皇七子喪儀應視皇子為優」，賜諡「悼敏皇子」，葬入了朱華山皇太子園寢，與他的親哥哥永璉葬到了一起。以親王禮治喪，其喪期達 9 個多月，參與祭奠的人有宗室貴族及四品以上官員，達萬人之多，費用難以計算。真是備極哀榮。

乾隆帝對這兩次「太子之喪」，沒有絲毫責怪皇后的意思，而是進行了自我檢討：「此乃朕過耶」（《清高宗實錄》），認為這都是他自己的錯。

兩位嫡子的先後去世，使得紫禁城的氣氛變得陰鬱沉重，乾隆帝深知太后心情不爽，皇后就更不要說了。於是，在乾隆十三年二月初四，春節過後兩個月，就決定侍奉母后，陪着皇后出遊泰山。傳說登山有關邪的作用，去去邪氣，很好的事情。從這裡，我們不難看出，乾隆帝確實喜歡遊山玩水，他會找出種種藉口，到名山大川盡興遊覽。

這次山東之行，規劃得很到位，先到曲阜拜孔子，乾隆帝很崇拜孔子，那是一定要去的。然後，登泰山，一覽美景。再到濟南，看那遠近聞名的趵突泉。從二月初四到三月初八，過了一個多月，決定返程回京。可是，皇后就在這返回的途中出了大事。

三月十一日，乾隆帝一行到達德州，決定改行水路，沿運河北上。可是，就在這天晚上，皇后卻死在了船上。關於皇后之死，我們查閱了一些史料，發現是由於她的皇子病逝，悲傷過度，加之連日勞累，感染了風寒，不幸猝然離世。這真是誰

都沒有想到的事情，真是太突然了。皇后此行，本來是乾隆帝精心安排，為她排解愁悶的一次旅行，卻不幸使其走上了不歸之路。就連皇太后都很驚訝，她聽到噩耗，趕忙來到皇后的船上，看着死去的皇后，很久都沒有離開。

乾隆帝為了表達自己對皇后的尊敬、禮敬，做了最後的努力：

第一，為皇后圓夢。大家可能沒聽說過，誰生前為自己要謚號。所謂謚號，就是皇帝對死者的蓋棺定論。活人一般忌諱這個事情，可是，皇后富察氏卻在生前向乾隆帝要謚號。這裡面還有一個故事。乾隆十年，乾隆帝的慧賢皇貴妃薨逝，乾隆帝為她上謚號。當時，議定的謚號為「慧賢皇貴妃」。本來，一般人聽到這個謚號，不會有甚麼反應。可是，皇后富察氏聽到這個謚號後，竟然哽咽起來，她對乾隆帝說：「我朝，后謚上一字皆用『孝』字，倘許他日謚為『賢』，敬當終身自勵，以副此二字。」皇后的意思是，如果將來給我謚號為「孝賢」，那我將終生為之努力。於是，在皇后去世後，乾隆帝完成了皇后的遺願。

第二，為皇后喪事大興案獄。皇后去世後，乾隆帝異常煩悶，心情急躁不安。所以，他看甚麼都不順眼，不斷處置王公大臣，興起了一個又一個案獄。比如「永璜案」，永璜是他的長子。孝賢和她的兩個嫡子病逝，乾隆帝認為永璜心存僥倖，「母后崩逝，兄弟之內，惟我居長，日後，除我之外，誰克肩承重器？遂至妄生覬覦。」（《清列朝后妃傳稿》）意思是，永璜在覬覦太子之位，永璜究竟有沒有這種想法，並無確切史料。但是，遭到父皇如此打擊，永璜早已暈頭轉向，誠如乾隆所說：「若將伊不孝之處表白於外，伊尚可忝生人世乎？」（《清列朝后妃傳稿》）永璜不久就在惶恐中去世。比如「光祿寺案」，

他認為光祿寺這些人辦事不認真，敷衍了事，準備祭祀用的桌子不乾淨，「光祿寺所備餑餑桌張俱不潔淨鮮明」（《清高宗實錄》）。因此，他處置了光祿寺大批官員。比如「剃頭案」，在孝賢皇后喪期內，發生了總督周學健、塞楞額、巡撫彭樹葵、楊錫紱等地方大員剃頭的事件，其中，好多省份的大小官員也都紛紛剃頭，乾隆帝大怒，殺一儆百，將江南河道總督周學健賜令自盡，對其他官僚也給予不同懲處。此外，他還不斷興起了其他的案件，懲處了好多人。

第三，作文追思。乾隆帝是一位詩文俱佳的帝王，一生傳世的詩作就有 4 萬多首，居歷代帝王之冠。孝賢皇后去世後，乾隆帝的風流才情便多有展示，但那不是附庸風雅之作，而是發自肺腑的動情之作。比如，在孝賢皇后喪滿百日的時候，寫了一篇《述悲賦》，句句含情，字字珠淚，感人肺腑。其中「痛一旦之永訣，隔陰陽而莫知」（《述悲賦》）之句，讓人讀之落淚。再比如《悼皇后》中有：「早知失子兼亡母，何必當初盼夢熊」（《乾隆御製詩文集》），更是表達了對皇后的殷殷之情。這裡「夢熊」緣自《詩經·小雅·斯乾》的「維熊維羆，男子之祥」，也就是說，夢見熊羆，則是生男孩的徵兆。

第四，睹物思人。孝賢皇后薨逝後，乾隆帝在孝賢皇后曾經居住過的長春宮建立紀念館，在那裡保存了孝賢皇后生前的所有陳設，「凡平日所御奩具、衣物，不令撤去。」（《清宮述聞》）並且，每到年節，都在那裡張掛孝賢皇后的畫像，乾隆帝會經常到那裡去憑弔皇后。這種情況延續了幾十年，一直到乾隆六十年，乾隆帝禪位，新皇帝登基，才告結束。

第五，推恩母家。乾隆帝為了報答孝賢皇后，格外照顧她的娘家人，「故寵侍後族，先後膺五等封爵者，富察氏凡十四

人」(《清宮述聞》),一個家族就有 14 人封有爵位,可真是太離譜了。所有這一切的榮寵,都是來源於對孝賢皇后的敬愛。孝賢皇后的弟弟傅恆官至一等忠勇公、領班軍機大臣加太子太保、保和殿大學士,對此,乾隆帝說:「傅恆之加恩,亦由於皇后。」(《清列朝后妃傳稿》)同時,還通過富察氏家族與皇家聯姻的形式,榮寵孝賢的母家,比如孝賢皇后侄子福隆安娶高宗第四女和碩和嘉公主,乾隆帝第六子永瑢娶孝賢皇后侄女為嫡福晉。

在這裡,大家看到了一位高高在上的天子,通過各種方式,表達出對元后的尊敬、禮敬。

被扼殺的同治帝愛情

同治帝自坐上寶座以後,政事多由兩宮太后做主,是個地道的傀儡皇帝。政治上難成大器,便把感情傾注在皇后身上。

在立誰為皇后的問題上,他忤逆自己的母后,選中了阿魯特氏為中宮皇后,這使得慈禧很不舒服。可是,同治皇帝全然不顧,日日與皇后共度良宵,皇后習文熟禮,獨得帝寵。

慈禧怎麼能甘心呢?她橫加干涉,禁止皇后與皇帝同寢。皇帝憤然獨宿乾清宮,從此不再接納其他妃嬪。後來,寂寞的皇帝受人誤引,野遊八大胡同,染病身亡。

相愛難相守的光緒帝與珍妃

珍妃的入宮,實在是一個意外。以慈禧的打算,珍妃姐妹,最初只是一個陪襯而已,所以,把她們放在了最後一排。

沒想到，光緒帝開始就喜歡貌美的德馨之女，慈禧害怕了，便命人把荷包交給了光緒帝並不關注的珍妃姐妹，於是姐倆意外當選。

珍妃和光緒帝，兩個人「一見鍾情」，很快擦出火花，他太愛這個女人了。

珍妃漂亮，機靈。我們看到珍妃保存下來的照片，確實比較漂亮。更關鍵是她非常機靈，這是光緒帝所需要的「貌既端莊，性尤機警」（《珍妃之悲劇》）。光緒帝生活在深宮之中，需要這樣機靈的女子，對自己很有利。

珍妃聰明，知識豐富。珍妃很好學，「頗通文史」（《清代軼聞》）。可以想見，這個小姑娘不僅漂亮、聰明，還很有知識，詩文書畫，琴棋書法，樣樣精通，在那個年代，男人會很喜歡這樣的女子。

珍妃是個非常時尚，非常前衛的人。同時，她也是一個非常敢於叛逆傳統的人。珍妃玩時尚的相機，給光緒帝拍照，她甚至指使太監在宮外開照相館。珍妃還敢於穿男人的服裝，給光緒帝以驚喜。

這一切，都讓憂鬱、孤獨的光緒帝感到了前所未有的新鮮。珍妃給了他意想不到的、耳目一新的感覺。

光緒帝是真的愛上了珍妃，這對於一個皇帝來講，是很難得的事情。皇帝后妃成群，很難產生真正的感情。從這一點來講，珍妃很幸運，她得到了光緒帝的真愛。光緒帝離不開她了，幾乎是白天想見，夜間召幸，「他幾乎每隔三四天就要親自上珍妃宮裡去走一次，這和他每夜非召幸珍妃不可的事同樣都成了宮中的絕妙談資。」

光緒帝和自己心愛的珍妃，時常會講些心裡話，尤其是那

些埋藏在心靈深處的東西，也會在不經意間講出來，這讓他更加覺得，珍妃是真正的紅顏知己。德齡公主曾這樣記述光緒帝向珍妃傾訴衷腸：「咱們這裡真太寂寞了，每天從朝上回來，再也沒有一個可意的人能夠陪伴我的。」

可以這樣說，光緒帝在珍妃身上，找到了情感的歸宿，也感覺到了溫暖的夫妻生活。這就忤逆了慈禧，慈禧決定，要狠狠處置這個不知天高地厚的珍妃。

為此，慈禧曾經兩次暴打珍妃。一次是光緒二十年十月二十八日，珍妃遭到慈禧暴打，被「褫衣廷杖」（《國聞備乘》），就是剝光了衣服暴打。珍妃被打得皮開肉綻，奄奄一息，「抽搐氣閉，牙關緊急，周身筋脈顫動」（《珍貴人用藥底簿》）。慈禧下手真是太重，太狠了。慈禧為這次暴打珍妃，找了個冠冕堂皇的理由：賣官鬻爵。珍妃參與了黑暗的賣官。她依仗光緒帝的寵愛，多次賣官收賄，比如，曾以 4 萬兩白銀的價格，把上海道賣給了魯伯陽，她還把這些收入記在了小本子上，被慈禧查抄，抓住了把柄。結果被慈禧暴打，光緒帝也不敢出面保護，光緒帝「勿敢言」（《國聞備乘》）。

從此，珍妃厄運連連，光緒二十四年，光緒帝戊戌變法失敗，珍妃受到連累。不僅再次遭到慈禧暴打，還被打入冷宮之中，「門自外鎖，飯食自檻下送進」（《故宮週刊》，第 30 期）。珍妃所住的冷宮在紫禁城的東北三所。冷宮的門倒鎖着，只有一扇窗是活的，吃飯、洗臉、倒馬桶都由此進出。

這裡，不僅有宮女監視，還有太監在那裡「數罪」（《珍妃的冷宮生活》）。兩個老太監代表慈禧申斥，「指着鼻子、臉申斥，讓珍妃跪在地下敬聽，指定申斥是在吃午飯的時間舉行。申斥完了以後，珍妃必須向上叩首謝恩，這是最嚴厲的家法

了」（《宮女談往錄》）。當然，這時的光緒帝也被囚禁瀛台，更是兩情相隔，見面都困難了。

光緒二十六年七月二十日下午，慈禧出逃西安之前，想起了冷宮中的珍妃。她讓太監崔玉貴帶珍妃。珍妃是一張清水臉，不能化妝，也沒有首飾，淡青色的旗袍，平底緞鞋，不能穿花盆鞋，這是「一副戴罪的妃嬪裝束」。

慈禧說明了局勢，準備出走，帶她走不方便。珍妃說請皇上留下來主持全局。慈禧大怒：「你死到臨頭，還敢胡說！」一陣爭執之後，慈禧令崔玉貴「連揪帶推，把珍妃推到貞順門內的井裡」。就這樣，珍妃結束了 25 歲年輕的生命。當時，光緒帝因為不在現場，對此一無所知。

2. 深宮鎖不住，紅杏出宮牆

清宮的后妃眾多，皇帝雖偶有臨幸，但畢竟不是一夫一妻。所以，深宮之內，愛情飢渴的女子會有所期盼。同時，深深的宮牆能否圈住這些女子的芳心呢？查閱清宮檔案，居然有紅杏出牆的記載。

紅杏出牆的袞代

袞代，姓富察氏，生兩子一女，即莽古爾泰、德格類和莽古濟格格。

袞代初嫁與努爾哈赤三伯祖索長阿的孫子戚准，並生有一個兒子昂阿拉，這就是說袞代其實是努爾哈赤的堂嫂。萬曆

十三年（1585 年），戚准戰死沙場，努爾哈赤按照當時的婚俗，迎娶了「繼妃」，即富察氏袞代。

袞代嫁給努爾哈赤以後，養尊處優，極為得寵，很快榮升為大福晉。袞代作為努爾哈赤的大福晉長達三十餘年，此期間她生養了莽古爾泰、德格類兩位皇子，還生有一位公主莽古濟。這時，袞代的權力很大，努爾哈赤家裡的大事小情、後宮內務，乃至財政收支無不經由袞代之手處置料理。

袞代深得努爾哈赤的信賴，舉一個例子，萬曆二十一年（1593 年），以海西女真葉赫為首，聯合了 8 個部落，組成九部聯軍共 3 萬人攻打努爾哈赤。軍報緊急，信使連夜飛馳回費阿拉城奏報，此時，九部聯軍已經大兵壓境。

然而，努爾哈赤在幹甚麼呢？他正在酣然大睡！這麼緊急的軍報，他卻這麼瀟灑地睡覺。但是，誰也不敢叫醒他，怎麼辦呢？

《滿文老檔》載：「袞代皇后推醒，對太祖曰：『今九國兵馬來攻，何故酣睡，是昏昧耶，抑畏懼耶？』」

也就是說，是袞代推醒了正在昏睡的努爾哈赤。努爾哈赤接着和袞代有一番精彩的對話，闡述了自己勝券在握的理由。從這裡，不難看出袞代在努爾哈赤心目中的至高地位，至少她是十分得寵的。

然而，後來的事情發生了變化。有資料記載，袞代與努爾哈赤的次子代善有曖昧之情，兩個人深夜約會，被人告發，努爾哈赤大怒，一面休回袞代（時間不長，努爾哈赤又召回了她），一面廢掉了代善的太子之位，這件「紅杏出牆」事件，也有專家認為不是袞代，而是多爾袞之母阿巴亥。

隨着努爾哈赤事業的發展，後宮人數急劇增多，袞代年老

色衰，努爾哈赤不太關注她了。更為要命的是，這個時候，孟古格格入宮，並生育了一個出色的兒子皇太極，袞代大福晉的地位受到了挑戰。

天命五年三月，《清史稿·后妃傳》記載：「繼妃，富察氏，天命五年，妃得罪，死。」《清史稿》的記錄並不詳細，其實，袞代之死歷史上是有結論的，後來即位的皇太極曾經揭露，袞代是被她自己的親生兒子害死的。

莽古爾泰弒母之事，皇太極曾這樣説過：「後因爾弒爾生母，邀功於父，汗父遂令附養於其末生子德格類家。爾眾豈不知乎？」明確指出袞代是被親子殺死的。

莽古爾泰，為了自己的前途，居然弒殺親母，真是大逆不道。那麼，他的結局究竟怎樣呢？

莽古爾泰努爾哈赤第五子。他性格暴躁，有勇無謀，是個魯莽之人。由於他是大妃袞代所生，地位很高，位列四大貝勒之中，是正藍旗的旗主。後來和皇太極發生衝突，居然拔出了腰刀，威脅到了皇太極的生命安全，遭到了皇太極的處罰。

「太后下嫁」的真相

太后，即孝莊文皇后，博爾濟吉特氏，名布木布泰，蒙古族。天命十年，年僅 13 歲的布木布泰嫁給了比她大 20 歲的親姑父皇太極為側室。崇德元年，皇太極大封後宮，布木布泰被封為「永福宮莊妃」。孝莊一生生育了四個子女，其中三個公主，即皇四女、皇五女、皇七女，一位皇子，即皇九子福臨，也就是後來的順治帝。孝莊歷經天命、天聰、崇德、順治、康熙五個朝代，輔佐兩代幼主，被史學界譽為清初傑出的女政治

家，康熙二十六年病逝，終年 75 歲。

關於她下嫁給她的小叔子多爾袞，史界多有爭論，但也有史家證實確有此事，言之鑿鑿。理由如下：

一是多爾袞權勢太重，朝臣依附之。太后母子危如累卵，岌岌可危。孝莊以下嫁來保護兒子的皇位。

二是皇太極去世時，莊妃 32 歲，多爾袞 33 歲。滿洲舊俗兄亡而弟妻其嫂，這就是所謂「收繼婚」，孝莊的做法符合滿洲舊俗。

三是范文程等人勸皇父攝政王與太后完婚。

四是明遺臣張煌言有詩《建夷宮詞》，這樣寫道：

上壽觴為合卺尊，慈寧宮裡爛盈門。

春宮昨進新儀注，大禮躬逢太后婚。

五是孝莊死後，不與丈夫皇太極合葬昭陵，而是葬在清東陵風水圍牆以外的昭西陵，引來後人譏評。

關於「太后下嫁」的上述證據，在史學界還在爭論不休。實際上，以當時孝莊母子的處境，滿洲入關前後的婚俗，孝莊與多爾袞之間的相近年齡，兩人之間產生愛慕之情尚在情理之中，或者為了各自的目的而存在特殊關係，也未可知。即使如此，清宮也不會將所謂「太后下嫁」的禮儀載入官方典籍之中，僅此而已。

慈禧太后的傳聞

　　慈禧太后在其丈夫咸豐帝崩逝之時，年方 27 歲，正是女

子成熟的季節。她一方面追逐權力，取得了垂簾聽政的地位，統治中國近半個世紀之久。另一方面，作為一個女獨裁者，在其個人隱私上也有好多傳聞。

一是光緒身世的傳聞。有人推測，光緒帝本為慈禧所生，是個私生子。慈禧礙於太后的身份和面子，將私生子交與其妹妹家裡撫養，所以，同治去世，慈禧冒天下之大不韙，立光緒為帝，破壞了大清家法。

二是傳聞慈禧入宮前是榮祿的情人，多為野史所記。然慈禧對榮祿及其家人確實眷顧非常。光緒崩，慈禧選立榮祿之女瓜爾佳氏之子溥儀為帝，也許算是對舊情人的回報吧。

三是傳聞光緒六年，慈禧曾小產過，也正因為此事，遭到慈安太后的婉言勸誡，使慈禧嫌恨慈安，導致光緒七年，慈安暴亡，這也是清宮的一大疑案。

四是慈禧與安德海的傳聞。安德海仰仗慈禧的寵護，不僅在宮中飛揚跋扈，還敢違背祖制，擅出皇宮，招搖南下，捏稱採辦龍衣，引來殺身之禍。丁寶楨將安德海奉密旨處死後，曾將其裸屍倒懸街頭，一面表示對猖狂不法太監的懲治，一面為慈禧太后正名。雖然，事實證明安德海確實是個太監，但由於外間傳聞很盛，丁寶楨不得不做出了上述舉動，使得霸道的慈禧太后有口難言。

五是慈禧陵丹陛石上的小壁虎。緣起於慈禧陵重修之前的丹陛石。這塊丹陛石雕刻細膩，鳳上龍下，而最引人注目的是在此石的下方有一個爬行的小東西，身子壓在了崖石之中。有人大做文章稱：慈禧曾與其他美男子私通，工匠為嘲諷她，遂雕此物於此。因為，相傳，壁虎在宮中餵朱砂長大，身體呈紅色，死後陰乾，研成粉末，將后妃額頭上塗以朱丹，稱為「朱

砂守宮」。若后妃與別的男人發生了關係，則朱點脱落。所以慈禧十分憎惡此事，下旨將此丹陛石砸毀，深埋於地下。

上述傳聞，慈禧在世的時候，人們噤若寒蟬。一旦慈禧去世，或者大清朝滅亡之後，人們對於慈禧的傳聞便甚囂塵上，有的也不盡真實，只是捕風捉影的「傳聞」而已。

3. 黜降自由皇帝性，伴君好比伴猛虎

皇帝的性情飄忽不定，喜怒無常者居多。高興時三千寵愛於一身，一旦翻臉發怒，則會將那些無辜女子打入冷宮，或降低名號，或貶為庶人。在清宮 11 帝中，這種情況頗多。

從入關第一帝順治説起。順治帝性情最為乖張，他先是廢掉了第一位皇后，自董鄂妃入宮後，對繼后（即孝惠章皇后）又開始大動干戈，幾次欲廢不成，便將其皇后獨有的「中宮箋奏」之權悉行剝奪，後來，幸虧有孝莊太后的保護，才倖免被廢。

此外，宮中不幸被無故降封號女子有：

乾隆帝順貴人，鈕祜祿氏，總督愛必達女。封貴人時18 歲，比乾隆帝小 38 歲。27 歲時封為順妃，可是，在乾隆五十三年正月二十九日突降為貴人，這年她 39 歲，不足一年，她就抑鬱而亡。

嘉慶朝榮嬪，由榮貴人降為榮常在，至嘉慶帝死她的名號也沒有晉升。道光繼位後，晉她為榮嬪。總的來説，嘉慶帝的後宮比較穩定，沒有出現封號上的大起大落。

道光帝彤貴妃，曾在 5 年內為其連生 3 個公主，20 歲封晉

為貴妃，後突降為彤貴人。還有佳貴妃，由佳嬪降為佳貴人；成貴妃，由嬪降為貴人；祥妃，降為祥貴人；珍嬪，由珍妃降為珍嬪；順嬪，由順貴人降為順常在；恆嬪，由宜貴人降為宜常在；豫嬪，由玲常在降為尚答應；李貴人，由意常在降為李答應；那貴人，降為琭常在，再降為那答應；睦答應，由睦嬪降為睦貴人，再降為答應；劉官女子，由劉答應降為劉官女子。道光帝如此反覆無常，暴露出他性格殘忍寡情的弱點。

咸豐帝玫貴妃，由玫貴人降為玫常在，又降為徐官女子；玶常在，由英嬪降為伊貴人，再降為伊常在，復降為伊答應；瑃常在由瑃貴人降為明常在，再降為明答應。還有，就是其慶妃，雖位號一直未降，當她死去時治喪卻降為嬪級，特詔以嬪禮入葬，卻是不近人情之舉。

這些無辜的女子，帶着夢想進入皇宮，也許還沒有改變自己的生活個性，也許還在幻想着有朝一日能夠出人頭地……卻在不經意中被廢掉了封號，真是沮喪至極。

4. 危機四伏的近親聯姻

早期滿洲的婚俗比較自由、無序，尤其是收繼婚，即「父死則妻其母，兄死則妻其嫂，叔伯死則侄亦如之」。就是婦女寡居後，其夫家近親，或兄弟或叔伯子侄接續的婚俗。這一風俗反映出滿洲婚俗上的隨意性，一個重要的特徵就是不分輩分長幼。從清廷的婚姻中可清楚地看出存在嚴重的倫理問題。

清初諸帝婚姻，具有較強的開放性，以努爾哈赤、皇太極為例，兩位後宮均存有后妃改嫁現象。作為皇帝的后妃改嫁，

說明了清初皇帝在婚姻上的隨意性。

皇太極在婚姻上，曾一度主張婚配極端自由，尤其稱汗而未稱帝之前，表現最為明顯，他的麟趾宮貴妃和衍慶宮淑妃，都是林丹汗之妻，為籠絡蒙古各族皇太極接納了她們。特別是在天聰八年（1634年），將一見鍾情的海蘭珠納為己妃，有專家推測，海蘭珠在此之前，按滿、蒙早婚習俗，應該早已有過婚史，嫁與皇太極當為第二次婚姻。

另外，皇太極還有一位東宮福晉，姓博爾濟吉特氏。天聰六年（1632年）二月，皇太極聞扎魯特部戴青貝勒之女甚賢，冊為東宮福晉。天聰九年（1635年）十月，博爾濟吉特氏剛剛生下皇太極第九女後僅11天，就被迫嫁與皇太極的表侄南褚，時南褚在前線凱旋歸來，皇太極為了獎賞他，做出了上述舉動。

最離奇的是皇太極的側妃葉赫那拉氏。在嫁與皇太極之前，曾是正黃旗包衣喀爾喀瑪之妻，生下兩子，天命四年（1619年），努爾哈赤因事處死喀爾喀瑪，並將葉赫女賜予皇太極，天聰二年（1628年），生下皇太極第五子碩塞。但葉赫那拉氏並未在皇室中站住腳，之後，皇太極居然將其賜予內大臣占・土謝圖為妻。占・土謝圖在一次行圍時，被虎傷身亡，那拉氏第三次改嫁鑲黃旗輕車都尉達爾琥，並終死在其家中。

據統計，努爾哈赤的10個格格中，就有4個曾經改嫁。其中一方面，是皇太極極力倡導的因素。他曾下諭：「凡女人若喪夫，欲守其家資、子女者，由本人恩養；若欲改嫁者，本家無人看管，任族中兄弟聘與異姓之人。」

此外，我們看到，皇帝後宮之中，竟有不同輩分的女人共嫁一夫。如皇太極，姑侄三人嫁一夫：哲哲（姑姑）、海蘭珠

（侄女）、布木布泰（侄女）。

順治帝，姑侄四人嫁一夫：廢后博爾濟吉特氏和悼妃是堂姐妹；孝惠章皇后和淑惠妃是上述二人的侄女輩。

康熙帝，四對姐妹同嫁一人：孝誠仁皇后與平妃；孝昭仁皇后與溫僖貴妃；孝懿仁皇后與慤惠皇貴妃；宜妃姐妹二人。

同治帝，姑侄同嫁一夫：姑姑，珣妃、恭肅皇貴妃，侄女，孝哲毅皇后。

光緒帝，姐妹同嫁一夫：他他拉氏，瑾妃、珍妃姐妹。

此外，清朝存在嚴重的近親結婚：

順治帝的廢后博爾濟吉特氏，就是順治帝的表妹，孝莊文皇后的親侄女，所謂「姑舅親，輩輩親，打斷骨頭連着筋」，而繼后孝惠章皇后又是廢后的侄女，真是亂了套。

康熙帝的后妃中，孝懿皇后和慤惠皇貴妃是其生母孝康章皇后的親侄女，也就是康熙帝的親表妹。

最厲害的是光緒帝，光緒帝的皇后葉赫那拉氏是慈禧親弟弟桂祥之女，而光緒帝是慈禧親妹妹所生，光緒帝父親醇親王又是慈禧的小叔子，這種關係真是剪不斷，理還亂。

這些近親結婚的帝王后妃，或許是當時人們並不懂得其中的危害，只為權力的收攏而不管後代的健康與否。據檔案記載，上述清帝近親結婚的后妃中鮮有生育者，只有康熙帝孝懿皇后在康熙二十二年生育了皇八女，一個月後死去，這就是近親結婚的結果。

第 六 章

后妃的「責任」和禁忌

深宮之中，有很多不為人知的隱私，尤其是皇帝和妃嬪之間的情感之事，歷來被人們演繹得沸沸揚揚。真實的情況究竟如何呢？

1. 諱莫如深的房中事

　　清朝的皇帝與后妃間的房中之事，歷來諱莫如深，不為外人所知。但一直以來為人們所關注。尤其是市井的一些傳言，更把皇帝幸宮之事講得神乎其神，莫衷一是。一些影視劇這樣演繹：皇帝晚上要臨幸后妃，便傳旨給太監，太監於是到妃子的住處，將其身上的衣物全部扒光，以防這些妃子對皇帝不利，因為明代就曾發生過後宮妃子起事、密謀殺害皇帝的事件，鑒於此，皇帝在召見后妃時便要全部脫掉她們的衣物。太監將一絲不掛的后妃納入一個毛氈口袋之中，背着她直奔皇帝的寢宮。后妃鑽入皇帝的被窩，是從腳底下進入的。我不知道這些導演怎麼會虛構出這樣的情節。光着身子進入還可以理解，可是，從腳底下進入有甚麼意義呢？所以，關於清代皇帝和后妃之間的臨幸之事，很有必要從歷史真實的角度加以闡述，加以澄清，以正視聽。

　　先談一談皇帝的婚姻。清朝的皇帝大多早婚。清帝早婚，是有其歷史淵源的。資料記載，早期的滿洲男人，在十歲時即定親，十三四歲時即結婚，到二十歲還未結婚的男子即為貧寒之家。造成這種現象的原因，主要是戰爭的緣故。常年的戰爭，耗去了大量的男丁。男子在十六歲成丁後，必須從徵入伍，補充兵力，造成中青年男子的匱乏。早婚，便是繁衍後

代、補充男丁的最好辦法。

清朝的皇帝在早婚這方面便率先垂範。其原因除上述之外，一個重要的因素便是為了皇家的子嗣或香火永盛。早婚早育，便可生育很多皇子，更可以在眾皇子中挑選優秀者繼承大統，以保持愛新覺羅家天下的延續。

清代，入關以後歷十帝，其中順治帝十四歲大婚，康熙帝十二歲大婚，雍正帝十九歲結婚，乾隆帝十六歲結婚，嘉慶帝十五歲結婚，道光帝十三歲結婚，咸豐帝十六歲成婚，同治帝十六歲大婚，光緒帝十八歲大婚。注意，這裡在用詞上有「大婚」和「結婚」之別。大婚，只用於那些在宮中結婚的皇帝，而那些還沒有做皇帝就已經婚配的皇子，因為發生在宮外，就只能像民間一樣，稱為結婚了。年齡最小的皇帝康熙帝只有12歲，還是個乳臭未乾的孩子，甚麼也不懂。清廷便在性這方面加以引導，使其成熟，知道親近女孩子。

綠頭牌

這裡要切入本節的主題，就是皇帝怎樣臨幸后妃呢？要先從召幸后妃的膳牌説起。

皇帝吃飯叫傳膳。清帝每天兩餐，即早、晚兩膳。晚膳多在午、未時之間（正午12點至午後2點）。晚膳過後，敬事房進膳牌。膳牌是一種竹製的籤牌，一寸寬，一尺長，上段染成綠色，下段滿塗白粉，故又稱綠頭牌。膳牌上在正反面書寫后妃的姓氏和簡單履歷。這些后妃的膳牌除去那些正患病或正在經期的不進之外，其餘的都要呈給皇帝。皇帝夜晚想幸哪位妃子，便將此牌翻過來，稱為翻牌。被召幸的后妃當晚不再回自

己寢宮，而是到皇帝住處侍寢。而那些沒有選中的妃子就只能算是暫時的撂牌子了。可以想見，皇帝日理萬機，有好多軍國要事需處理，腦子裡想的不會全是后妃的事情；再加上有些后妃並不是皇帝所喜愛的，比如順治帝的第一位皇后，由於是多爾袞包辦的，皇帝並不喜歡，便發生三年不同房的事情，其他皇帝也是一樣。俗話說：妻不如妾，妾不如妓，妓不如偷，偷着不如偷不着。雖然作為一國之君，不至於出去偷情，但是封建社會的君王，也會招惹那些不屬於后妃行列的女子，以滿足自己的慾望。

當然，在正史資料中，你很難發現關於皇帝如何幸宮的記載。但是，在一些民間筆記中卻有記錄。描述皇帝在和后妃行事時，太監在窗外一直等候，目的是看着皇帝不要太久，以免累壞了身體，或是耽擱上朝的大事。否則，皇帝如果不顧一切，很久也不出來，太監就會高喊：「時間到了，時間到了。」或者會在窗外高聲念叨所謂祖宗家法，來提醒皇帝，趕快結束吧。據說，敬事房的太監會在皇帝臨幸后妃時記錄下妃子的姓名，臨幸的時間，以便作為查閱后妃懷孕的依據。每當皇帝行完事出來時，太監會問：「留不留？」倘若皇帝說「不留。」那就要太監們將這位后妃的某一穴位按住，將龍種排出體外，就不會懷孕。其實，清朝的皇帝，並不存在所謂「不留」的問題，我們遍查清宮史料，也沒有發現這方面的記錄。

可以肯定的是，皇帝很少到后妃寢宮裡過夜。更多的時候，他要傳旨某妃到皇帝的寢宮來侍寢。

康熙以前至明朝諸帝，都住在乾清宮，皇后居坤寧宮，其他妃嬪分住東西六宮，取「乾」天「坤」地之義。乾清宮西暖閣共九間寢室供皇帝居住，上下置二十七張床，主要為安全

起見。即使如此，明朝還是在此發生了梃擊案、紅丸案、移宮案，這裡成了多事之宮。雍正以後，皇帝以養心殿為寢宮，似乎比之乾清宮更加安全。因此，為了避免明朝故事發生，多疑的雍正要離開乾清宮，而被召幸的后妃都在養心殿過夜。

清代的皇后並不真正居住在坤寧宮，只是大婚後的新婚夫婦在此居住三天。此後，皇后便在東、西六宮中任選一處遂心的寢宮居住。清制規定，每年的大年三十、初一、初二這三天時間，皇帝必須和皇后同房，這是皇后的權利。其他時間，則由皇帝自定了。即便是如此，有些皇后也沒有能夠懷孕，那真是太不幸了。但不管怎樣，皇后懷孕的概率還是遠遠大於妃嬪，恐怕與皇后的這一特權不無關係。

養心殿的開間、進深相對嚴謹，前殿歇山頂，面闊七間，正間為三間，與西暖閣前檐接出抱廈。前殿東西各置配殿五間，正中偏後，設寶座，寶座後置屏風、宮扇，皇帝在此召見臣工。西暖閣設坐榻，外安裝木板屏，比較隱蔽，皇帝在此密議軍機大事，清末太后曾在此垂簾聽政。

養心殿後殿是皇帝的寢宮，為五間，與前殿之間有穿堂相通。皇帝辦完公事，通過寶座的左右門即可回到寢宮。寢宮的正間和西間是皇帝休息和召幸后妃之所。皇帝的寢床長350厘米、寬200厘米，是典型的東北大炕。寢床上安置有豪華的玻璃炕罩，鋪大紅氈、明黃毯，用絲綢或紗羅帳，帳上掛香囊、荷包。寢宮內置有兩張龍床。

在寢宮外東西兩側設有后妃臨時居住的圍房，有小門與皇帝寢室相接。這些圍房把養心殿緊緊圍在中央，使得養心殿更加安全，養心殿內皇帝與后妃間發生的事情就更為神秘，外人無從知曉。

房中藥

皇帝會不會用房中藥呢？答案是肯定的。皇帝用房中藥是很正常的事情，三宮六院的后妃，已使其應接不暇，再有其他女人，身體就更加虛弱了。《清朝野史大觀》中有「圓明園內發現之房中藥」欄目，今錄之於後：

丁文誠官翰林，一日，召見於圓明園。公至時過早，內侍引至一小屋中，令其坐，俟叫起。文誠坐久，偶起立，忽見小几上有葡萄一碟，計十餘顆，紫翠如新摘。時方五月，不得有此，異之。戲取食其一，味亦絕鮮美。俄頃，覺腹熱如火，下體忽暴長尺許，時正著紗衣，挺然翹舉不復可掩。大懼欲死，急俯身以手按腹，倒地呼痛。內侍聞之，至詢所苦，跪對以暴犯急痧，腹痛不可忍。內侍以痧藥與之，須臾痛益屬。內侍無如何，乃飭人從園旁小門扶之出，而以急病入奏。公出時，猶不敢直立也。

皇帝供養了一大批御醫，這些漢人御醫，平時不幹別的，就是為皇帝及其后妃服務。他們絞盡腦汁，配出各種保健的藥方子，其中那些補益類的方劑，大多為此類用途。

這段引文應該說的是咸豐皇帝，他本來就體弱多病，卻熱衷於房中術，一些寵臣如彭毓崧也極盡巴結之能事，向皇帝進獻房中秘術和催春藥方「龜齡集」。而他的兒子同治皇帝更是風流無比，不但長於房中術和春藥，竟然和寵臣王慶祺一起偷看「春宮秘戲圖」，被小太監發現，兩宮皇太后也知道了，大受其窘。這些從豐潤市井購進的「春宮圖」，可謂十分荒唐，竟然繪畫出各種男女交配的姿勢，看了使人汗顏。

2. 后妃的首要任務 —— 延續血脈

孕事盤點

對於皇家來講，后妃的生育最為關鍵，只有子孫旺盛繁衍，大清王朝才能世代傳下去。所以，為了多生子女，皇帝要大選天下美女，充盈後宮。清 11 帝（末代皇帝不計）249 位后妃中共生育兒女 195 人，皇子 113 位，公主 82 位。總結起來，各帝有子女為：努爾哈赤 24 人、皇太極 25 人、順治 14 人、康熙 55 人、雍正 14 人、乾隆 27 人、嘉慶 14 人、道光 19 人、咸豐 3 人，同治、光緒和宣統帝沒有子嗣。

其實，皇帝的子嗣繁衍，關鍵要看后妃的生育情況。

后妃的生育取決於三個要素，一個是皇帝的身體素質，一個是后妃自身的身體素質，另外一個就是后妃的榮寵程度。因為即使帝后身體再好，皇帝沒有頻繁的召幸，其懷孕生育的概率還是很少的。頻繁的生育算不算是受了特殊的寵幸呢？至少可以說是皇帝到某位妃嬪處去的時候要多於那些沒有生育過的后妃，也算是一種愛情昇華吧。統計清宮后妃，那些高生育的后妃有多少呢？按照《清后妃傳稿》和《清皇室四譜》記載，清代后妃中，后妃生育最多數量一生有 6 個孩子。6 次生育，對一個生活在深宮的女子來說相當不易，細數清代后妃，達到 6 次生育的有 3 位：康熙帝的孝恭皇后、榮妃馬佳氏和乾隆皇帝的孝儀皇后魏佳氏。此外，生育 5 個孩子的有努爾哈赤的庶妃嘉穆湖覺羅氏真哥。生育 4 個孩子的有皇太極莊妃、雍正帝敦肅皇貴妃和齊妃；乾隆帝孝賢皇后和淑嘉皇貴妃；道光帝孝靜皇后和莊順皇貴妃。我們不妨對清朝 12 帝的生育情況逐個

加以統計，可以看出一些規律。

　　努爾哈赤 19 歲結婚，他的後宮中生育子女最多的是庶妃嘉穆湖覺羅氏真哥，生有 2 子 3 女，但對比大妃烏喇那拉氏來講還不佔優勢，因為大妃生了 3 個皇子，且個個受父汗寵愛。孝慈高皇后葉赫那拉氏一生只生有一個皇子即皇八子皇太極。后妃中壽妃博爾濟吉特氏、側妃博爾濟吉特氏、側妃哈達納拉氏 3 人一個兒女也未能生育。

　　皇太極 22 歲初婚，后妃基本上沒有不生育的，只有康惠淑妃博爾濟吉特氏沒有生育的記錄。所生子女數量也比較均勻。最多生育者為孝莊文皇后，即莊妃，生有 1 子 3 女，其皇九子福臨後來繼承了帝位，是為順治帝。

　　順治帝 14 歲大婚，皇后博爾濟吉特氏，後因事被廢，未有生育。繼后為廢后侄女，服侍多年，仍未生育。福臨的性情不太穩定，其第一個皇子出生在順治八年（1651 年），那時他只有 14 歲。此後，15 歲至 23 歲之間，順治帝頻繁生育，又生育了 6 個公主和 7 個皇子。

　　這些皇子和皇女多為庶出，反映出順治帝桀驁不馴的性格特徵。從生育狀況我們看出，最多生育年份有 3 個孩子降生，而且，這些生育的后妃中極少有頻繁生育的記錄，可見，除了寵愛董鄂妃之外，便再也沒有他十分鍾愛的女子了。

　　康熙帝 12 歲大婚，在以後的歲月裡，陸續娶進 54 位女子，一生共有 55 位后妃載入典籍之中，達到清帝之冠。最早的生育記錄為康熙六年，這一年他 14 歲，由於帝后尚不成熟，皇子承瑞生下不久就夭亡了，沒有齒序。統計康熙皇帝的後宮，在他旺盛的生育期內，由於后妃眾多，共有 55 個子女降生，其中皇子 35 位，公主 20 位。當然，生育的因素很多，

有身體的原因，也會有環境的因素。身體好，情緒好，就會多一些；反之，就會導致生育下降。從中可以看出 14—30 歲是其生育高峰，有 28 個孩子出生，31—40 歲有 12 個孩子出生，41—63 歲，生育進入低谷，有 15 個孩子出生。這可能與其心理因素和健康狀況有着密切的關係。

康熙帝諸妃中，孝恭仁皇后烏雅氏和榮妃馬佳氏生育的孩子各為 6 個；此外，宜妃、順懿密妃、襄嬪、通嬪 4 位各生有 3 個孩子；孝誠皇后、惠妃、敬敏皇貴妃、溫僖貴妃每人生 2 個孩子。所以，還有許多妃嬪一生中未有生育。

雍正帝 19 歲初婚。雍正帝一生雖妻妾不少，卻生育不多，共有 10 子 4 女，其中只有 4 個皇子和 1 個公主長大成人。這 14 個孩子，有 13 個生於他繼位前，即 45 歲之前。繼承大統後，只在他 56 歲時生有 1 子。眾多后妃中，敦肅皇貴妃年氏和齊妃李氏均生有 3 子 1 女，可惜年氏所生的 4 個孩子均早夭，最大的皇子福宜只存活 8 歲，最小的不足 1 歲就早殤了。

乾隆帝 16 歲結婚，在位時間達 60 年之久，又做了 3 年太上皇，有記錄妃嬪達 41 位之多。婚後在王府中生了 6 個孩子，長子生於雍正六年，他 17 歲時，生有 1 兒 1 女，大部分子女均在他繼承大統之後出生。查其生育情況，從 17 歲開始生育，一直到 65 歲，是乾隆帝一生的總生育期。乾隆帝一直到 65 歲還能生育出孩子，可謂身體強壯。可是，從計數中我們看出，乾隆一生生育比較均勻，35—50 歲之間，是其旺盛的生育期，生有 15 個孩子，而 50 歲之後，只在 52 歲、56 歲兩年中各有過 1 次生育，57 歲到 64 歲的 8 年間，無一個孩子出生，只是到 65 歲那年，正值生育旺年的惇妃才為他生育了十公主，乾隆帝老來得女，十分高興。從另外一個角度，我們

也可看出乾隆帝在養生之道中總結出「十常」「四勿」是非常科學的，其中，就有「色勿迷」這一經驗，使他雖后妃成群，但御之有度，終成高壽天子，活了89歲，是中國封建帝王中壽數最高者。

乾隆後宮中，生育最多者是孝儀皇后魏佳氏，一生誕育6個孩子，其中有4位皇子，其第十五子即嘉慶皇帝。此外，孝賢皇后生有2子2女，淑嘉皇貴妃生有4個皇子，純惠皇貴妃和那拉皇后各生3個兒女，哲憫皇貴妃和忻貴妃各生2個兒女，都可謂是高產后妃。

嘉慶帝14歲結婚，一生有記錄的后妃達19位。第一次生育是在他19歲時，最後一次是他56歲時生有1子，共生育有5子9女，他是清帝中生育男孩和女孩人數反差最大的一位，女孩近乎男孩的2倍。嘉慶帝的生育旺盛期是在他為皇子時，生有7位，繼位後生育質量和數量都不高。尤其在他36—46歲的十年間，正是人生的旺盛生育期，他卻是零生育。

嘉慶帝后妃中，孝和皇后生育最多，達到2子1女共3位，恭順皇貴妃生育1子2女，也是3位，孝淑皇后、和裕皇貴妃均為1子1女，總體上說，生育數量都遠不如前代諸帝。

道光帝13歲初婚，一生有后妃20位。儘管他結婚很早，可是初婚至成年卻鮮有生育。直到他26歲時，才開始生育，而且皇長子的生母祥妃當時是個宮女。一生共有皇子9人，公主10位，計19個兒女。生育期內，表現得很特殊，在人類最易生育的時間段卻沒有生育，在43歲之前，僅生有1子1女，真是急壞了老皇帝。在以後的歲月裡，他加倍努力，產生過兩個相對旺盛的生育期，一次是44—51歲之間，生育9個子女；一次是59歲至64歲之間，雖已是花甲之年，卻生育7

個子女。

道光的后妃中，生育最多的是孝靜皇后和莊順皇貴妃，各生有 4 個子女，其次是孝全皇后、彤貴妃、祥妃，各生有 3 個子女。其原配孝穆皇后未有生育，繼后孝慎皇后也只生育 1 個公主。

咸豐帝 16 歲結婚，一生有 18 位后妃，但鮮有生育。初生的時間同乃父一樣，到 25 歲時，才生育了 1 個皇女，錯過了最佳生育期。其後，咸豐六年由蘭貴人（慈禧太后）為其生了大阿哥，咸豐八年玫貴妃生有 1 子，不久殤逝。其餘 15 位妃嬪均未生育。

同治帝 16 歲大婚，有后妃 5 位，當他 19 歲去世時，未生有一兒半女；光緒帝 18 歲大婚，有后妃 3 位，在婚後 20 多年的生活中，光緒帝未生下一個兒女，清廷自同治帝至清末，三代帝王都沒有生育過。可是，並非所有生育的子女都可以成活下來，長大成人。相反，據統計，自順治迄咸豐 7 代帝王所生子女，在 15 歲之前死亡者達 74 人，這 7 位帝王中總共生育 146 人，死亡過半，達 61.7% 之多。

研究發現，皇帝的頭胎子女：順治的長子、長女，康熙的 6 個子女，雍正的大女兒和前 3 個兒子，乾隆帝的長女、次女及次子，嘉慶帝的長子、長女、次女，道光帝的前 6 個子女，及咸豐帝的次子，都未成年就死亡了。

究其原因，就是這些早婚的帝王，身體素質還未成熟。順治帝 15 歲得長女，康熙帝 14 歲得兒子，雍正帝 17 歲那年生育子女，乾隆 18 歲得女兒。而皇帝生育時的年齡都是虛歲，按實足年齡算要減去 1 歲，生育要十月懷胎，又要減去 1 歲，所以，康熙第一個兒子是他 12、13 歲時的後代，不僅如此，

他們的妻妾也都是十幾歲的孩子，造成了生育的孩子先天不足。另外，皇帝成熟之後，後宮妃嬪成群，性生活毫無節制，也影響了生育質量。此外，受時代的局限，醫療衛生狀況也是清帝子女早夭的重要原因。

孕事有喜

對於那些身懷有孕的清宮后妃，皇帝會有怎樣的優待條件呢？顯然是非常重視的。

說到這裡，首先不得不談談麝香。大家看《甄嬛傳》等影視劇的時候，聽到最多，也是最神秘的一個詞就是麝香。麝香究竟是甚麼東西呢，如此引人注目？

麝香，又叫遺香、臍香、心結香、當門子等，是雄麝的肚臍和生殖器之間腺囊的分泌物，乾燥後呈顆粒狀或塊狀，有特殊的香氣，有苦味，可以製成香料，也可以入藥。麝香的藥理作用大概兩種：一為開竅醒神，可預防和治療中寒、中暑、中風、中濕等病；二為舒筋活絡，接骨鎮痛的功效。這種名貴的藥材，在清宮中一定會大量使用，所以，太醫院御醫配置的方劑中就有蘇合香丸、御製平安丹、十香返魂丹等，這些方劑中都含有麝香的成份。但是，麝香還有兩個副作用，一個是助情，因為麝香的氣味奇香，能夠使人迷離。歷史上有很多這樣的例子，比如，北魏孝文帝和女子馮妙蓮就有使用麝香的故事。馮妙蓮為了誘惑孝文帝，便把麝香製成小顆粒，藏入肚臍之中，皇帝看不到，卻因為麝香的奇香而鍾情馮妙蓮。另外一個作用是墮胎，因為麝香有開竅的功用，有極強的通閉作用。但是，我可以肯定地說，這種能使人墮胎的麝香，不會像電視

劇那樣被那些後宮的小主們輕易取得，而且製成各種藥劑，成為導致后妃墮胎的兇手。

雍正帝對太醫院的藥劑管理非常嚴格，在雍正七年，他曾下過十分嚴厲的諭旨：「爾等嚴諭御藥房首領知悉：藥物關係重大，嗣後凡與妃、嬪等送藥，銀瓶上必須牌子標記。至所用湯頭，亦須開清，交予本宮首領太監，即將名字記明，庶不至於舛錯。」大家看，首領們拿藥的時候，首先用的是防毒的銀瓶，還要在瓶子上記名字，還要經過首領太監把關，怎麼可能使用手段弄錯呢？雍正帝最精細了，他深知宮廷險惡，也了解太醫院用藥的神秘，他懼怕出事，所以，特別作此規定，可謂防患於未然。清宮最重視生育，那些在宮中能為皇帝生下一男半女的婦人，會感到無比的自豪。因而，宮中也特別注重對她們食品的供給。按例，除了平素已經規定的宮中份額外，還要特別增加一些食品。

計每日供應粳米、碎粳米、碎紅米、黃老米、碎黃老米、小米、涼穀米各 7 盒 5 勺，芝麻 4 盒，雞蛋 20 個，直到小滿月為止。這些糧物，對產期的婦女溫補身體、養血益氣、調整產後身體狀態很有益處。為了很好地照顧產婦身體，又增加了一些其他補益類食品。而對於月子裡的大阿哥，則每日供應六安茶葉 2 兩，天池茶葉一斤，豆麵一升，細草紙 50 張，粗草紙 100 張。

因為后妃不允許餵養自己的孩子，孩子生下後，怕生母產奶，太醫便奉旨進回乳湯，以保證產婦的身體很快恢復並保持良好體型，也不會因為帶孩子而身心疲憊。因而需要雇用一些乳母，來餵養新生兒。這些乳母要求的條件極其嚴格，不僅要出身好，必須是旗人，而且要長相端正，剛剛生產過，奶水特

別旺足者，方能入選。進宮後，乳母食品要聽憑宮裡安排，不可自行食用：每日供應鴨半隻，肘子、肺頭要輪流食用，這些都是下奶的食品，不管乳母是否愛吃，必須咬牙吃下去，否則就要受到懲罰。

其次，是按照所生男女而給予不同的待遇。當然，以中國的傳統，生有皇子的待遇自然高於生育公主的待遇。同時，由於后妃等級不同，同是生兒女，待遇也會各有差異。

清宮后妃中，因為身份不同，從其懷孕到生育的各個環節中，會有一些不同的待遇。

內廷各位懷孕，一般會在產前 3 個月左右即派御醫上夜輪值，並將孕婦每天食品增加 1 倍，允許孕婦的一位親屬進內照料，直到嬰兒滿月後出宮。此外，除本宮首領、太監照常值夜外，再由宮殿監奏派總管一名，率敬事房及御藥房太監值夜。這時的區別主要是供應的人數上，其他沒有甚麼區別。

小兒滿月之日，皇帝要有所賞賜，規定：皇后生育賜銀 1000 兩，面、裡衣料 300 匹；皇貴妃生育賜銀 500 兩，面、裡衣料 100 匹；貴妃生育賜銀 400 兩，面、裡衣料 100 匹；妃生育賜銀 300 兩，裡、面衣料 70 匹；嬪生育賜銀 200 兩，裡、面衣料 40 匹；貴人生育賜銀 100 兩，裡、面衣料 20 匹；常在生育賜銀 100 兩，裡、面衣料 20 匹。可見，等級不同，待遇各不一樣。

在那個時代，女人生孩子，雖是盼望已久的事，但是，由於醫療條件有限，還是要像過鬼門關一樣的艱難。所以，后妃一旦懷孕，無論后妃自己，還是她的娘家人都會很緊張，期盼將來能夠順產，母子平安。

皇帝與后妃同寢後，內廷要將其記錄在案備查。一旦懷

孕，就要上下忙碌起來。為了照顧孕婦，《欽定宮中現行則例》中有《遇喜》專條，規定懷孕后妃的生母可以到皇宮中照料自己的女兒。懿嬪（慈禧太后）懷孕後，其母和跟隨而來的家下婦人 2 名，進宮同女兒住在一處，但一定是妃嬪懷孕 8 個月左右才可進入。

同時，還要做一系列的準備工作。以慈禧為例：

一是刨喜坑（滿民族習俗之一）。咸豐六年正月二十四日，韓來玉帶營造司太監 3 名，至儲秀宮後殿選吉處刨喜坑，請兩名姥姥在坑前念喜歌、放筷子、紅綢子和金銀八寶。這個喜坑是分娩後將胎盤、臍帶掩埋之地。

二是挑選媽媽里，滿洲人喜歡這樣稱呼，其實，就是結過婚的婦人，而且，一定要兒女雙全，使用者才感到吉祥，會給產婦帶來好運。年齡從二十幾歲到四十幾歲不等。目的是到孕婦處上夜守喜，內府會計司將一批近 20 名的燈火媽媽里、水上媽媽里送來備選，並送來姥姥 2 名、大夫 6 名，等待分娩。

三是為即將誕生的新生兒準備應用之物。有春綢小襖、白紡絲小衫、春綢挖單、紅兜肚、潞綢被、褥等，應有盡有。

四是分娩物品。如大小木槽、小木刀、易產石、大黑氈及吉祥搖車。另外，準備木碗、木鍁、黑氈等，是分娩後處理胎盤等用品。

皇子生下之後，要先上奏皇帝和皇后，隨即通知皇室其他人員。隨後，要做一系列事情：

洗三。將新生阿哥出生年、月、日、時的命帖交欽天監，由欽天監確定其洗浴方向，擇定出生 3 天後洗浴方位，即洗三。沐浴前，由兒女雙全的姥姥抱起皇子，放進乾隆洗三用過

的大銅盆。對孩子的頭、腰、生殖器及足部分別進行清洗，並念念有詞。如果在民間，姥姥會邊洗邊説：「洗洗頭，做王侯；洗洗腰，一輩倒比一輩高；洗洗蛋，做知縣；洗洗溝，做知州」之類的吉祥話。之後，用一塊新布蘸些清茶水，用力擦孩子的牙床，若孩子放聲大哭，是大吉之兆，稱為「響盆」。最後，還要用一根大蔥打三下，邊打邊念叨：「一打聰明，二打伶俐，三打明白。」

孩子生下後的當天，盼子心切的咸豐帝欣喜若狂，當即賞封其母。檔案中有：「三月二十三日，小太監平順交出朱筆一件，懿嬪着封為懿妃。欽此。」宮裡頓時忙碌起來，甚麼冊文、冊寶、賞封接踵而至。當年的蘭貴人從此在命運上有了根本的轉變，開始了嶄新的生活。

孩子生下後，早已有大夫、太監、姥姥等多人伺候着，是整個宮中關注的焦點。上自皇帝、皇后、妃嬪，下自王公等位均有賞賜或進獻。如：咸豐帝「賞紅雕漆盒一件，內盛金洋錢四個，金寶一分，銀寶一分」；皇后賞「金銀八寶八個，金銀如意四個，金銀錢四個，棉被二件……」此外，咸豐帝諸妃嬪、諸位太妃（如皇貴太妃、琳貴太妃等）、王府各位王爺和福晉、各公主及額駙，及懿妃母家人都送上禮單，稱為「添盆」。所有物品真是一應俱全。

太醫院的御醫們除了密切關注大阿哥外，就是懿妃的身體狀況了。產後的懿妃身體虛弱，氣血未和，尚有滯熱。御醫診脈後，具藥調理。另外，為了防止產婦生出奶，用「回乳生化湯」，因為皇家所生的孩子不吃生母的奶。所以，專門挑選了剛剛生產過的奶水旺足的少婦，並為其準備了鴨子、肘子、肺頭之類能夠「下奶」的食品。

升搖車乃清代民間做法，素有諺語：「關東外，三大怪，窗戶紙糊在外，姑娘叼着大煙袋，養活孩子吊起來。」這是一種古老的習俗，民間做法是將形如船的木搖車用長布條或繩拴住，懸於屋樑之上，離地三四尺，鋪好被褥，將孩子放進去。孩子哭鬧時，一面餵乳，一面搖車。這樣，要等到孩子滿月，才可下搖車。

大阿哥升搖車的地點選在儲秀宮後殿東次間，由太監在搖車上貼福字，首領太監執香燈前引，諳達再將大阿哥抱進搖車，經過一番繁瑣的程序，在太監誦念的喜歌聲中，大阿哥升上了搖車。（使用太監執香燈，體現的是一種程序和身份，尤其是首領太監的使用，充分反映出大阿哥的重要地位。諳達，為滿語，意為伙伴，朋友。有照顧大阿哥起居和教授啟蒙的多種職責。）咸豐皇帝、慈安皇后、和其他一些妃嬪、太妃等位又是一番賞賜。

抓晬盤，民間稱為「抓周」，是孩子一週歲時的活動。民間是在這一天，「列筆墨玩具於前，令兒隨意抓取，以觀志向」。通過這種辦法，可以預測無知小兒將來的情趣與志向。夏仁虎有詩為證：

玉墜金匙集晬盤，犀鐘銀盒並文房。
長期武備承先烈，彤矢雕弧教取看。

宮中仿此習俗，有《晬盤則例》：「每逢皇子週歲晬盤，例用玉陳設二事，玉扇墜二枚，金匙一件，銀盒一圓，犀鐘一捧，犀棒一雙，弧一張，矢一枝，文房一分，晬盤一具，中品果桌一張。」檔案中明確記載，大阿哥在抓周時，「先抓書，

次抓弧矢，後抓筆。」不知他的志向到底是甚麼，令周圍的人琢磨不清。

後繼無人之痛

說到這裡，有好多人都在探討大清皇帝在同治皇帝以後居然絕後，其原因是甚麼？

皇帝婚配，從 12 歲開始，還是個小孩子就要過性生活，其實很難為他們。最主要的原因，還是要通過這種方式來衍續後代，使愛新覺羅家族代代人丁興旺。所以，就得早行成人之禮，早婚之外，還要多娶后妃，故有三宮六院七十二嬪妃之說。

可是，清室發展到咸豐帝，開始由盛而衰，同國勢一樣的發展規律。咸豐帝的父親道光帝活了 69 歲，生育有 9 個皇子，10 個公主，共 19 位子女。而咸豐帝繼任前後，后妃達到 18 人，可謂眾多，卻只有 3 位子女，是個銳減的數據，其中的原因是甚麼呢？

一是身體狀況，這是最為關鍵的因素。咸豐帝 20 歲繼位，在位 11 年，31 歲而英年早逝。他患有咳血症，而且，越到晚期越嚴重，也就是癆病，或肺病，在當時屬不治之症。即便如此，咸豐帝對自己的身體仍不珍惜，夜夜風流，「以醇酒婦人自戕」，每次喝酒必喝得酩酊大醉，每次大醉必有 1—2 名宮女遭到蹂躪。長期這樣，身子越掏越空，便靠飲用鹿血來壯陽。於是，各地紛紛向清廷貢鹿，即使是逃到承德期間，也是如此。

二是政治形勢的影響。咸豐帝在位期間，國家形勢已很糜

爛了。尤其是道光三十年十二月初十日（1851 年 1 月 11 日）爆發的太平天國起義，戰火燃遍大半個中國，已令他心力交瘁。可是歷史發展到咸豐六年（1856 年）的時候，又爆發了第二次鴉片戰爭，英法聯軍兵近津門。通州戰爭失利後，僧格林沁看到大事不妙，提出「戰既不勝，唯有早避」的策略，要求咸豐帝逃離京師。於是，在萬不得已的情況下，於是年的八月初八日（9 月 22 日）上午 10 點，咸豐帝帶領宮娥后妃自圓明園後門出發，逃往熱河。就是這樣一個內外交困的局面，使得咸豐帝身體狀況急劇下降，咳血不斷。

三是宮中后妃成群，宮外韻事不斷。宮中后妃自不待言，同時存在達十六七名之多，以他的身體狀況，已經是顧此失彼。即使如此，還去宮外尋花問柳。比如民間傳聞他寵愛山西籍寡婦，以及雛伶朱蓮芬的故事。朱蓮芬，擅崑曲，歌喉嬌脆無比，且能作小詩，工書法。咸豐帝愛之愈甚，視若明珠，龍體自然大受損害。

咸豐帝一生的三個孩子中，有兩位皇子，一位公主。咸豐五年（1855 年）五月初七日，麗妃他他拉氏為他生育了第一個孩子，這就是大公主。咸豐六年（1856 年）三月二十三日，懿嬪（慈禧太后）生下皇長子載淳。咸豐八年（1858 年）二月，玫嬪徐佳氏生下皇二子，可是不久，這位皇子還未來得及命名就夭折了，被追封為多羅憫郡王。這位憫郡王就成為大清王朝中最後出生的一位皇子，1858 年，也是大清皇宮中最後一次生育的年份了，意義顯得非同尋常。但在當時，主宰清宮的帝后們並不知曉。

同治帝繼位後，一直由兩宮垂簾聽政，小皇帝在上書房讀書，也樂得其所。直到同治十一年九月十五日，載淳與翰林院

侍講崇綺之女阿魯特氏舉行大婚禮，此時載淳已17歲了，這次娶進一位皇后和4位妃嬪，他一生共5位后妃。

婚後不久，同治十二年（1873年）正月，載淳親政。雖為親政，但事事受制於兩宮太后。無所事事的他，便想和自己鍾愛的皇后共敘愛情，享受歡樂，同樣遭到母后干涉，並強其移愛於慧妃。同治帝一怒之下，便獨宿乾清宮。

然而，即使獨宿，也有與后妃同房的時候，怎麼會都沒有懷上孩子呢？很有可能是另有隱情。於是，清季稗史中推測，同治帝應該有以下嫌疑：

首先是受翰林院侍讀王慶祺的誤導，漸近花心。王慶祺擅長諂媚，又風流成性，頗好冶遊，是尋花問柳的高手。早在同治十二年為河南考官時，竟不顧命官體面，公然微服冶遊。有這樣一位侍讀的導引，尚未成年而又寂寞無聊的同治帝會怎麼樣呢？兩宮太后從王慶祺事件中吸取了教訓，決定凡此以後，那些年輕而又輕佻的侍講之人概不准使用，一律用那些年紀大的、老成質樸之人。

其次是受小太監的影響。太監六根不全，極盡鑽營之能事。當他們揣摩到同治帝的心理後，御前太監張德喜、陳忠吉、周增壽、梁吉慶、王得喜、任延壽、薛進壽等，便公然引導同治帝以嬉戲為樂。同治帝死後，兩宮太后重重處置了這些太監。

最後是受貝勒載瀓的引導。載瀓為奕訢的兒子，他聰明而機警，風流放蕩，與同治帝可謂志同道合，有他作為小皇帝的伴讀，真是「如虎添翼」。兩人常著黑衣，化妝出宮，冶遊娼寮之所。

所以，年輕的同治皇帝極有可能染上了梅毒，以致造成腎

源虧損，後來又染上了可怕的天花。從脈案結果上看，病情惡化時，表現為遺精、尿血、腎虛赤濁等症。是不是遺傳了乃父咸豐帝風流的基因呢？也未可知。

同治帝雖然 17 歲大婚，擁有 5 位后妃，徒過了 3 年夫妻生活而沒有生育，斷送了大清子嗣的延續，是大清王朝的罪人。

同治帝沒有子嗣，誰來繼承帝位呢？按大清慣例，嗣帝應在「載」字以後的「溥」字輩中選擇，而且應以立長為先，新皇便於掌控天下。可是，貪權的西太后完全違背了祖制。首先，她不同意在「溥」字輩中選嗣君，那樣的話，同治皇后阿魯特氏就會成為皇太后，可以干預朝政，而自己便成為太皇太后，再也不能垂簾聽政了。其次，她也不同意立長，因為成年的皇帝是不需太后垂簾的，尤其在皇帝大婚以後，太后必須歸政於皇帝。於是，慈禧經過反覆思考，將帝嗣定格在醇親王之子載湉的身上。

對於慈禧來講，載湉是最合適的了。一方面，載湉繼位，阿魯特氏不是太后，而是寡嫂，她無權垂簾聽政；另一方面載湉是自己親妹妹生的孩子，血濃於水的親情便於掌控，而且，載湉當時只有 4 歲，慈禧以堂堂太后之尊，完全可以達到繼續垂簾的目的。於是，她說服了慈安太后，又以強硬的態度，迫使王公大臣予以承認，她的目的達到了。

只是可憐了光緒皇帝。他以沖齡進入神秘莫測的皇宮大內，宮中繁瑣的禮儀和慈禧的威嚴，使他產生畏懼的心理。沒有父母之愛，沒有家庭溫暖，使他失去童年的快樂。尤其對於貪權的西太后，她的每次動怒或喊叫，都會使他心悸不已。長此以往，他的身體受到了極大的損害。

光緒十五年正月二十日（1889 年 2 月 19 日），光緒帝與

葉赫那拉氏舉行大婚之禮，同時納他他拉氏姐妹為妃嬪，共娶進一后二嬪，開始過上了夫妻生活。可是，光緒帝自19歲大婚，到38歲死去，共有過19年的婚姻事實，卻未生育有一兒半女，究竟是何緣故呢？

其一，光緒帝身體不好，身體是最基本的條件。上文提到，他入宮後，由於長期處在壓抑和孤冷的環境中，本來身體虛弱的他，竟有遺精的病史。光緒帝在自述中講過：「遺精之病將二十年，前數年每月必十數次，近數年每月不過二三次，且有無夢不舉即自遺泄之時，冬天較甚……腿膝足踝永遠發涼……稍感風涼則必頭疼體痠……其耳鳴腦響亦將近十年……腰腿肩背痠沉……此病亦有十二三年矣。」所以，以此之軀，后妃懷孕的概率就非常小。雖然御醫們使出了許多固本添精的良方，但都無濟於事。

其二，是婚姻上的不幸。大婚後娶進的皇后是慈禧親弟弟桂祥之女，慈禧本想通過親上加親的關係，達到掌控皇帝的目的。可是，事與願違。此女並不俊美的容貌本已使光緒帝生厭，加上她心胸狹窄，無才無德，只會向太后打小報告，心甘情願地充當慈禧的傳聲筒和聯絡員，就更讓光緒帝失望和痛心。久而久之，夫妻二人竟形同陌路，有時還大吵大鬧。據《悔逸齋筆乘》載，光緒十八年的一天，兩人因事爭吵，光緒帝還罵了皇后，皇后便跑去太后那裡哭訴。慈禧怒道：「皇上是我所立，實乃忘恩之舉；皇后是我親侄，辱罵她是對我的不敬。」從此，光緒和皇后勢不兩立，他同慈禧的關係也變得緊張起來。

可是，光緒最寵愛珍妃，兩人幾乎是形影不離，最終招致禍災，珍妃不幸被處死。有人說她懷孕過，但尚有待史家進一

步考證。至於瑾妃，同皇帝接觸的機會也是非常的少，最終沒有懷孕機會。

此外，戊戌政變後，光緒帝雖正值壯年之軀，卻過上了長達 10 年囚徒一般的生活。他空懷一腔強國興邦之夢，抱負不得施展，病勢日劇，終於在光緒三十四年十月十七日，進入病危階段。

這一天，御醫杜鍾駿在日記中寫道：「皇上氣促口臭，帶哭聲而言曰：『你有何法救我？』予曰：『皇上大便如何？』皇上曰：『九日不解，痰多氣急心空。』……」杜太醫跪着為皇上把過脈，再細審其容，斷定，不出 4 日，皇上必出危象。

果然，在此後的幾天裡，光緒帝「中氣虛損，不能承領上下，以致上而逆滿喘咳，下而大便不行，清氣不升，濁氣不降，而通體為之睏乏矣。」到十月二十一日，光緒帝已進入彌留之際，當日酉刻，終於龍馭上賓，結束了他 38 歲的年輕生命。

近年，關於光緒帝之死又有新的說法。研究人員採用原子螢光技術，對採集到光緒帝的頭髮、葬衣進行科學檢測，發現其中的含砷量大大超過常人，視為砒霜中毒。可是，這個觀點，也遭到同行專家的批駁，北大房德鄰教授就專門寫出了批駁文章，否定這個說法。所以，光緒帝的死因之謎實際上並未徹底揭開。

光緒帝一生沒有生育子女，與慈禧的專橫跋扈絕對有着直接的關係。光緒帝本人斷了子嗣，大清王朝斷了皇嗣，一個國家的命運再次交由已經垂死的慈禧太后的手中。也就在這一天，慈禧太后依然冷峻地進行了思考，還是沒有忘記選一位小皇帝，以便將來她的侄女——隆裕太后操縱權柄，這就是歷史上的宣統帝。

後來的歷史發展證明，這位小皇帝成年後，依然沒有生育，不過，待他大婚時，早已是共和的天下了。自同治、光緒迄宣統帝，三代晚清帝王雖妻妾成群，卻沒有生育出子女來，確實表明清王朝已到山窮水盡、日薄西山的地步了。

第七章

福禍相依的母子關係

作為帝王后妃，能夠被寵幸生子，是其人生發生轉折的開始，一旦皇子將來做了皇帝，繼承大統，那自己就成為萬人之上的皇太后了。可是，如果皇子不爭氣，或時運不佳，也會帶來不濟的命運，到時候，她們是否後悔，當初不該生下此子，也未可知。從大清後宮母與子（或母與女）之間發生的是是非非中，或許你能找到答案。

1. 母以子貴賤

母子之間的關係，在複雜多變的宮廷鬥爭中，歷來最具戰鬥力。因而，每一位妃嬪，都渴望生一位皇子，即使做不了皇帝，將來兒子長大成人，分府出去，自己也有了宮外的落腳之處。最主要的還是皇帝的態度，看到自己生育了皇子，為愛新覺羅家族延續後代立下了功績，當然會心存感激。但難免有例外，有的皇帝也會因為一點小事，遷怒於后妃。

翻身得解放的「甄嬛」

清代，皇子繼承了帝位，按制，母親被尊為皇太后，皇太后由當朝皇帝供養，備極榮耀。細數清朝的皇太后，可以真正理解母以子貴的含義。

皇太極的生母孝慈高皇后，17 歲時生下皇太極，29 歲去世時，丈夫努爾哈赤尚在，沒有做過皇太后。順治帝的生母為孝莊文皇后，即莊妃，丈夫皇太極死時，她 32 歲，6 歲的兒子繼承了帝位，她做了皇太后，一直到順治十八年，她在選后、

立國等諸多方面費盡了心思，但也擁有一定的權力。順治死去，康熙嗣位，身為太皇太后的她起了一語定乾坤的作用，康熙對祖母備極孝養，尊崇有加，孝莊於康熙二十六年十二月去世，壽 75 歲。

康熙帝生母孝康章皇后，順治十一年三月十八日生康熙帝，年僅 15 歲，康熙元年，玄燁以 8 歲幼齡繼位，尊生母為慈和皇太后。慈和身體一直不好，雖身居高位，但無福享受，第二年二月初一日即崩逝，年僅 24 歲。

雍正帝生母烏雅氏孝恭仁皇后，18 歲時生下雍正帝，雍正元年五月二十三日崩，僅做了半年皇太后，壽 63 歲。相傳，她不滿兒子得位手段，對兒子擬給她的「仁壽皇太后」徽號和從永和宮遷至寧壽宮的旨意都以在喪期中加以拒絕。尤其是兩個親生兒子胤禛和胤禵（允禵）鬧對立，令她十分頭痛，不久患了病。有一次，她要見小兒子，雍正大怒，太后便撞柱而亡。

乾隆帝生母孝聖皇后，13 歲以秀女入宮，身份卑微。可是她聰明伶俐，做事得體，在雍正繼位後，即升為熹妃，再晉皇貴妃。乾隆繼位後，尊為崇慶皇太后。弘曆 12 歲那年，熹妃奉特旨攜子覲見聖祖，聖祖見她相貌不凡，連誇她是個「有福之人」。果然，乾隆繼位後，備極孝順，多次侍奉其下江南，巡五台，幸盛京，遊山玩水，享盡人間奢華，在宮中度過 73 個春秋，享年 86 歲。

關於孝聖皇后有兩點引人矚目：

其一，她的身上充滿了謎團。

1. 姓氏之謎。一個人的姓氏怎麼會是一個謎團呢？本應是百分之百肯定的事情，可是，這個熹妃卻給人們留下了思考的

餘地。雍正元年，胤禛即位，大封後宮。在資料中，關於熹妃的記載出現了兩個不同的結果。一個是姓錢，是個漢人。《雍正朝漢文諭旨彙編》：「格格錢氏，封為熹妃。」《永憲錄》中的記載和這個記載一樣。這些資料本應是可信的，但另外一種說法就完全不同了，說她姓鈕祜祿，是滿洲人。《清世宗實錄》：「格格鈕祜祿氏封為熹妃。」這是官方的記錄。

2. 生子之謎。熹妃生有一子，那就是弘曆。《清皇室四譜》記載：「（弘曆）康熙五十年辛卯八月十三日子時，生於雍親王藩邸，母王府格格鈕祜祿氏。」其他資料也都做了類似的記載，應該不會有甚麼爭議了。可是，在歷史上卻產生了兩個大爭議。一是乾隆生母各異。關於乾隆帝生母產生了幾種說法，有的說乾隆是陳閣老的兒子。陳閣老就是浙江海寧大學士陳世倌，他和雍親王同時生了孩子，陳閣老生了男孩，胤禛生了女孩，是胤禛與陳世倌交換了孩子，重演了歷史上「狸貓換太子」的鬧劇。有的說是漢女傻大姐所生，故事講，雍親王在熱河打獵時，喝了鹿血壯陽，情急之下，和一個醜陋的漢女發生了苟且之事，生下弘曆。而官方記載，當然是鈕祜祿氏熹妃所生，檔案留有記錄。真是迷霧重重。二是乾隆出生地迥異。歷史記載有兩個，一為北京雍和宮，一為承德避暑山莊。

其二，孝聖之福。

福從何而來？是金口玉言。說熹妃有福，不是市井傳出來的，而是她的公公康熙帝所說。事情發生在康熙六十一年七月十二日，正是牡丹花盛開的季節，胤禛把父皇康熙帝請到雍親王住地獅子園，賞牡丹花，其時，12歲的弘曆隨父王一同覲見康熙帝。康熙帝看見這個孩子長相俊美，又聰明伶俐，十分喜愛。弘曆也很做臉，給爺爺背誦了周敦頤的《愛蓮說》，一點

兒不磕巴地背誦完，康熙帝大喜，感到後繼有人，十分高興。於是，說了一句語驚四座的話，說弘曆「福將過予」（《乾隆帝御製詩文集》）。就是說，這個孩子的福氣將超過我。然後，他命令雍親王妃，把弘曆親生母親叫來，要看看。熹妃就這樣第一次拜見了自己的公公康熙帝。康熙帝看到熹妃之後，有甚麼反應呢？資料《清代后妃傳稿》這樣記載：「皇祖連謂之有福之人」。

這個女人做了 42 年的享福太后。雍正帝去世，她雖然失去了丈夫，但是，她的兒子做了皇帝，自己成了皇太后，比之以前，就更加享福了。主要表現是：

1. 多次在兒子的陪伴下遊山玩水。乾隆帝喜愛出巡是有名的，有好多微服私訪的記載。其實，乾隆帝每次出巡，都是打着孝敬母后的旗號。《嘯亭雜錄》記載：「純皇侍奉孝聖憲皇后極為孝養，每巡幸木蘭、江浙等處，必首奉慈輿，朝夕侍養。」四次南巡：乾隆十六年、乾隆二十二年、乾隆二十七年、乾隆三十年，總天數近 500 天。三次巡幸五台山：乾隆十一年、乾隆十五年、乾隆二十六年，達到 100 餘天。四次東巡泰山：乾隆十三年、乾隆二十一年、乾隆三十六年、乾隆四十一年，達到 180 餘天。兩次巡幸盛京，也就是瀋陽：乾隆八年、乾隆十九年，達到 260 天。此外，乾隆帝還陪着母后到避暑山莊29 次。可以想見，每次出巡，浩浩蕩蕩，朝廷要花費大量銀兩，地方官還要極盡報效之能事，使得太后享盡了人間富貴。

2. 太后過生日，靡費無度。熹貴妃做皇太后時是 44 歲，之後，她做了 42 年太后。在宮裡，兒子給她做了幾個十年整壽：乾隆十六年六十大壽，乾隆二十六年七十大壽，乾隆三十六年八十大壽。每次整壽，宮廷內外，大加慶祝，靡費無

度。這樣看來，熹貴妃確實是享盡了人間的榮華富貴，是一位名副其實的有福之人。

叫板雍正的宜妃娘娘

為皇帝生了龍子，又費盡千辛萬苦侍奉皇帝，得到豐厚的回報是正常的，尤其作為老皇帝的后妃，嗣皇繼位後，應倍加尊崇。可是，清代宮廷中，卻發生了「母以子賤」的怪現象。

這就是康熙帝宜妃，姓郭絡羅氏，佐領三官保之女。康熙初賜號貴人，康熙十六年即冊封為嬪，曾生有皇五子允祺（親王），二十年即晉為宜妃，二十二年生皇九子允禟，二十四年生皇十一子允禌，資歷很深。三個皇子中，皇九子允禟是讓宜妃最不省心的一位。

允禟從懂事時起，就不甘心一生只做一位無權無勢的王爺。相傳，他曾對親信秦道然、何圖等人說，他母親妊娠時得了一場病，夢見真武菩薩賜給她一個日輪狀的紅餅，吃後病就好了，胎兒也安穩了。又說他幼時耳後生癰，病重昏迷，忽聽得一聲巨響，睜眼看時，只見室內樑宇之間有許多金甲神將，病竟不治而自癒。他這樣神化自己，說明對大位有非分之想。

可是，允禟才智平庸，難成大器。於是，他便轉而擁護皇八子，不成之後，又企圖擁立雍正帝同母弟允禵。曾有個叫蔡懷璽的人散佈流言，說「二七便為主，貴人守宗山。」暗示十四王爺做皇帝，並讓宜妃做太后。

事敗後，雍正帝大怒，一面幽禁允禟，一面更加恨憎宜

妃。康熙大喪之初，雍正帝與眾母妃同在大行皇帝棺前治喪。宜妃不但十分輕蔑雍正帝，還以身體不爽為由，乘軟轎前往。雍正帝忍無可忍，下旨嚴斥：「眾母妃自應照前遵行國禮。即如宜妃母妃用人挾掖可以行走，則應與眾母妃一同行禮，或步履艱難，隨處可以舉哀，乃坐四人軟榻在皇太后前與眾母妃先後攙雜行走，甚屬僭越，於國禮不合。」於是，清宮詞中也留下了記錄：

> 大行遺柩在宮闈，宮眷哀號奉禮儀。
> 聞道嗣皇哀痛切，苦臨先已責宜妃。

雖然不便對宜妃無禮，主要還是礙於是母輩，但也大大冷落了她。宜妃由於允禟的關係而大受冷落，又鬥不過當今皇帝，只好出宮去了允禟的王府，從此銷聲匿跡。

奕訢之母孝靜成皇后

歷史上，還有一位母以子賤的女主，那就是道光帝的孝靜成皇后。

孝靜成皇后比道光帝小 30 歲，14 歲時，嫁給了 44 歲的道光帝。她一生生有 3 子 1 女，其中道光十二年生下皇六子奕訢，曾使道光帝對她極為寵愛，在立皇儲的問題上，曾有過考慮。所以自道光二十年孝全皇后死去後，她就以皇貴妃身份主持後宮事務。不僅如此，孝靜成皇后心地善良，又擔負起撫養年幼的皇四子（咸豐帝）的重任。

咸豐登基後，因為立儲的關係與六弟關係僵化，奕訢也因

為沒有當上皇帝而嫌恨咸豐帝，便想藉孝靜成皇后的身份來抬高自己的地位，屢有所請，要求咸豐帝尊孝靜成皇后為皇太后。咸豐帝考慮到撫養之恩，不得已尊晉其為康慈皇太后，需要說明的是，咸豐帝尊晉這個養母為皇太后，是在兩可之間的，因為孝靜並不是皇帝生母，老皇帝道光臨終也無遺囑。她能成為皇太后，完全是咸豐帝顧及了養育之恩。正在病中的孝靜僅做了 9 天太后便溘然長逝，壽 44 歲。孝靜一死，咸豐帝本應為其大辦喪事，以報養育大恩。可是，他太厭惡奕訢了，便大大減殺了太后的喪儀：

一是不為其建皇后陵，而是葬入妃園寢，只將其升格為皇后陵，規制簡約；

二是太后奉安大典，咸豐帝不護送，不親臨；

三是減其謚號為 8 字（本應 12 字），並不系宣宗謚號；

四是神牌不升祔太廟，只升祔奉先殿，只供山陵。

由上，我們看出咸豐帝先後做法是矛盾的。為了報恩，破例尊晉孝靜為皇太后；而在其喪葬儀式上又大加減殺。甚麼原因呢？最關鍵的因素是孝靜的親生子奕訢，他曾經是咸豐帝的競爭對手，咸豐帝一直對他存有戒心。減殺喪儀，實際上是做給奕訢看的。

此外，其餘幾位清帝的生母，她們的命運也因兒子的登基而轉折變化。

嘉慶帝生母孝儀皇后，原為漢軍旗，乾隆二十五年生下嘉慶後，詔封為皇貴妃，生前未做過皇后，卒年 49 歲。

道光帝生母孝淑睿皇后喜塔臘氏，有過 3 次生育，22 歲時生下皇二子旻寧，被秘定為皇儲。旻寧是清朝諸帝中，唯一一位嫡出皇子繼承了大統。可惜，孝淑命淺福薄，於嘉慶二年去

世，年 38 歲。當時，太上皇尚在，連喪事辦得都比較委屈。

咸豐帝生母孝全皇后，鈕祜祿氏，有過 3 次生育，道光十一年 23 歲時，生下皇四子奕詝。孝全是道光帝後宮中傳聞最多的一位女主子，關於她的得寵，有詩為證：

蕙質蘭心並世無，垂髫曾記住姑蘇。
譜成六合同春字，絕勝璇璣織錦圖。

可是，關於孝全皇后之死，在民間傳得沸沸揚揚，並虛構出許多情節來，使人莫辨真偽。《清宮詞》中，記錄下一首孝全企圖毒死其他皇子，而使自己所出皇四子繼承皇位的故事：

如意多因少小憐，蟻杯鴆毒兆當筵。
溫成貴寵傷盤水，天語親褒有孝全。

據此，有人繪聲繪色地勾勒出一幅皇后企圖毒殺皇子的圖畫。反映出深宮大內危機重重，到處佈滿殺機。孝全皇后於道光二十年忽然去世，年僅 33 歲。離她的兒子繼承帝位還有 10 年的漫長時日。

同治帝生母慈禧太后生於道光十五年，咸豐元年大選秀女中選，時年 18 歲，咸豐六年生下同治帝，咸豐十一年兒子繼位時，她年 27 歲。此後，她費盡心機，發動了「北京政變」，廢八大臣，垂簾聽政；光緒帝嗣位，她再次垂簾，1898 年，她扼殺變法，再度訓政，前後掌權達 48 年之久。

光緒帝生母為醇親王福晉葉赫那拉氏（慈禧之妹），宣統帝生母為載灃福晉瓜爾佳氏，兩位均生活在王府，不在宮內。

2. 子以母貴賤

作為皇帝的血胤後代，老皇帝自然喜歡，有的是因為喜愛皇子的母親，其皇子就會更加得寵；可是，也會有完全相反的結局，皇帝因為皇子的生身母親失寵而殃及親生兒子，實在是不應該。

皇帝過分寵愛后妃，雖是難得之事，但也並非沒有。一旦受寵后妃生有皇子，皇帝更是愛屋及烏，所謂子以母貴了。

「赫舍里皇后」之子允礽

允礽母為孝誠仁皇后，13歲嫁給康熙帝，為中宮皇后，她和康熙帝自幼青梅竹馬，加上又是勳貴大臣索額圖的侄女，備受寵愛。婚後4年生皇嫡子承祜，康熙十一年二月承祜夭折，四歲未序齒。康熙十三年皇后再生允礽。當時朱三太子乘吳三桂叛亂之機擾亂宮闈，致使孝誠皇后驚嚇難產。孩子雖然生下來了，但孝誠幾次昏厥過去，當天即死去，年僅22歲，康熙帝非常悲痛。一年半以後，於康熙十四年十二月，立了未及兩歲的允礽為皇太子。可是，此子極不爭氣，已立了33年的皇太子於康熙四十七年被廢掉，但不出兩個月，康熙帝出爾反爾，又恢復了允礽太子的地位，可是，到康熙五十一年，又將怙惡不悛的太子廢掉。這兩度廢立，使康熙帝焦頭爛額，心情極度矛盾。他多次想將帝位傳給允礽，慰藉寵后的在天之靈，實現傳位於嫡出之子的夢想。但他的願望落空了。

其實，皇帝與妃嬪所生之子，同貴為皇后所生之子有甚麼區別！同為自己的骨肉，卻分出三六九等，足見等級社會中，

門第關係的影響至遠至深。在清朝宮廷中竟也有過子以母賤的
實例。

「八爺」之母良妃

　　康熙帝眾多妃嬪中，有一位衛氏，她聰明而貌美，但出身
卑微，為內管領包衣人，是典型的奴僕出身。入宮後，她小心
謹慎，曲意奉承，終於在康熙二十年生下了皇八子允禩。關於
這位良妃衛氏，有資料記載，她非常神奇，說她「唾液生香」，
就是一個典型的「香妃」，康熙帝禁不住誘惑，偶爾臨幸了她。

　　這個皇八子長相英俊，康熙十分喜愛。為了抬高他的地
位，康熙將皇八子交由出身相對較高的惠妃撫養。允禩雖出身
卑賤，但他自幼就聰明機靈，工於心計，不甘居人之下，幻想
有朝一日繼承大統。於是，他倍加努力，長大後，學問品貌兼
優，而且儒雅風流，穩重大度。終於在康熙五十二年他 18 歲
時封貝勒，署內務府總管事。尤其在太子允礽被廢后，他更與
大臣結交，謀求嗣位。這就引發了康熙帝的極大不滿，儘管允
禩極力表現，康熙帝還是不能原諒他，甚至一度與之斷絕了父
子親情。他不想將大位傳於一個奴僕所生之子，為天下人恥
笑。於是，奪去他貝勒爵位，斷其夢想。

　　在這種情況下，良妃非常自責，當她生病的時候，竟然拒
絕服藥，即使允禩相勸都無濟於事。她對兒子說：「都是我連
累了你，我死了，你父皇就不會為難你了。」良妃此番話，無
非是指自己出身微賤，幫不了親生兒子。

　　這就要怪康熙帝了，他曾經兩次在公開場合指責允禩生母
為「辛者庫賤婦」，言外之意，允禩繼位無望。既如此，當時

你何必招惹她呢？康熙帝此番話，愧對她們母子。

「斷髮皇后」那拉氏

備受關注的《如懿傳》中核心人物「如懿」的原型就是乾隆皇帝的第二位中宮皇后那拉氏。她的真實身份和經歷跌宕起伏，的確很是傳奇。

那拉皇后早年與弘曆成親，為側福晉，小弘曆7歲。那拉皇后在宮中一直很得寵，經常隨皇帝出巡各地。那拉氏的晉封速度是很快的，她也很幸運。乾隆二年，晉升為嫻妃，乾隆十年升為嫻貴妃，乾隆十三年孝賢皇后病逝，她晉升為皇貴妃，主持後宮事務，後來，秉承皇太后旨意，乾隆十五年，那拉氏如期晉封為中宮皇后。

從此，那拉氏如魚得水，不斷生育。乾隆十七年生育皇十二子永璂，乾隆十八年生育皇五女，乾隆二十年，生育皇十三子永璟。連續的生育，表明那拉氏很得寵，加之中宮皇后的至尊地位，此時的那拉氏真是得意極了。

可是，天有不測風雲，就在乾隆三十年的一次隨帝南巡中，那拉氏的命運發生了轉折。本來，此次南巡，一路遊山玩水，帝后十分快樂。到達杭州之時，在名勝景致「蕉石鳴琴」處進早膳，乾隆還賞皇后膳品，可到晚膳時，在杭州行宮賜膳品時，皇后沒有出席，此後，皇后就在出巡人員的名單中消失了。原來，前一日，乾隆下聖旨派額駙福隆安扈從皇后由水路先程回京了。乾隆帝則繼續到江南遊玩。

這年四月二十日，乾隆回到京城，乾隆欲將病中的皇后廢掉，遭到大臣阿永阿等的強烈反對，未果。五月十四日，乾隆

將那拉皇后的冊寶四冊收回，其中皇后一份、皇貴妃一份、嫻貴妃一份、嫻妃一份，等於把她進宮三十來年的所有冊封全行追回。而她在宮中的待遇也大為減縮，其手下也只有兩名宮女，皇后名號雖存，但已名存實亡。

乾隆三十一年七月十四日，備受折磨的那拉皇后死去。當時，乾隆正在木蘭圍獵。得知死訊，他沒有回京，只派皇后親生子永璂回京奔喪。到底是甚麼緣故使得這位天子丈夫如此薄情呢？我們不妨從他的諭旨中加以分析：

> 皇后自冊立以來，尚無失德。去年春，朕恭奉皇太后巡幸江浙。正承歡恰幸之時，皇后性忽改常，於皇太后前不能恪守孝道。比至杭州則舉動尤乖正理，跡類瘋迷，因令先程回京，在宮調懾，經今一載有餘，病勢日劇，遂爾奄逝。此實皇后福分淺薄，不能仰承聖母慈眷，長受朕恩禮所致。若論其行事乖違，即予以廢黜亦理所當然。朕仍存其名號，已為格外優容，但飾終典禮不便復循孝賢皇后大事辦理，所有喪儀止可照皇貴妃例行。

原來，皇后在巡幸途中，因事自行剪髮，忤犯了皇上。清制，只有長輩和丈夫死去，后妃才剪髮服喪。皇后自行剪髮，不等於詛咒皇上死去嗎？自然不為其所容。可是，她為甚麼要這麼做呢？乾隆卻隻字不提。多年來，筆者查閱大量清宮檔案，了解的事實真相是這樣的：

一、已經年近半百的那拉皇后失寵了。

當年，漢武帝寵愛閹人李延年的妹妹李夫人，就是因其色冠群芳，而後來，李夫人因病而憔悴不堪之時，漢武帝前往探

視，要求見最後一面，聰明的李夫人堅決拒絕與之相見。武帝走後，旁人問李夫人為何如此，李夫人講出了「色衰而愛弛，愛弛而恩必絕」的話。果然，她死後，武帝憶起其當年美貌，而命人為之作畫，並寫下了《李夫人賦》，恩及李夫人的家人。所以，對於後宮佳麗無數的皇帝來說，年輕而貌美者是其得寵的資本，而隨着年齡增長，色相逐步衰竭的后妃，則逐漸會被皇帝忘掉。

乾隆皇帝也是一樣，他所喜歡的女子多在二十幾歲到三十幾歲之間。在后妃如雲的後宮裡，那些年輕貌美的后妃對皇帝更具有吸引力。顯然，已經半老徐娘的那拉皇后，在失去了當年的光華之後，與年輕人相比，其優勢已經不復存在了。已然 48 歲的那拉皇后，無論如何也不是乾隆皇帝寵愛的對象了。

二、從魏佳氏晉封為皇貴妃的角度分析，乾隆帝母子欲以魏佳氏將皇后取而代之。

乾隆的母親，非常喜歡能說會道的令貴妃魏佳氏，即後來的孝儀皇后。而對高傲孤僻的那拉皇后，皇太后是越來越討厭了。魏佳氏，漢軍正黃旗包衣，後抬入滿洲鑲黃旗。生於雍正五年九月初九日，小乾隆帝 16 歲，小那拉皇后 9 歲。這兩個女人在皇帝後宮的較量中，各有優劣。雖然出身為佐領，身份較高的那拉皇后，佔有很大優勢，但是，出身低微的漢軍旗包衣魏佳氏，卻有皇太后和皇帝做後盾，地位一路飆升，居然在南巡途中被晉封為皇貴妃，直接威脅到了皇后的地位。

皇貴妃乃皇后的繼承人，也就是準皇后，在宮中佔有重要的地位，因而，皇帝並不輕易封贈，在有皇后的情況下，一般是空缺皇貴妃位，以避免宮內衝突。這種情況那拉皇后是相當

清楚的。所以，在南巡途中，乾隆帝和孝聖皇太后兩人欲晉封魏佳氏為皇貴妃，必然給那拉皇后以很大壓力，甚至是沉重的打擊，她是否預見到在不遠的將來，會被取而代之呢？也未可知。這就逼得皇后會做出一些不理智的事情來。

三、那拉皇后心胸過狹，是造成其剪髮的重要因素。

那拉皇后恰恰是嫉妒心太強，心胸過狹。查清宮檔案，乾隆三十年正月的第四次南巡途中，二月初十日，皇后經歷了她難忘的生日，皇帝、太后均下旨，命地方為其準備，過了一次較為體面的千秋節。至閏二月十八日，龍舟抵達杭州蕉石鳴琴，早膳照傳，其膳單上，皇后的名字尚赫然在目，皇帝有膳品獎賞。可是，在傳晚膳時，皇后的名字卻用黃籤給蓋住了，可以判斷，事情就發生在早膳之後。

根據後來發生的事情分析，這天應是皇帝、太后同皇后預商了關於晉封令貴妃為令皇貴妃的事情，皇后聽後大受刺激，預感事情不妙，因而先是強烈反對，接下來是企圖用過激的行為來刺激皇帝和太后，那就是剪髮抗議。可惜，弄巧成拙，乾隆帝當即震怒，不僅沒有收回成命，反而採取了更為嚴厲的措施，將皇后強行護送回京，事情發展到兩難的地步，皇后從此被打入冷宮。

那麼，乾隆帝所云皇后「瘋迷」是否屬實呢？極有可能。造成這一病發的原因有兩點：一為意外事情的刺激，使得皇后在錯愕之後，心理承受壓力過重使然；二為皇后時年 48 歲，正是更年期，處在這樣一個中、老交替的年齡段，人的性情難免會暴躁不安，尤其遇到不遂心的事情，表現得會更明顯。

四、儲位秘爭形成的心理壓力，是其悍然剪髮的重要誘因。

作為中宮皇后，那拉皇后是比較了解乾隆帝的立儲心理

的，因此，就在孝賢皇后崩逝，立她為中宮之後，她下定決心要生育皇子，以乾隆立嫡的心態，自己所生皇子被立為儲君的可能性極大。於是，在乾隆十七年、乾隆二十年她生育了兩位皇子，即十二阿哥永璂和十三阿哥永璟。那拉皇后努力侍奉皇帝和太后，用心教導皇子，希冀皇上有朝一日立其子為儲君。可是，乾隆帝卻遲遲也下不了決心，直到乾隆三十一年，他的17位皇子已全部出生，還沒有決定下來。這就讓焦急的那拉皇后既痛心又失望，她真的沒有孝賢皇后母子那麼幸運。

乾隆帝17位皇子中，到乾隆三十一年，僅有8位存活下來，這年，弘曆已經56歲了。那麼，將來的儲君應在這8位中選出。而這8位皇子中，皇四子永珹已在乾隆二十八年出繼給履親王允祹為孫，降襲履郡王；而皇六子永瑢在乾隆二十四年就已出繼給質郡王允禧為孫，襲貝勒。顯然，這兩位已排除在儲君之外了。

在僅剩的6位皇子中，皇八子和皇十一子的生母為淑嘉皇貴妃，她在乾隆二十年就已過世了，很顯然，由於生母不在，不具競爭力，就僅剩4位皇子參與儲君的爭奪。而4位皇子中，皇五子永琪的生母為愉妃，地位低下，乾隆不太可能立其子為儲君。那麼，就僅剩3位皇子了，這3位分別是皇十二子、皇十五子和皇十七子，而皇十五子、皇十七子的生母就是即將晉封為皇貴妃的魏佳氏。

那拉皇后最擔心的事情終於發生了，太后和皇帝越來越看重魏佳氏，就在乾隆三十年南巡途中，開始醞釀晉升其為皇貴妃，雖然此時那拉皇后還不敢確定將來的儲君一定就是皇十五子，但她已預感到了事態的嚴重性，這個年僅6歲的皇子很可能是自己所生的14歲的永璂的競爭對手，而且越來越佔有優

勢了，這給那拉皇后以很大的精神壓力。

那拉皇后因為剪髮而丟掉了地位和性命。可是，乾隆皇帝並沒有原諒她，在她去世後仍做出了異乎尋常的舉動。

皇后去世，以皇貴妃之禮治喪，已屬格外嚴屬了。實際上遠不止於此：

一、借用皇貴妃地宮，皇貴妃居中，而皇后棺居左側。

二、不設神牌。而清制，妃子以上均在陵寢享殿中設有神牌，按時享祭。

三、不享祭。一年四大祭、二十四小祭、祭辰、生辰，皇后均無享祭。

從此，這個大名鼎鼎的那拉皇后，在人間「蒸發」了，大家不知道她埋葬何處；蒙受的巨大冤屈也不敢為之申辯；就連自己的親生兒子都不敢為死去的母后爭得一席之地。乾隆帝終生沒有原諒這個中宮皇后，每當提起這個女人，他都會恨得咬牙切齒。

這麼嚴屬的處治，對於一個死去的人來說是太嚴苛了。為此，皇后親生子永璂極為不滿，但他敢怒不敢言。民間曾流傳永璂為生母討吃箸的說法，要求父皇格外施恩，祭祀時，在供桌上為母親擺雙筷子。乾隆十分不滿，並未答應。為此，永璂大受牽連。乾隆對其他皇子大加封賞時，對十二子卻倍加冷落。永璂的檔案記錄幾乎沒有，他死於乾隆四十一年，僅 25 歲。死後按宗室爵位中十分低下的公品級治喪，冷清得很。只是到嘉慶四年三月，嘉慶帝親政，才對這位皇兄加以晉封，名號為貝勒，仍屬皇子中最低下者。

3. 母以女貴

皇帝有時也會很喜歡公主，尤其老皇帝在盡享天倫之樂時，這種感覺會更加突出。

我國封建社會的帝王之女自戰國時均稱為公主，到漢代，又明確規定皇帝的姐妹稱為長公主，皇帝的姑姑稱大公主，相沿勿替。清太祖時，諸女稱為格格，皇太極時，規定中宮皇后所生封固倫公主，品級與親王同；妃嬪所生為和碩公主，品級與郡王同。從太祖努爾哈赤開始，經太宗、世祖、聖祖、世宗、高宗、睿宗、宣宗、文宗 9 帝，共生得皇女 86 個，此外，宮中又撫養了親王、郡王、貝勒之女 12 個，共計有公主 98 個。

備受寵愛的十公主和惇妃

乾隆皇帝一生風流倜儻，后妃成群。其中有一位惇妃，她於乾隆二十八年入宮，當時她 18 歲，乾隆帝 53 歲了。到乾隆四十年，皇帝 65 歲時，惇妃生下了乾隆帝最小的一位皇女——十公主。過了一年，即乾隆四十一年，乾隆已 66 歲了，仍有兩位妃嬪入宮，即金常在和循嬪（後晉為循貴妃）。

乾隆帝老來得女，自然是十分高興。他格外看重這位公主，並做出了異乎尋常的舉動：

一、封為固倫和孝公主。（以其非皇后所生，而擢封為固倫公主，屬違制行為。）

二、未嫁即賜金頂轎。

三、乾隆五十四年，公主 15 歲，乾隆指婚給長相俊美的

和珅之子豐紳殷德。

　　乾隆如此寵愛和孝公主，是有原因的。禮親王昭槤著的《嘯亭續錄》中記載了緣由：「和孝公主……上甚鍾愛，以其貌類己，嘗曰：『汝若為皇子，朕必立汝儲也。』」原來，和孝公主長相與其父酷似，乾隆甚至倡言，如果是男孩子，將傳位於她。而和孝公主性情剛毅，力氣也很大，能彎十力弓。她曾女扮男裝，隨帝出巡打獵，颯爽英姿，好不威風。

　　因之，乾隆帝對惇妃也是格外照顧，曲意優容。可是，乾隆四十三年十一月初七日，住在翊坤宮的惇妃，竟打死了一名宮女。此事引起軒然大波，震動朝野，乾隆帝不得不加以重視。他急忙深入調查，在第二天即下了一道詔旨：

　　昨惇妃將伊宮內使喚女子責處致死，事屬駭見，爾等想應聞知。前此妃嬪內間有氣性不好，痛毆婢女，致令情急輕生者。雖為主位之人，不宜過於狠虐，而死者究係窘迫自戕，然一經奏聞，無不量其情節懲治。從未有妃嬪將使女毒毆立死之事。今爆妃此案，若不從重辦理，於情法未為平允，且不足使備位宮闈之人咸知儆畏。

　　看來，乾隆帝是氣壞了，一面徹查，一面宣諭，一面下達了處理辦法：

　　一、降名號，由惇妃降為惇嬪。

　　二、罰銀，罰100兩，交給死者家屬，為喪葬費。

　　三、懲治太監。將該宮首領太監、總管太監革去頂戴，並罰銀有差。

　　可是，即使乾隆再生氣，當他看到可愛的十公主時，又不

忍再行懲治惇妃。於是，他再下諭旨：

　　事關人命，其得罪本屬不輕。因念其曾育公主，故從寬處
理。如依案情而論，即將伊位號擯黜，也不為過。

　　結果，此事過去僅三年，就又恢復了惇妃妃位。一場人命
大案就這樣輕描淡寫地草草收場了。

第 八 章

皇親國戚，福兮禍兮

因為皇帝的后妃沒有定數，所以后妃的娘家人更是複雜眾多。他們的女兒、姐妹進入宮廷，不管是否已經得寵，都可以榮耀鄉里。但是，作為皇親國戚，他們具備了最高的國民素質嗎？他們知道怎麼保持住這份榮譽，並榮寵不衰嗎？

1. 歡天喜地承皇恩

恩賞扶持

清代皇帝對待外戚，採取嚴格而嚴厲的態度。當然，既然娶了人家的女兒，就要禮遇外戚，這是人之常情。皇帝在為皇后抬旗的同時，也同樣對皇后的母家加封晉爵，這樣才能門當戶對，保住皇家的顏面。

除了金銀玉寶的大肆賞賜外，還有禮遇皇后母家的各種禮儀，諸典籍之中均有記載。

以慈禧太后為例，她為貴人、嬪、妃、貴妃時，其母家一直為鑲藍旗滿洲不變，而咸豐崩御，其 6 歲的兒子載淳繼承大統，慈禧母以子貴，被尊為皇太后。根據「皇太后、皇后丹闡（清語，母家之意）在下五旗者皆抬旗」之慣例，於咸豐十一年（1861 年）十二月十八日頒上諭：「慈禧皇太后母家着抬入鑲黃旗滿洲。」這樣，慈禧太后的母家就由下五旗的滿洲，一躍而為上三旗的首旗了，可謂身價陡增。

對於外戚的封贈最關鍵的就是封爵。從現有資料看，有一等承恩公、三等承恩公和男、子等品秩。

封一等承恩公的有孝昭皇后父親遏必隆、孝敬皇后父親費

揚古、孝聖皇后父親凌柱、孝賢皇后父親李榮保、孝儀皇后父親清泰；封三等承恩公的有孝慎皇后父親舒明阿、孝靜皇后父親花郎阿、孝貞皇后（慈安）父親穆揚阿；封一等侯的為孝和皇后父親恭阿拉；封一等男的是孝全皇后父親頤齡等等。

皇帝對自己的老丈人，會像平常人那樣，畢恭畢敬的嗎？當然不會。老丈人也好，大舅子也罷，見了皇上，不僅不可以擺譜，相反還要下跪稱臣，甚至稱為奴才。這就是君臣關係。

可是，不管怎樣，女兒嫁到宮裡，皇帝成為女婿，也是一件榮耀鄉里，人前顯勝之事。所以，大凡入宮的女兒家人，能與皇家結親，自然滿心歡喜。

宮中對后妃娘家人的賞賜是經常性的，隨時會有。不過，大多數獎賞並非出自皇帝，而是諸位后妃對自己本家的惦記。如慈禧太后在宮裡就經常會想到住在方家園的母家人，不時令宮中太監甚至宮女拿一些吃的、用的等去娘家佈賞，有時是正大光明賞賜，有時則是偷偷前去，不便告知他人。不過，這也只是那些有權勢的后妃才可做到，按規定，后妃是不可以隨便給娘家拿東西的。

說起來，皇帝在婚姻選擇上，也是十分重視門第觀念的。因為那些名門貴族的女兒會很有氣質，而且也稍顯門當戶對。所以，后妃們入宮後，聚在一起，談論最多的還是她們的娘家人。誰的娘家人有身份，誰當然就最有面子了，會有一種高人一等的感覺。

清初順治帝在婚姻上並無自主權，其皇宮中的女子，多為博爾濟吉特氏。元后，也就是廢后是博爾濟吉特氏，孝惠章皇后同樣也是。此外，悼妃、恭靖妃、淑惠妃、端順妃等都是。這其實是母親孝莊文皇后的有意安排，她為了鞏固本家在宮中

的地位，以便將來平衡權力時，博爾濟吉特氏有着更多的話
語權，可謂用心良苦。可惜，順治帝並不認可他母后的這種
做法。

康熙以後，滿洲門閥貴族逐步代替了蒙古後裔在宮中的地
位。我們不妨從其后妃娘家的身份上加以分析。其 4 位皇后
中，孝誠皇后的母家是滿洲正黃旗輔政大臣索尼之後，父親為
領侍衛內大臣喀布拉；孝昭皇后是輔政大臣遏必隆之女，鈕祜
祿氏；孝懿仁皇后是佟佳氏，領侍衛內大臣佟國維之女……這
些后妃的母家人都是名門大姓和貴族。這些女子的入宮其實更
多帶有政治的含義，是各派政治勢力在宮中角逐的結果。

因為是皇親國戚，皇帝會很惦記他們的生計，有好事會想
起他們來。后妃也會利用一切機會，吹吹枕邊風，想盡辦法，
報答娘家對自己的養育之恩。

會親。年關將至，后妃的娘家人會得到皇帝的恩賞，而這
些外戚也會要求入宮去見一見自己的女兒。皇帝會通盤考慮，
選定日期，令其母親到宮中指定地點，與女兒見面。但是，這
種機會，並不是每年都有的。清宮詞中這樣記錄：

四節頻頒戚里恩，面脂賜出月華門。
會親內殿關防密，朱轂黃韁集禁垣。

多日不見的母女相逢，在規定的時間、規定的地點內相
見，會別有一番憂愁。母親在離開後，會更加思念宮中的女
兒，女兒也是如此，不知來年是否有機會再相見。

母女要想相見，還有一個重要的機會，那就是女兒懷孕。
宮裡會皇恩浩蕩地宣旨，請妃嬪母親入宮侍候。因為只有自己

母親才會盡心盡力，勝過一切宮女的侍候。咸豐五年十二月二十四日，由於懿嬪懷孕，咸豐帝頒旨，特許其母親進紫禁城蒼震門，再到儲秀宮。於是，老夫人在兩名家中婦人的陪同下，在二十六日上午，來到儲秀宮，悉心照看自己的女兒。這是皇家賜予的特殊恩德，因而母女格外珍惜。

后妃的娘家人，都期盼自己因為女兒在宮中得寵而有所功名，但並非每位娘家人都有這樣的機會。順治帝董鄂妃，由於寵冠後宮，獨壓群芳，確實為娘家人爭到了機會。

《清史稿·鄂碩傳》中記載，董鄂妃的父親鄂碩在順治十四年，以女兒冊封為皇貴妃而晉三等伯，可謂至尊至榮了。當父親去世後，董鄂妃極度悲傷，竟不吃不喝。順治帝十分掛念，親往宮中解勸。董鄂妃十分感動，道：「妾豈敢過悲塵陛下憂。所以痛悼者，答鞠育恩耳。今即亡，妾衷愈安。何者？妾父性夙愚，不達大道。有女獲侍至尊，榮寵已極……今幸以此時終，荷陛下恩恤，禮至備，妾復何慟哉？」董鄂妃雖如此表態，但她還是表達出對自己生身父親去世的至悲之情。

可惜的是，不久，董鄂妃再次遭遇兄長之喪。她心力交瘁，幾乎難以支撐。

讓董鄂妃欣慰的是，她的弟弟費揚古後來征戰沙場，為娘家爭了光。費揚古在 14 歲那年，襲父爵，授三等伯。康熙三十五年隨駕征戰噶爾丹，在昭莫多之戰中，大敗叛賊。康熙帝十分高興，重賞費揚古。不過，這已是後話了。

乾隆時，還有三位榮寵已極的外戚，那就是孝賢皇后、淑嘉皇貴妃和容妃的娘家人。

孝賢皇后在宮中十分得寵，又是正宮皇后，因而，她的娘家人是會受到極高禮遇的。因為她的得寵，不僅她的父親李榮

保被追封為一等承恩公，李榮保的父親米思翰、祖父哈世屯也被追封為一等承恩公……

而她的弟弟傅恆，晉為協辦大學士，傅恆之子福康安在平定兩金川叛亂和鎮壓甘肅回民田五、台灣林爽文等農民起義中，立下大功。最後，在鎮壓湘黔苗民起義中，死於軍中，被自己的姑夫乾隆皇帝追晉為郡王，其封贈超過父祖。關於福康安封貝子爵，清宮詞記：

> 家人燕見重椒房，龍種無端降下方。
> 丹闈幾曾封貝子，千秋疑案福文襄。

記述其戰歿疆場，再述清宮詞曰：

> 如何正寢忽成災，泰極應和否漸來。
> 愛將不還川楚擾，上皇空望捷音回。

淑嘉皇貴妃金佳氏的哥哥金簡，因妹妹侍奉皇帝有功，而被召入內廷辦事。皇帝的這位大舅子，初在內務府管理皇帝的一些生活事宜，他頭腦靈活，做事變通，不久升為內務府大臣，成為皇帝的重要近臣。幾年後，乾隆又給這位寵妃的哥哥委以外職——吏部尚書，吏部是管理官員的人事部門，是個肥缺，這是金簡最想做的事了。

容妃的哥哥圖爾都得到乾隆帝的特殊照顧。乾隆二十五年四月十八日，皇帝將漂亮的宮女巴朗賜婚給他。這是十分難得的殊榮。圖爾都真是歡天喜地。不僅如此，皇帝還在京城賜給了圖爾都很大的宅院，按伊斯蘭式樣建造。同時，命宮人給他

帶去了豐厚的獎賞。這使得在宮中的容妃十分感激，她也因此而十分安心，做事處處小心謹慎，很得帝寵。不久，圖爾都晉封為輔國公，更是回部的驕傲和自豪。容妃死後，乾隆皇帝感念她的美麗和溫順，除了為她大辦喪事外，對她的家人也是格外照顧，容妃的家人，在容妃死後得到如此豐厚的賞賜，可說是皇恩浩蕩。他們千恩萬謝地接受了乾隆的恩賜，對清王朝更加忠心耿耿。

「華妃」之寵

清朝的皇帝，在中國歷史上通常是以廉潔的面目出現的。所以，在外戚的問題上一旦出現問題，往往會毫不留情。

外戚會不會依仗與皇帝的特殊關係而飛揚跋扈呢？歷代有之，因而，清代馭之尤嚴。一面禮遇外戚，一面又鐵面無私，尤其當皇權受到威脅的時候，皇帝會怎麼辦呢？

康熙帝孝懿皇后的弟弟隆科多，以貴戚授一等侍衛，累遷至理藩院尚書兼步軍統領，掌握京師重兵。康熙六十一年（1722 年），玄燁病逝後，隆科多傳遺詔，擁立皇四子胤禛繼位。隆科多因此而承襲一等公爵，雍正帝稱其為舅舅，委以重任。可是，因其掌握雍正帝繼位的秘密，為雍正帝所忌憚。雍正五年十月，以四十二大罪圈禁，判終身監禁，死於幽所。

雍正帝敦肅皇貴妃年氏，在《甄嬛傳》中，她是個性鮮明的一個角色。劇中的華妃，實際上是年妃，恃寵而驕，飛揚跋扈，與人結怨很深，包括雍正皇帝都防着她，為防止她懷孕生子，便在她的房中放置歡宜香，導致她終生不孕。真實的華妃（年妃）是怎樣的呢？

一是謹小慎微。資料記載，當她接到娘家的信函時，都不敢拆封，要交給雍正帝看後，自己才看。

　　二是深得帝寵。生育是最好的見證。年氏生育子女最多，有 3 子 1 女出生，足見其寵。更為重要的是年氏不以兄長年羹堯案受牽連，且屢有加封，直到去世前 7 天，已晉封為皇貴妃，在雍正的後宮中已是難得的殊榮。

　　三是死後殊榮。年氏死後，雍正上諭評論最為真切，充滿了柔情。上諭中有「事朕克盡敬慎，在皇后前小心恭慎，馭下寬厚和平」，反映出雍正帝對她的信任和無限情愫。命死後葬入帝陵，將來與皇帝合葬同一地宮之中。這對於寡情之君雍正來說，已是相當不易了。

　　雍正帝非常寵愛她，而年妃自己也謹小慎微。所以，年妃病逝後，雍正帝深深自責，覺得對不住她。

　　她的兄長年羹堯原為雍親王藩邸舊人，雍正元年（1723年）授撫遠大將軍，平步青雲。可是，到雍正三年（1725年），因居功放縱，結黨營私，被羅織成九十二款大罪。此時，其妹雖被封為皇貴妃，但已病為不治。這年十一月二十二日，年氏死於圓明園，雍正帝再無後顧之憂，於十二月迫年羹堯自盡。

　　乾隆帝慧賢皇貴妃高氏，出身名門，頗具大家風範，乾隆帝很寵愛她。她的得寵源於漂亮的外表，生前即獲得皇貴妃的高貴封號，實屬鳳毛麟角。可惜，她終生不孕。死時，以皇貴妃最高貴的「慧」和「賢」字為其諡號，並附葬裕陵地宮。慧賢皇貴妃的這個諡號，居然使得當時的中宮皇后大為眼熱，請求乾隆百年後贈予自己這樣的諡號。乾隆十三年，皇后病逝，乾隆帝如其所願，為她加上了「孝賢皇后」的諡號。

慧賢皇貴妃親弟弟高恆，依仗是皇帝的小舅子，在其任兩淮鹽運使時，侵貪巨款，事泄被人告發，乾隆帝大怒，一面查抄其家產，一面下令處斬高恆。當時，孝賢皇后之弟、大學士、軍機大臣、一等忠勇公傅恆也為其求情，乾隆帝怒道：「若皇后兄弟犯法，當如之何？」嚇得傅恆再不敢進言，高恆被押赴市曹斬首。不僅如此，到乾隆四十三年，又因貪墨和擾累回民，而將慧賢皇貴妃之侄高樸立正典刑，後世遂稱其為英明的君主。

2. 誠惶誠恐難度日

作為后妃的娘家人，雖然很風光，能夠人前顯勝。可是，一旦言語不敬，或做事不慎，涉及皇室秘事，是會招來禍端的。

多疑的慈禧太后

慈禧的妹妹可說是正宗的太后娘家人，受姐姐影響，嫁給了慈禧的小叔子、醇親王奕譞。雖然過着榮華富貴的生活，可她活得並不輕鬆，尤其是同治十三年，同治帝死去，她4歲的兒子被慈禧指定為繼承人，入宮當了皇帝，麻煩事從此多了起來。

太后因為妹妹的兒子做了皇帝，為了表示對妹妹、妹夫的尊重，特地下旨，賞給醇王府兩頂杏黃色的軟轎，以便他們出門乘坐。大家知道，黃色是皇家專用的顏色，慈禧妹妹看着這

179

兩頂轎子，滿心歡喜，心想以後出門就可以很風光地坐黃色轎子了。

奕譞比福晉謹慎，他忙阻止福晉道：「太后用意，可能不止如此，我們還是不要坐吧。」福晉吃了一驚，心想，丈夫提醒得對，姐姐一向多疑，可能用此考驗我們是否對朝廷忠心吧。

果然，慈禧以向妹妹、妹夫問候為名，不時派出心腹太監去王府「請安」，並特意傳旨，問：「是否乘坐了黃轎子，安適否？」當夫婦二人回答「未敢乘坐，原樣供奉」時，慈禧才安心地點了點頭。

再有一事，就更明顯了。醇親王夫婦早年為自己選擇了福地（墓地），在北京西郊妙峰山。那裡山奇峻秀，景色迷人，奕譞很快劃定區域，並在後寶山上種了兩棵白果松。幾年過去了，白果松長勢喜人，成了參天大樹，奕譞看了，心裡美滋滋的。

這件事本是王府的好事。可是，卻被多事的人密告到慈禧太后那裡，太后聽了不以為然。多事人說：「太后有所不知，兩棵白果松下面埋着的是王爺吧？」太后道：「是啊。」多事人又道：「白果松下埋着個王爺，正組成一個字，那就是皇上的『皇』字啊。而兩棵白果松，隱喻着王府將來還要出一個皇上啊。」

慈禧一驚，正中了她的心病。原來，她就一直擔心妹夫會因為自己的兒子當了皇上而擅威作福，一旦將來皇上長大了，親政了，會不會尊自己的生父為太上皇呢？如果那樣，妹夫就會威脅到自己垂簾聽政了。於是，慈禧經過反覆考慮，決定免去妹夫的一切差使，命其在家中閒置。同時，慈禧命人到奕譞的福地去，盡行砍伐了兩棵白果松。相傳，在砍伐時，費了很

大力氣，而且大樹倒下時，流了很多血。

慈禧的妹妹對慈禧十分不滿，後悔當初嫁到王府，沒有安全感。而奕譞怕太后降罪下來，不敢進宮見皇帝兒子，還上了一封密摺，題目是《預杜妄論》，內容大致是請太后放心，如果將來有人敢上摺子給皇上，追尊自己為太上皇時，格殺勿論。慈禧這才放心了。

慈禧的弟弟桂祥則又是一番情景，他的女兒後來入宮當了皇后，他既是先帝的大舅子，又是當今皇上的國丈，可謂風光之極。可是，慈禧卻多次下旨申斥他，主要是嫌她的這位弟弟不成氣候，桂祥也因此而對太后不滿。也真是，有哪一位皇親國戚能比得上慈禧太后的才幹呢？慈禧對娘家弟弟恨鐵不成鋼的責備，就使得桂祥更加消極了。

辱沒皇恩的盛住

可是，也確實有身為皇親國戚而不為朝廷實心辦事的人。比如，嘉慶帝的大舅子、孝淑皇后的哥哥盛住就是一例。

盛住因為是孝淑皇后的哥哥，先後任過總管內務府大臣、工部右侍郎、戶部右侍郎、署工部尚書等要職。可謂皇恩浩蕩，官運亨通。但是，盛住卻有見利忘義、品行不端的毛病。嘉慶五年，他曾私自將皇宮大內的珠玉、瓷器、皇帝的玉璽等違禁物品，拿往市場出售。被人舉報，皇帝大怒，便將他的所有要職全部革去，僅以公爵，授為西陵總管內務府大臣，辦理皇帝萬年吉地工程，以觀後效。

可是，在清西陵工程中，盛住不但沒有悔過自新、洗心革面的表現，反而變本加厲，惡習不改，屢犯錯誤：陵寢朔望祭

日，本應親往拈香行禮致祭，可他只派翼長前往代替。更嚴重的是在陵區的白柱以外，青樁以內風水禁地中，居然敢於開塘取石，變賣成銀兩私吞。

這些事上告後，嘉慶帝怒不可遏，下旨拔去了盛住的雙眼花翎，革去公爵，鎖拿進京受審，擬處死。嘉慶帝考慮到盛住是自己的大舅子，雖然皇后已死，但更應格外照顧於他，便先免了死罪，並賞給了他一個副都統的官銜，發往烏魯木齊效力贖罪。嘉慶十年，盛住死去，朝廷還給予了恤典。

可是，到嘉慶十三年六月，當這起貪污大案查辦結束時，竟讓嘉慶帝大吃一驚。原來，這位大舅子在工程進行中，所貪銀兩竟達到9萬兩！嘉慶帝大怒，道：「設使其身尚存，必當鎖拿廷訊，加以刑夾，明正典刑，即行處斬，斷不能幸逃法網！」

過了一個月，嘉慶帝對盛住案作了最後判決，因為盛住已死，無法處罰他，便查沒了他的全部家產。在對同案犯雙福、鶴齡施行刑夾、重責三十大板時，令盛住的三個兒子和兩個孫子跪着觀看。最後，處斬二人時，仍令盛住的子孫前往觀看，這可嚇壞了他們。行完刑，將盛住的子孫及其家人全部發配到黑龍江和吉林等處，效力贖罪。

漢族公主——孔四貞

皇家如此無情，使得命運變幻莫測，細想開來，還有誰願意嫁到宮廷裡去呢？口說無憑，果然，我們查到了一宗史料，居然是不願意嫁給皇帝，卻願意嫁給一個英雄。那就是順治帝和孔四貞的故事。

孔四貞是清朝定南王孔有德之女。孔有德原係明遼東參

將，後渡海降清。清軍入關後，他率兵四處鎮壓農民起義和抗清鬥爭，屢立戰功，被封為定南王。順治九年（1652 年），他率軍進入廣西，為李定國部所敗，被圍困於桂林城內。孔有德走投無路，只得逼令妻妾自盡，然後放火焚燒府邸，拔劍自刎。桂林城破後，孔氏滿門被殺，只有孔有德的女兒孔四貞一人逃出。清廷聞訊，命將孔四貞護送到北京皇宮，由孝莊太后撫養，並賞給孔四貞白銀 2 萬兩，供日常生活費用。

孔四貞入宮後，深居簡出。由於出身豪門之家，大家閨秀的風範俱存。又由於他的父親乃馳騁疆場的名將，耳濡目染，她本人也擅長騎射遊獵。俊美的儀容、不凡的騎術、脫俗的氣質，像磁鐵一樣，深深地吸引了柔情似水的順治帝。而且，這時的皇帝剛剛為廢后一事搞得身心憔悴，正需一位麗人來平復他那顆受傷的心靈。孔四貞的突然出現，使得他那泯滅的愛情聖火重又燃燒起來，而且，越燒越旺，大有不可遏制之勢。

順治帝的這一想法，使孝莊太后大吃一驚，她一方面希望兒子尋找到真正的愛情，以此來穩定皇帝那顆驚甫不定的心；另一方面，對於福臨的濫戀、怪戀，她又不忍心置之不理。向例，太后在世時，兒皇帝的婚事應由太后做主，這是老祖宗的規矩。尤其是中宮皇后的確定，關係到大清的國祚興亡、愛新覺羅家族的興衰大事，必須慎重圖為。

孔四貞為漢女，雖然滿漢不能通婚的戒條屢屢被打破，但還是要舊案重提。如果真有一天，皇帝專寵孔四貞，那久虛的中宮之位，很可能非她莫屬。到那時，掌管定南王舊部幾十萬大軍的孔四貞，將出現女主干政專權的局面，大清的天下豈不要易主漢人？然而，順治帝的堅持，使太后無可奈何，就像當初廢掉皇后一樣，孝莊太后決定先依了他再說。

順治十三年，奉皇太后諭，孔四貞被立為東宮皇妃。可是，出乎太后的預料，當懿旨下達給孔四貞時，她竟不同意。說實在的，對於福臨這位年輕、帥氣而又暴戾十足的皇帝，她只有敬服，而並未想過要嫁給他。

　　而且，孔四貞還有一層顧慮，就是自己早年曾被父親許配給父親的部將孫龍之子孫延齡。父母之命，媒妁之言，是不可違抗的，尤其是父母均為保全大清而獻身，自己豈能貪圖富貴，而拂情拂義？於是，她跑到太后處，傾訴了自己的肺腑之言，希望太后收回成命。孝莊太后自然是順水推舟，說服兒子。順治帝雖然心中不悅，但也不便強求。恰巧不久，福臨結識了董鄂氏，兩人很快便如膠似漆了。這樣，順治帝將對孔四貞的一廂柔情，便拋到九霄雲外了。

　　但是，由於孔有德舊部強大的軍事實力，也由於孔四貞高貴典雅的氣質，使得清廷對她的優撫從未間斷過。順治十七年，清廷再封孔四貞為和碩格格，掌管定南王的軍政大權，遙控廣西軍政要務，成為烜赫一時的女中豪傑。

　　順治帝雖然早已移情別戀於董鄂氏，但投鼠忌器，聰明的孔四貞對自己與孫延齡的婚事卻始終隻字不提。她知道，反覆無常的皇帝隨時都有可能改變主意，天威難測，也只好聽天由命了。直到順治十八年，皇帝染天花死去，孔四貞依舊孑然一身，到這時，她已在宮中生活快9年了。

　　康熙元年，太皇太后做主，孔四貞與孫延齡完婚，並在東華門外賜給了她一座豪華的府邸。康熙五年，孔四貞以家口眾多、費用浩繁為由，向朝廷提出遷居廣西的要求。康熙帝批准了她的請求，授予孫延齡廣西將軍頭銜，夫婦遂出鎮廣西。

　　1673年，吳三桂發動三藩叛亂，孫延齡也被裹脅其中，並

受封為臨江王。孔四貞申明正義，百般勸說丈夫以大局為重，盡快脫離叛軍，歸順朝廷。狡詐多端的吳三桂獲悉此事後，便設下圈套，派他的孫子吳世琮到桂林誘殺孫延齡，孔四貞也同時被捕入獄。三藩之亂平息後，孔四貞又平安地回到北京，終養天年。

3. 不離不棄總是情

誰家的女兒不是爸爸媽媽的心肝寶貝呢？一般人家的女兒出嫁以後，如果婆家人敢使女兒受委屈，不甘受氣的娘家人會替女兒做主，到親家家去大鬧一場，迫使女婿低頭。不過，這在封建社會裡是很難做到的，因為有三綱五常給男人做主，女人是不能輕易跑回娘家告狀的。若在皇家，皇帝和女人之間產生不愉快，皇帝責罰、杖打后妃時，這些女人會怎麼辦呢？她們的娘家人知道後有辦法像尋常人家那樣，跑去皇家大鬧嗎？這裡要說一個典型人物就是順治帝的第一位皇后。

順治「廢后」的顯赫家世

這位皇后姓博爾濟吉特氏，是孝莊文皇后的本家侄女，也是順治帝的表妹。順治八年，14歲的少年天子和此女在宮中舉行了盛大婚禮，她被選中為中宮皇后。皇后的父親科爾沁卓禮克圖親王吳克善滿心歡喜地將愛女親自送往宮中。吳克善明白，從此以後，自己就是當今皇上的國丈，自己的女兒可以盡享人間榮華富貴了。

可是，天有不測風雲，婚後兩年，小兩口竟反目成仇，分宮而居。究竟是甚麼原因呢？按理說當今皇后出身名門，又聰明，又漂亮，可以說是百裡挑一的。而且，這椿婚事，得到太后的大力支持，怎麼可能發展到這種地步呢？

原來，這位聰明伶俐的皇后有兩個致命的弱點，令剛愎自用的順治帝極為不容：一是皇后生性多疑，愛吃醋。這在宮中是難以立足的。試想皇帝三宮六院，隨時都會有年輕的女子入宮，皇后必須有肚量，能容大事，否則，動不動就吃醋大鬧，皇帝怎麼能不反感呢？

二是皇后奢侈成性。她的穿戴必須是綾羅綢緞，珠玉寶器，她的餐具必須是金銀玉器，否則，稍有變化就會大發雷霆，使性子大鬧。還有一點，就是順治與皇后的婚禮是多爾袞早年包辦的，這令順治帝大為反感。於是，順治帝在與其分居一段時日以後，提出要廢掉皇后。

順治帝的詔旨一下，立即激起了千層浪。首先就是太后反對。其次是皇后的娘家人驚恐不安。

於是，吳克善親王進宮找到孝莊太后，希望挽回局面。孝莊太后和吳克善親王便四處活動，找到朝廷禮臣，請他們上書，要求皇上收回成命。

於是，大學士馮銓、陳名夏、張端、劉正宗等上書：「皇后母儀天下，關係甚重……望皇上深思詳慮，慎重舉動。」

接着，禮部尚書胡世安，侍郎呂崇烈上書：「伏願皇上慎重詳審，以全始終，以篤恩禮。」

禮部員外郎孔允樾更是上書駁斥：「我皇后正位三年，未聞顯有失德，特以『無能』二字定廢嫡之案。何以服皇后之心，何以服天下後世之心？」

186

接着，又有宗敦一等 14 位御史共同上摺：「皇后未聞失德，忽爾見廢，非所以昭示風化也。」

這麼龐大的抗拒陣容，使得順治帝措手不及。尤其是皇后父親吳克善聯合太后，壓迫皇帝，提出也可以再選立一位皇后為西宮皇后，東、西兩宮並立，仍立現今皇后為東宮皇后。這些人的建議，皇上全然不顧，終於將皇后廢掉，廢為靜妃，改居側宮。這位驕縱又十分可憐的女人最終被廢掉皇后名號。

可是，一向飛揚跋扈的皇后一旦被廢，安排在側宮居住，名號也改為普通的妃子，所有待遇都大不如前，她能接受嗎？果然，這位靜妃被廢后就出宮回了娘家。

吳克善十分疼愛自己的女兒，在王府裡，吳克善給予周到的安排。可是，誰也不曾想到，靜妃懷孕了。於是，王府上下精心照料她。不久，靜妃生下了一位皇子。需要說明的是，靜妃生育的資料源於《朝鮮李朝實錄》的記載，是否真有其事，尚未發現國內相關資料佐證。朝廷聽說後，孝莊大吃一驚，她擔心本家人一定對廢后一事大為不滿，將來他們用這個皇子威脅朝廷，那將是十分危險的。可是，不管朝廷怎麼要，王府就是不交出這個皇子。不久，這位靜妃由於心情鬱悶，病逝了。她死後沒能葬在皇家陵園裡，而是以蒙古之禮，葬在蒙古大草原上，至今無人知曉她葬在何處。

同治帝皇后的不歸路

另外一個典型人物就是同治帝的皇后阿魯特氏了。阿魯特氏和靜妃不同，她和同治皇帝的感情很好，兩個人可以說是情投意合。而且，選立她為中宮皇后，不是由慈禧太后決定的，

而是由皇帝自己選擇的。同治皇帝十分欣賞大自己兩歲的皇后，經常和皇后一起研習書畫。皇后不僅知書達禮，而且善於用左手寫大字，《清宮詞》中這樣記載：

蕙質蘭心秀並如，花細回憶定情初。
珣瑜顏色能傾國，負卻宮中左手書。

可見，不學無術的同治皇帝，反而對才女很感興趣。可是，婆婆慈禧太后很討厭皇后，經常找茬想逼走皇后。由於同治皇帝對皇后一往情深，慈禧始終不能如願。

同治十三年十二月初五日，皇帝病死。阿魯特氏被封為「嘉順皇后」。當慈禧選立妹妹所生之子為嗣皇帝時，阿魯特氏一下子懵了。新皇帝和自己平輩，一旦將來成年大婚，自己在宮中就是一個寡婦嫂子了，那樣的處境是尷尬的。怎麼辦？她一籌莫展。於是，她想起了父親崇綺。

崇綺，蒙古正藍旗人，父親賽尚阿，官至文華殿大學士，可惜後來，誤國被貶，家道中落。而崇綺讀書很用功，居然在同治四年的殿試中中了一甲一名的狀元。蒙古人中狀元，在大清國近三百年歷史中，是絕無僅有的。同治十一年九月，女兒進宮做了皇后，崇綺這個當今皇帝的老丈人開始走起了鴻運。先賜三等承恩公，後又在戶部、吏部任要職，家道開始中興起來。

崇綺早聞知女兒和慈禧太后不和，總想找機會勸勸女兒，可是，見她談何容易。這次，女兒在皇帝死後不久，即託人捎書信回來。崇綺忙打開，看看女兒寫了甚麼。

崇綺一看，大驚失色。原來，女兒在宮中已被狠心的慈

禧太后逼得走投無路了。女兒問計於父，她要怎樣才能渡過難關。

崇綺能有甚麼辦法。他仰天長歎，心想，如果要女兒活下來，那將來更要備受折磨；如果女兒離宮回到娘家，那不僅女兒性命不保，家裡上上下下也都會大受牽連。況且，女兒苟延殘喘活下來，將來也會為新皇帝所恥笑，很難做人。他思慮再三，冒了一頭冷汗，才狠心在紙上寫下一個字：「死」，命人送往宮中。

阿魯特氏接到父親的回覆後，坦然地穿上盛裝，隨手將一塊金子拿起，吞入口中後死去。這時距離同治帝去世也已經是75天了。慈禧太后下令，將皇后與皇帝合葬同一地宮之中。崇綺這才鬆了口氣，覺得自己為女兒做出了一個正確的選擇。

值得一提的是，雍正繼位的時候，康熙帝由於后妃眾多，有好多遺孀留下來。寡情的雍正帝出於自身的利益，居然將眾多母妃轟出宮去，可憐這些女子，深感前途渺茫。那些有生育的后妃，便到已分府出去的王府或公主府去度日。而那些沒有生育的嬪妃便只有娘家可以去了。也只有這個時候，娘家才顯得尤為重要。她們深深知道，無論何時，娘家都是自己的依靠。乾隆繼位後，考慮到這些女子的諸多難處，便將太妃們都召回宮裡，並為她們修建了遂心的養老宮殿，使她們得以在宮中安度晚年。

卑
微
的
奴
僕

清宮主位，包括皇帝及其后妃們，在日常生活中從來都是衣來伸手，飯來張口，身邊要有許多奴才侍候。因此，就招進了許多太監和宮女，供役後宮。儘管地位卑微，但他們卻是宮廷不可忽視的組成部分。

1. 太監的前世今生

太監自戰國時就已存在了，以後歷朝歷代，相沿不替，幾乎與中國封建社會相始終，也就是說在我國幾千年的文明史中，要給宮廷太監留上一筆。

太監的來源

清宮的太監約有 3000 名，比之明朝，不及三分之一。其來源多為民間招募。當然也有極少數為戰爭俘獲或年幼犯罪而施以宮刑。

直隸（今河北省）是產太監最多的地方，大概是近水樓台吧。如，河間、大成、南皮、任丘、青縣、靜海等地，昌平、大興、平谷、宛平也有一些。這些太監，一般都是十分貧窮人家的孩子，不然，誰忍心把孩子閹割做太監呢？由於貧窮而走投無路，在那個時代，將其「淨身」成為太監，送進宮去，是其出路之一，否則，饑荒年月，就會餓死孩子。

將孩子閹成太監，最遲不可超過 10 歲，一般 5、6 歲為最佳時期，否則，就會有性命之憂。孩子閹割之前，是要立有文書的，與孩子家長簽訂，生死不論，表明是自願淨身，否則，

持刀人是不會動手的。而且，手術費也很高，要 5、6 兩白銀，甚至更多，再加上 40 多天的護理費，要近百兩銀子，哪裡拿得出呢？只好立借據，將來還上。動手術時，孩子承受着難以形容的痛苦，一般要昏死過去，當醒來時，已經一週過去了。

割下之物，一般用香油浸泡，再藏於石灰之中，用紅布包住，貯於「升」中，掛在手術人的房樑之上，是對孩子將來幸福生活的祈盼，名為「步步高昇」，「鴻運高照」。將來入宮後，有了錢，可以贖回此物，待死後，同屍體同殮一棺，才算完整的屍體。

然而，入宮的道路也是極為艱辛的，需要有宮裡人照應，需要託關係、送禮。但這些窮人家的孩子拿甚麼送禮呢？只好等待機會。

太監的生存環境

太監雖為不全之人，但畢竟是由男性轉化而來，因而，相對宮女來講，還是比較有力氣的。所以，太監在宮中一般幹些力氣活、粗活或笨活，但也有例外。

在宮中，太監幾乎無處不在，比如乾清宮、乾清門、昭仁殿、南書房、上書房、坤寧宮、東西十二宮、養心殿、御書房等處，這是紫禁城內。此外，在圓明園、頤和園、避暑山莊，東、西陵等處，只要是皇帝后妃們經常活動處所，就有太監。

此外，宗室王公和一、二品文武大臣家裡，也可按制役使太監。康熙四十年，為了規範王室以外使用太監的人數，曾立下規矩，規定：親王 25 名，世子、郡王 20 名，貝勒 15名，貝子 8 名，入八分公 6 名，公主 10 名，郡主 5 名，縣主 4

名，不入八分公 3 名，公以下至一、二品大臣均 1 名。此後，至嘉道年間，又多有更易。

這裡有一個問題，就是生活在宮中的太監，受的清規戒律很多，有的不堪重負，或自殺，或逃跑。造成宮中太監嚴重不足，而逃跑之太監，有的更名改姓，投靠王府，因為王府中相對要寬容些。這就造成宮中太監不敷使用，而王府太監過多過濫，引起了皇帝的不滿，多次下諭戒止。

太監入宮後，其生活水平有了明顯的改善和提高。入宮時，每人都得到了一筆可觀的費用，作為補貼家用。

太監入宮後，會有不同的發展，那些口齒伶俐、會討主子歡心的太監，發展會很快，得到重用和提升，相反，那些頭腦笨拙的太監，一輩子也不會有出路。

宮中太監分等級，定品秩。自康熙十六年敬事房設立起，太監便分為總管、副總管，到康熙末年，明定敬事房設五品總管 1 名，五品太監 3 名，六品太監 2 名。雍正元年，定敬事房大總管為四品，副總管為六品，隨侍處首領為七品，其餘各處首領為八品。乾隆七年，按宮中現行則例定：「凡宮內等處太監官職，從現今四品為定，再不加至三品、二品以至頭品。」從此規定，太監官職限定在四品以下，這對防止太監濫用職權，干預朝政起到了很好的作用。

然而，到同治、光緒年間，攬權的西太后竟然破壞了祖宗家法，先在同治十三年，賞李蓮英四品頂戴花翎，並加賞貂皮馬褂。光緒五年，被任命為儲秀宮四品花翎總管，賞月薪 20兩，接着，賞加為三品花翎，超越了祖制規定。直到光緒二十年正月初一日，李蓮英奉旨被賞加二品頂戴花翎，月薪銀為 48兩，真是平步青雲。

按乾隆七年宮中則例規定，不同等級的太監，收入會有很大差別，大致如下：

四品太監，月銀 8 兩，米 8 斛（一斛 5 斗），公費銀 1 兩 3 錢；五品太監月銀 6 兩，米 6 斛，公費銀 1 兩 2 錢；六品太監月銀 5 兩，米 5 斛，公費銀 1 兩 1 錢；七品太監月銀 4 兩，米 4 斛，公費銀 1 兩；八品太監月銀 3 兩，米 3 斛，公費銀 7 錢 3 分 3 釐；無品級太監略有區別，總的來説為月銀 3 兩，米 3 斛，無公費銀。這些銀兩和米物，均由內務府造冊，由戶部支給。

清宮太監的收入確實不低，拿一個月銀 3 兩的普通太監來説，他一年可收入 36 兩白銀，要比當朝九品文官年俸 33 兩還多出一些。不僅如此，這些御用太監遇有萬壽、元旦、冬至三大節，或皇帝登基、大婚、親政等喜慶日子，肯定要有不同的賞賜，那收入就更為可觀了。難怪那些窮人要冒着生命危險給孩子淨身，送進宮中做太監呢！

太監雖然有發跡的時候，但這些刑餘之人，永遠沒有政治地位，被人瞧不起。因而，康熙皇帝曾説太監是「最為下賤，蟲蚊一般的人」，乾隆皇帝也説太監乃「鄉野愚民，至微極賤」。他們除了低眉順眼，戰戰兢兢地幹好本職工作之外，一律不准高談闊論，譁論是非。

這些太監在宮內隨時都要下跪，無論是在假山石上，沙岸旁邊，台階之上，有主子到來，或傳諭旨就必須馬上跪下，絕不允許抬頭而過。所以，低眉順眼是其天職。

太監的生理特徵使性別變得模糊，發出的聲音也發生變化。而他們的隱私部位，由於和常人不同，便要塞上大毛巾，無論冬夏都如此，以防尿液滲出來。倘換的不勤，將騷味傳給

主子，會遭到毒打。

太監入宮服役期間，為防止淨身不徹底，要到宮外去「刷茬」。這主要是為宮裡后妃的安全着想，怕太監入宮後再長出甚麼來。「刷茬」地點在景山東北角黃化門外，有一個大廟，廟牆後面有幾排房。敬事房便安排在這裡為每一個太監安全檢查，遇有不合格的太監，要堅決刷掉，以免生出是非。

所以，在清宮二百多年的歷史中，每年都有近 3000 名太監供役在紫禁城內，這些「蟲蟻之人」，畢恭畢敬，絲毫也不敢有非分之想，只有低頭侍奉主人。直到有一天他們老了，再也幹不了活了，便被轟出宮去，捱度餘生。

由於太監身體條件的特殊性，造成了其特殊的心理特徵：陰險、狡詐、多疑、謹小慎微。他們往往想摻和事情，如果遇到沒有原則的主子，那就麻煩了。比如，晚清的慈禧太后，就曾豢養了安德海、李蓮英這樣的不法太監，禍亂朝綱，威脅內廷，許多人飽受其累。但是，並不是所有的太監都有這樣的機會為非作歹，那些沒有能力接近皇帝的太監，也只有規規矩矩服侍，認認真真做事，才會免於刑罰，更不要說興風作浪了。

太監的本分

較之明朝，清廷約束太監更加嚴苛，基本上未出現太監干政的局面，這主要還歸功於制度嚴格。

先是，早在順治十年，順治帝就曾頒上諭一道，對太監規定「六不許」：

一、非經差遣，不許擅出皇城；

二、職司以外，不許干涉一事；

三、不許招引外人；

四、不許交接外官；

五、不許使弟侄親戚暗相交接；

六、不許假弟侄名色置買田產，因而把持官府，擾害民人。

其次，在順治十二年，順治帝又命工部鑄成一塊大鐵牌，立於交泰殿門前，刻嚴禁太監干政上諭：

中官之設，雖自古不廢，然任使失宜，遂貽禍亂。近如明朝王振、汪直、曹吉祥、劉瑾、魏忠賢等，專擅威權，干預朝政；開廠緝事，枉殺無辜；出鎮典兵，流毒邊境；甚至謀為不軌，陷害忠良，煽引黨類，稱功頌德，以致國事日非，覆敗相尋，足為鑒戒。朕今裁定內官衙門及員數職掌，法制甚明。以後但有犯法干政，竊權納賄，囑託內外衙門，交接滿、漢官員，越分擅奏外事，上言官吏賢否者，即行凌遲處死，定不姑貸。特立鐵牌，世世遵守。順治十二年六月二十六日。

制定了嚴格的治罪條例，更成為清宮管理太監的寶貴經驗。主要在康、雍、乾、嘉、道時期，制定了許多治罪條例：

太監犯賭治罪條例；逃走太監分別治罪條例；逃走太監私投王公門下治罪條例；太監和女子自戕自盡分別治罪條例；宮殿內誤遺金刃等物分別治罪條例；太監私藏軍器治罪條例；太監偷竊官物治罪條例；太監越訴治罪條例；太監輕生將首領等分別治罪條例；逃走太監越省遠揚治罪條例；為民太監越省遠揚治罪條例；吸食鴉片煙治罪章程⋯⋯

宮殿監處分則例，共分三等十二條，其中，頭等罪五條，二等罪三條，三等罪四條，條目縷析；各處首領太監等處分則例共分三等十五條，頭等罪二條，二等罪八條，三等罪五條，條目明晰；總管內務府治罪條例，其內容無所不包，不僅範圍包容廣，治罪也極嚴格，條目多達50餘條。

　　這些清規戒律，使得清宮太監幾乎是噤若寒蟬，亦步亦趨，不敢越雷池半步。

　　儘管如此，由於他們生活在皇帝身邊，仍有人可以找到適當的時候干預朝政，結交外官，從中牟利，清宮廷史中有許多事例。

　　第一個便是順治朝的太監吳良輔。順治十五年，他與大學士陳之璘等串通勾結，並接受賄賂，事發，許多官員受到懲處。而吳良輔卻受到皇帝包庇，順治十八年，就在順治帝死前5天，順治帝自知不治，恐日後有人追究吳良輔的罪過，便讓吳良輔落髮，到憫忠寺出家為僧。但就在順治帝崩御後第3天，吳良輔被斬首示眾，成為第一個祭刀的太監。

　　第二個便是太監高雲從案。此案發生於乾隆三十九年，正在躊躇滿志的乾隆大帝，因為身邊奏事處太監高雲從將人事機密外泄而大怒。高雲從在竊知大內機密後，暗中結交大學士于敏中、軍機大臣舒赫德、尚書蔡新、總管內務大臣英廉等，企圖借勢安排自家人。事發，上述大臣受到等級不同的嚴厲處分，太監高雲從則被立正典型。

　　第三個是安德海案。安德海是慈禧太后身邊的太監，其相貌英俊，口齒伶俐。但他恃寵而驕，在宮中跋扈得很，甚至連同治帝也不放在眼裡，得罪了很多人。同治八年，他捏稱欽差去江南採辦龍衣，在山東泰安地方，被山東巡撫丁寶楨捉拿，

奉密旨就地正法，時年 26 歲。處死後，相傳，將其裸屍濟南街頭，一方面表示大清處置太監法制嚴明，另一方面也為慈禧太后正名，因為有人說安德海為假太監，與太后關係過從密切。

第四個是寇連材案。寇連材是成年後被閹入宮為監的。他於光緒十九年入宮做太監，二十一年到儲秀宮慈禧身邊當差。光緒二十二年，清廷甲午敗訊傳來，全國譁然，憂國憂民的寇連材出於愛國的考慮，毅然上疏言政，死諫國事。因其上疏中有規勸太后歸政光緒之類的話，捅了慈禧的心窩子，她便大發雷霆之怒，以「犯法干政」「越分擅奏外事」為罪，將其押赴市曹斬首，時年 20 歲。

第五個是光緒帝和珍妃太監被殺案。光緒帝親政後，任用康有為、梁啟超等實行變法，廢除了許多舊的制度，引起了保守派的反對。後來袁世凱出賣了維新派，變法失敗，譚嗣同等6 人被殺，光緒、珍妃也分別被囚禁起來。這其實是一場聲勢浩大的政治運動，與太監這些奴才們無多大關係。可是，憤怒的慈禧太后不能直接將光緒帝、珍妃處死，卻以他們身邊的太監為替罪羊。分別將光緒的太監楊瑞珍、楊昌恩、張得明，以及珍妃身邊太監戴恩如以「干預國政，攪亂大內，往來串通是非」為名，交內務府大臣，杖責而死。

可見，這些被處死的太監，有的是參與了朝事，有的則純屬受到株連。而清末聞名顯赫的二品頂戴大太監李蓮英，雖屢有干政之嫌，也曾與外官結交，受賄頗為巨大，卻沒能受到宮規處罰。光緒三十四年十月二十二日，慈禧太后死後，還未過百日，在宮中生活了 50 多年的李蓮英便悄然離開了紫禁城。隆裕太后為感謝他在宮中服役多年，將其以二品休致，帶月薪60 兩錢糧退休養老去了，真是太監中聞所未聞之事。

2. 宮女的幸與非幸

在清宮檔案中，尚未發現皇帝使用宮女的記載。因此，姑且可以這樣定義，后妃們使用的青年女子稱為宮女。在清宮，各處使用的宮女總有幾百人之多。雍正八年，各處每月宮女 260 人，乾隆二十六年，各處每月宮女約 190 人⋯⋯而到光緒、宣統朝，各處宮女每月只有 100 餘人，隨着帝王后妃的日益減少，宮女的使用數量也大為減少了。這也說明，在清宮中，皇帝一般是不使用宮女的，在檔案中只記載了皇太后、皇后、皇貴妃等位下宮女使用額數及待遇情況。那麼皇帝宮內使用女僕嗎？應該說使用的是些年長的女僕，一般在 40—50 歲之間，無子女、無牽掛的孀婦，在皇帝宮內負責鋪床或其他一些不適合太監幹的細活。

但是，也不排除一些好色帝王使用年輕宮女的可能性，但這些宮女並非宮規額定，應帶有隨意性。倘內廷主位侍寢時，帶來宮女被皇帝看中，也會被皇帝擇日召幸或留於宮中侍寢，到那時，宮女的身份就要發生變化了。

宮女的來源

清宮選拔宮女，最早於順治十八年，規定：「凡內府佐領下，內管領下女子，年至十三，該佐領內管領造冊送會計司呈堂會奏，交總管太監請旨閱看。」即內務府滿洲上三旗下校尉、廠丁、披甲人、護軍、蘇拉、匠役、閒散人、筆帖氏、領催、庫吏、鐵匠等包衣之女，俱應入內選拔。

宮女選拔時，不僅要求身體健康，身上沒有瘡疤，沒有殘

疾，而且還有年齡要求，十三四歲為最佳，因為這時的女孩子尚未成熟，後宮主位調教起來比較方便。

奇怪的是，有時選拔宮女的時候，皇帝要親自驗看，「人齊，內監捧牌入宮門告，皇帝親覽焉。」又不是大選秀女，為皇帝選后妃，僅是為后妃選挑那些役使的宮女，皇帝為甚麼要親自驗看呢？恐怕好色的皇帝也是別有圖謀。

宮女的生存環境

太監在後宮之中並不承應宮內事務。比如傳官房，侍候穿衣、洗澡等，都由宮女負責。所以，後宮之中，不同等級的嬪御，會有人數不等的宮女承應侍奉事物。

宮中規定：皇太后宮中備 12 名，皇后宮中備 10 名，皇貴妃位下 8 名，貴妃位下 8 名，妃位下 6 名，嬪位下 6 名，貴人位下 4 名，常在位下 3 名，答應位下 2 名。

這些宮女一旦被挑選入宮，會根據其不同的出身，按等級選用。如雍正七年上諭：「嗣後凡挑選使令女子，在皇、妃、嬪、貴人宮內者，官員世家之女尚可挑入。如遇貴人以下挑選女子，不可挑入官員世家之女。若係拜唐阿、校尉、護軍及披甲閒散人等之女，均可挑入。」這種高級人家女子侍候高級主子，低級人家女子侍候低級的嬪御，是否使那些出身寒門的宮闈之人有些氣餒三分呢？

和太監一樣，宮女入宮，其生活狀況明顯優於入宮之前。她們在宮內可以得一份很優厚的待遇。每天她們可以享受豬肉 1斤，白老米 7 盒 5 勺，黑鹽 3 錢，隨時鮮菜 12 兩，已算是相當不錯的待遇了。而且，每遇宮中喜事，還會有很多受賞的機會。

但是，這些宮女在宮中還是很鬱悶的，有時會想念家人，卻也無法見面，也只有偷偷流淚。而她們在宮中服役的時間，也是有限制的，年滿 25 週歲，或至少已服役 10 年了，才可以出宮去，或回娘家，或嫁人。但在那個時代，已年屆 25 歲的女人，就是老姑娘了，還會找到稱心如意的男人嗎？

宮女在宮中活動的範圍相當狹小，不似太監那樣，可以承應外差。因而，宮女必須學好規矩，才能侍候好主子。

宮中規定：凡大臣進宮奏事、講書時不許放女人行走；非奉本主使令，不許擅相交語，並嬉笑喧譁；太監在內廷當差，女子在宮內答應，各有內外，務當斷絕來往；凡外間閒語，無故不得向宮內傳說等。在不同時期，會有不同條例，規範宮女的言行。

有時沒有差使，宮女會想自由一些，比如想吃一些愛吃的東西，像魚、蝦、韭菜、蒜等，可是，一旦遇有傳差，主人叫去，聞到味道，就會遭到懲罰。所以，這些宮女夏天連西瓜也不敢吃，怕壞肚子誤差事。宮女在閒下來的時候，會被要求學習針織女紅，以培養其心靈手巧和磨煉心志，有時還會要求她們學習滿文，以不忘本。有詩為證：

紅燭燒殘午夜餘，六宮人靜碧窗虛。
閒翻譯本黃金案，細細臨摹學國書。

可是，即使如此，這些苦命的宮女也總會有捱打受處分的時候。比如乾隆四十三年，性情暴烈的惇妃，不知何故，竟將伊宮內的一名宮女毆打致死，令人髮指。一個身份高貴的妃子，對日夜侍候自己的宮女不但不獎賞，反而指使太監將其打

死，可見，宮女的命運完全操縱在主人手裡。

宮女遭受折磨時，不敢頂撞主子，心眼小的人會產生輕生的念頭。這種事情的發生，使得主子感到大不吉利，於是，為剎住自殺之風，規定：

凡太監、女子在宮內用金刃自傷者斬立決，欲行自縊自盡，經人救治者絞監候；太監、女子在園庭欲行自縊自盡，經人救治者，發往伊犁給兵丁為奴；太監、女子在宮內自縊、自盡身死者，將屍骸拋棄荒野，其親屬發往伊犁給兵丁為奴；太監、女子在園庭自縊自盡，身死者，屍骸免其拋棄，其親屬發往烏魯木齊給兵丁為奴……

這些戒律宮規，真使得那些嬌小女子們欲活不能，欲死無門，不知如何是好了。

宮女的歸宿

宮女們也有頭腦靈活、長相俊美之人，也有想通過接近皇帝來得到帝寵，而改變自己命運的人。果然，一些宮女成功了。

可是，這種藉機接近皇帝的做法是要冒風險的。有兩種可能，一是被皇后或皇太后處置，二是遭皇帝處置，因為她們畢竟不是後宮嬪御，如果不是皇帝特別看中，那是絕對不允許獻媚取寵的。

所以，大多數宮女還是希望早一天服役完畢，找個機會出宮去。服役十年期滿再出宮，實在是難熬的歲月。因而，有的宮女便想方設法表現出自己的缺點，如笨拙，而被遣出宮。可是，一旦被發現就不得了。咸豐七年，壽康宮佳嬪位下兩名宮女因表現笨拙而被退出宮，咸豐帝認為「殊屬可疑，其中必

有別情，不准隱諱，所說若何，可密封具奏」。這說明，有宮女假裝笨拙，欲出宮而去，其目的主要是為了過上自由自在的生活。

當然，並不能排除宮中某些宮女是真正因病、因笨而被遣出宮去。檔案記載，因病、因笨出宮女子每年有很多，如咸豐五年 39 人，咸豐六年 21 人，咸豐八年 8 人，咸豐九年 12 人，咸豐十年 24 人，同治元年 12 人，同治二年 15 人……其實，這些出宮的女子，雖然背上笨拙的醜名，可是，由於提前出宮，年紀尚小，能夠找一個合適人家嫁出去，何嘗不是一件好事呢？

第 十 章

香消玉殞為誰念

后妃之死，雖不如皇帝之死那麼引人矚目，但是，為其舉辦的喪事活動也會因其生前地位的不同而大有差異。一般來說，皇室會禮遇死者，即使生前犯有這樣那樣的過錯，也會因為她的去世而一筆勾銷。

1. 生命的謝幕

人固有一死，后妃也是一樣。雖然她們生前的寵辱經歷、生命壽數，以及是是非非都會截然不同，但是一旦她們合上雙眼，永遠地告別神秘而複雜的後宮，告別這紛繁而變幻莫測的大千世界，後人就會為她們的榮辱興衰而蓋棺定論，或揚或抑，或褒或貶，不一而足。

比如，就皇后而言，這些一人之下、萬人之上的六宮之主，就有種種結論。清朝有皇后 27 位，但真正正位中宮，名副其實做過皇后的僅 16 位，其餘則為皇帝追封的皇后。對這些皇后，今人因其壽數、在位時間長短有過種種總結。

最短命的皇太后是康熙帝生母孝康皇后，她 22 歲守寡，做了 2 年皇太后，終年 24 歲；最長壽的皇太后，當屬乾隆皇帝的生母孝聖皇后，她受乾隆帝恩養達 40 多年；有當皇太后時間最長的順治帝孝惠章皇后，她 14 歲入宮，21 歲守寡，做了 56 年皇太后，卒年 77 歲，丈夫在世時不被寵愛，丈夫死去，繼位的康熙帝備極孝順，她從此時來運轉。當皇后時間最長的嘉慶帝孝和皇后，她小嘉慶帝 16 歲，為王府側福晉，嘉慶二年冊立為皇后，當了 23 年皇后，嘉慶二十五年，丈夫死後，她被尊為皇太后，直到道光二十九年才死去，壽 74 歲；

一生中只做過 1 天皇后的康熙帝孝懿皇后，康熙二十八年七月初九日，正在重病中的她，已近彌留，心地善良的康熙帝企圖通過晉封其位號，來為她「衝喜」，當日封其為皇后，可是，並未起作用，第二天她即駕鶴西歸；而道光帝孝靜皇后，為奕訢生母，因為奕訢與咸豐帝不合，遭咸豐帝猜忌，其母大受牽連，雖在咸豐五年七月初一，被晉尊為康慈皇太后，卻僅活了 9 天就崩逝了。

當我們運用大量史料，探討后妃死因，揭秘深宮最隱秘的事情時，就會發現，后妃作為宮中的女主，在守望皇帝的時候，或許會因為一點不值得一提的事情而命喪黃泉。她們的死亡和身後之事，也為她們的人生故事增添更多佐證。后妃的生活具有兩面性：一是富貴無比，應有盡有，要甚麼有甚麼，吃的、喝的、穿的、用的，都是最好的，這毫無疑問；另一方面，后妃也會有常人意想不到的困境，與世隔絕的生存環境，比之牢籠沒甚麼區別，還有噤若寒蟬的政治環境，也讓她們無比壓抑。即使在萬人矚目的後宮，即使是皇帝那些富貴的女人，她們的死也是「容易」的。那麼，這些養尊處優的后妃，面對死亡都是怎樣的態度呢？

大妃「殉葬」之死

殉葬，這一野蠻的喪葬形式，多見於奴隸社會。然而，在文明社會的發展歷程中，直到 17 世紀的滿洲貴族中，活人殉葬卻大為流行。不僅如此，平民百姓也有夫死妻殉的事例。這一制度的流行，是當朝統治階級提倡的結果。每有殉葬事例發生，報之於朝廷，朝廷會發佈旌表詔令，大大助長了殉葬風氣的流行。

努爾哈赤的大妃、多爾袞之母阿巴亥，就是在這樣一種形勢下殉葬的。當時，她年僅 37 歲，同時殉葬的還有兩個庶妃阿吉根和代因札。但就大妃而言，她極不符合殉葬的條件，因為：

她身份高。自大福晉富察氏被休離後，努爾哈赤把後宮之權交給了大妃，她也就成了主宰大汗後宮的六宮之主。按例，為主殉葬的女子，都是一些身份低微的女人。

她有生育。為努爾哈赤生育了 3 個皇子，這在太祖來說非常重要。因為帝王最怕後繼無人，倘后妃為其生育了皇子，當為最大的功勞。3 個皇子為皇十二子阿濟格、皇十四子多爾袞和皇十五子多鐸，多有戰功，在清初歷史上佔據一席之地。

其子尚小，需要撫養。大妃死時，其子多爾袞 15 歲，而多鐸只有 13 歲。阿濟格已 21 歲，長大成人。皇太極等人主持的這場大妃殉葬，在《武皇帝實錄》中有描述曰：

（妃）饒丰姿，然心懷嫉妒，每致帝不悅，雖有機變，終為帝之明所制，留之恐後為國亂，預遺言於諸王曰：「俟吾終，必令殉之」。

可是，皇太極等人的理由並不充分，因為努爾哈赤是不可能下此諭旨的。努爾哈赤死前，急諭十分寵愛的大妃前去迎駕，說明還是十分信任她的。諸王命其殉葬，其根本的原因，只能是利益和政治上的。

首先，大妃及其三子勢力會危及皇太極的權威。大妃聰明機智，頗有雄心，將來把兒子培養成人，在她的指揮下，勢力會更為強大。

其次，努爾哈赤臨終時，只有大妃陪伴在旁邊。努爾哈赤若口傳遺旨，對諸皇子或封，或貶，或賞，或罰，或誅，只有大妃知道。不除掉她，諸王貝勒睡不安寧。

所以，太祖於八月十一日崩，八月十二日卯時善等議立皇太極，不到兩個鐘頭，到辰時，大妃被逼自盡。這實際上是代善、皇太極等人策動的突然政變。

剛烈赴死的皇太后

在清宮中，也有一些后妃性格剛烈，不屈不撓，面對死亡毫不怯懦。

比如康熙帝孝恭仁皇后，烏雅氏，滿洲正黃旗人，護軍參領威武之女。初入宮侍康熙帝，位分較低，直到十七年生皇四子（雍正帝），才晉為德嬪，又生皇六子，晉為妃。她一生有6個子女，說明康熙帝很寵愛她。她也非常謹慎謙恭，從不招惹是非，或人前顯勝，是個規矩女人。

可是，康熙六十一年十一月，她的親兒子皇四子繼承了帝位，她被晉尊為皇太后，確是無上的殊榮。然而，她卻表現得異乎尋常：

首先，不接受皇兒尊封名號「仁壽皇太后」。其實，這只是按制而行，如康熙登基，尊其母為「慈和皇太后」。

其次，不從永和宮遷至寧壽宮。寧壽宮為皇太后頤養天年的正殿，位置尊崇。

最後，對兒子繼位手段極不滿意，心中更偏愛小兒子。

孝恭太后的小兒子為允禵，小雍正帝 10 歲。雖同為兄弟，一母同胞，但為爭奪帝位，哥倆反目成仇。雍正繼位

後，由於小弟不滿，便罰他去看守父皇的景陵，調離了繁華的京師。

孝恭太后對於兩個兒子的對立，十分頭痛。大的不聽話，小的又倔強。心中憂鬱着急，得了病。據皇九子允禟的太監何國柱說：「太后要見允禵，皇上大怒，太后於鐵柱上撞死。」

不知何太監說得是否真實，反正官方記錄孝恭太后在五月二十二日得病，雍正至前侍奉，第二天就崩逝了，距離康熙帝駕崩僅半年的時間。別人都是兒子做了皇帝，母親坐享清福，她卻因此而喪了命。

類似這種情況還有一個人，那就是順治皇帝的貞妃。

貞妃，董鄂氏。她在順治帝的後宮中極為普通，誰都不知道這個女子，大概是選秀女的時候默默進宮的女子。順治十八年正月初七日，憂鬱成疾而又染上天花的順治帝死於養心殿，就在宮中忙亂不堪之時，這位名不見經傳的宮中女子，竟在萬分悲痛心情的驅使下，以身殉主。這位癡情女子，就這樣以一條性命換來了皇家的一紙封號——貞妃。

意外之死

人算不如天算，紫禁城中的女人在許多情形下只能聽天由命。這裡的妃嬪們會在不知不覺中，「聽天由命」地丟掉了寶貴的性命。

比如乾隆的後宮中，有一位誠嬪，姓鈕祜祿氏，二等侍衛兼佐領穆克登之女。入宮時間為乾隆二十三年，被封為蘭貴人。入宮後，她曲意奉迎，雖地位不高，但也時常得到帝寵，尤其是乾隆每次出巡，所帶妃嬪中，她都榜上有名，說明她身

體還是比較好的。直到乾隆四十一年,她晉為誠嬪,總算有所起色,因為封為嬪位,她就位列主位了。

過了八年,即乾隆四十九年正月,乾隆舉行他有生以來的最後一次南巡。因為乾隆已年逾古稀,行動不便,以後不會再有南巡的機會了。於是,這次南巡特別隆重,後宮嬪妃、宮娥、太監隨行,浩浩蕩蕩,誠嬪也在其中。可是,在此次出巡的回鑾途中,意外發生了。

四月十一日,誠嬪走出龍舟,到舟頭透氣,不知何故,卻失足墜入水中。太監、宮女在一片慌亂中,費了好大勁才將其打撈上來。而此時,她早已被淹死了。乾隆帝聞訊十分悲痛,命人買來彩棺,裝殮起來,給予恤典。當年九月,葬入妃園寢。

再比如道光帝的常妃,赫舍里氏,道光在世時,僅為貴人,咸豐元年尊為常嬪。同治帝繼位後,再追封為常妃。

常妃,實際上是一個再普通不過的嬪御,因為她一生未有生育,只是默默無聞地熬度餘生。尤其是道光帝去世後,她百無聊賴,當天氣漸熱時,按慣例到圓明園去消暑。可是,咸豐十年八月,咸豐帝北逃承德,避難去了。常嬪只得戰戰兢兢地在圓明園等待命運的安排。當英法聯軍於八月二十四日焚燒圓明園時,常嬪受驚嚇而死。咸豐帝得報,十分氣憤,一面要求懲辦不利官員,一面命太監人等妥善安置。

可是當時,英法聯軍竄擾禁園,正在大肆焚搶,承辦人員想將置辦的彩棺舁進園內,都無法做到,急忙上奏咸豐帝,暫緩辦理。可憐常嬪屍體,在盛夏季節,卻陳屍園中,不能入殮。

咸豐帝一籌莫展,下諭旨曰:「從權將就,斷不准跡涉鋪

張，致滋他變。」承辦人員哪還敢鋪張，連工部都沒有知會，便雇了幾十名人夫，也不設儀仗，只用大紅蟒緞罩住彩棺，匆忙入殮。然後，用 32 人夾槓，乘着夜色，抬到田村暫安處，草草掩埋。

這兩個女人都沒有甚麼個性，對死亡的態度都是聽天由命的人。可是，她們自己做不了自己的主。

還有一個人需要提及，就是慈安太后。

關於慈安太后之死，近年來的文藝作品中多有細緻的描述。

據傳，咸豐帝臨死前，曾留一道密諭給忠厚老實的慈安太后，以約束慈禧。慈禧太后知道此事。

有一年，慈禧害病，太醫無計可施。薛福辰診脈後，開具了產後補養之藥，才得以康復。慈安得知後，便前往慈禧住處，和她談心。

慈禧花言巧語，哄慈安開心，並保證以後一定遵守宮中規矩，再不會做有損皇家顏面之事。慈安深受感動，便翻出一個黃緞小包，把咸豐帝密諭拿給慈禧看。慈禧一看，嚇得大驚失色。

慈安笑着把密諭燒了，慈禧感動得淚流滿面。

可是，慈安從此失去了控制慈禧的工具。慈禧後來設計，派人送去慈安愛吃的點心，在其中下了毒。慈安吃後，當日暴亡。這一天是光緒七年三月十一日，終年 45 歲。

大多數妃嬪盡情享受富貴之中，也會有許多高壽之人，如康熙帝定妃萬琉哈氏（97 歲）、雍正帝純懿皇貴妃耿氏（96 歲）、乾隆帝婉貴妃陳氏（92 歲），都是壽終正寢的老壽星，是妃嬪之中最幸運的代表。

2. 從皇宮到地宮

　　清朝後宮主位眾多，除了皇帝之外，還有太后、皇后、皇貴妃、貴妃、妃、嬪、貴人、常在和答應，另外，還有皇太子、皇子、皇子妃、公主等。這些人死後，都要及時殮入棺具之中，以便保護好屍體，使其靈魂得到撫慰。不僅如此，以孝治天下的清廷，在人死之後，都要根據禮部等擬出的治喪儀節，不斷地向棺具行各式禮儀，其繁文縟節難以盡述。

製作棺具

　　棺具在清廷的喪禮中至關重要，是整個喪事的中心環節。那麼，這些神秘的棺具從選材、製作到漆飾的過程是怎樣的呢？

　　清宮棺具所用板材只有兩種，楠木和杉木，具體用甚麼，要根據亡者生前身份而定。皇帝至皇貴妃，其中包括皇太子和皇帝父母，俱用楠木，貴妃以下俱用杉木。這種材質的區別，明顯地將後宮中的等級區分開來。

　　關於棺具材板的來源，《清宮述聞》引用翁同龢的話：「向例，由江南織造採進，係捐辦，不具摺，不開銷也。」這種說法是否確切，還有待於進一步考證。查清季江南織造由三處組成，即江寧織造、杭州織造、蘇州織造。三處的主要任務是負責宮廷及官員布匹的採辦，但也負責宮廷其他用品的採辦。「如皇帝所用的絹紙、筆、墨、硯、朱砂等等，以及交予採辦的一切物品。」在細目中，雖未引入板材的採辦，但翁氏所云想必有一定道理。

在清宮檔案中，確實留下了許多關於板材等物料來源的明確記載。檔案記載：誠嬪死後，由內務府、工部準備相應的杉木、楠木、檀木；循貴妃死後，需要準備杉木、楠木、檀木，同樣由內務府和工部準備；馬常在死後，其金棺的製作，需要內務府、工部準備杉木、檀木。

從這三條材料，我們清楚地看到，備辦板材是由內務府掌儀司或營造司，行文工部營繕清吏司備辦或取用。而在工部營繕司又有所分工，其所需楠木、檀木俱由都水司備辦，其所需杉木則由木倉備辦，大致如此。

因此，我們看出，翁氏所言板材係江南織造捐辦，可能屬個別特例。

板材備辦以後，一般要打製成型，以備不虞。但也有皇帝巡幸在外，倉促之間不能得到合適板材而感到尷尬。嘉慶二十五年（1820 年）七月二十五日，正在熱河避暑的仁宗駕崩，當日小殮。因為正值酷暑季節，屍體急需早日成殮。可行宮並無良材，於是宣宗下諭：

梓宮為萬世藏之器，此間並無合製良材，朕心益覺難安。京城原有豫為儲備者，着留京王大臣、內務府大臣即派委妥員，設法運送前來，飭令晝夜行走，能早一刻務趕緊一刻。即將幫蓋、底拆開，用氈包裹。俟到此間，再行合成，均無不可，總以迅速為要，萬勿刻遲。

不久，宣宗得到回音：「查得內務府有乾隆年間備用楠木梓宮一分，向係拆散收存，便於包裹行走，並將梓宮外槨包妥，於本日午刻自京起程。」

由此可以看出，不僅板材早已備辦，而且已經打製成具，不過是尚未漆飾而已。

製作棺具神秘又神聖，需用材料十分繁雜。不僅需用必備的板材，一些在製作過程中所需的物品也要一一供齊，方可動工。清宮檔案中，留下了這方面的記載。

乾隆三十三年（1768 年）六月，溫惠皇貴太妃薨逝，需為太妃製作楠木金棺，以成殮屍體。內務府立即擬出所需物品，開列在黏單上（楠木、杉木除外），內開：

松香 250 斤，黃蠟 60 斤，桐油 80 斤，煙子 10 斤，彩黃 88 斤 5 兩 9 錢，嚴生漆 5 斤，土子麵 4 斤，白乾線布 8 丈，寧布 20 丈，廣膠 17 斤 10 兩 1 錢，木線柴 200 斤，魚鰾 6 斤 15 兩。五寸兩尖釘 144 個，三寸兩尖釘 86 個，三寸釘 96 個，二寸釘 46 個，頭號兩點釘 164 個，二號兩點釘 260 個。長 3 尺挺鈎 8 根，帶曲鬚，計重 34 斤 8 兩；長 2 尺挺鈎 8 根，帶曲鬚，計重 23 斤；長 4 寸鈎搭 12 個，帶曲鬚，計重 4 斤 8 兩；長 3 寸鈎搭 16 個，帶曲鬚，計重 4 斤；長 4 寸寬 1 寸 5 分葉子 36 塊。楠木匠 366 工半，鋸工 102 工半，雕匠 3 工。

儘管在黏單中開列了所用細目，但是，我們看出，棺具製作過程中所需棺內襯布尚未列在其中。再查其他檔案發現，乾隆八年（1743 年）十一月初三日，漆飾壽祺皇貴太妃金棺需用高麗夏布十五匹；嘉慶八年，乾隆帝白太貴人彩棺漆飾十五遍，需用高麗夏布十五匹；咸豐十一年（1861 年）二月十五日，道光帝常嬪金棺漆飾，需用高麗夏布十五匹，等等。由此可以看出，金棺在漆飾過程中，每一次至少需用一匹高麗夏布。

以上所需這些物品，要根據等級，由內務府開出單據，詳列項目，然後再報工部備辦。

清代皇家棺具由內外兩重構成，內稱棺，外稱槨，統稱為棺槨。關於棺槨的製作情況，官書不見記載，而在《翁同龢日記》中記錄下了咸豐帝孝貞顯皇后梓宮的製作情況：

> 梓宮之木用楠木，其厚不過一寸八分，其色微黑，其兩旁立牆三塊拼成。其後和拼尤多，其上墳起脊，亦每邊三塊所拼也。……其中朱漆棺形如方匣，四周寫金剛經，俗呼金匱，此附身之棺。

這裡所記，基本正確。我們從清陵中已開放的棺具中調查得知，棺板最厚者為光緒棺，約 11 厘米，最薄的為乾隆帝那拉皇后棺，為 8 厘米，這與翁氏所記正相符合。翁氏所云外棺的形狀，實際上帶有濃鬱的滿族特徵，因為漢材是前大後小，直幫平頂，而滿材則狀如屋脊，這一點記載也正確。但是，翁氏所云內棺形如方匣，則為錯誤。據東陵開放實例，其內棺與外槨形狀基本相似，不過是內棺略小而已。

內棺製作完畢，均油朱漆數層，油完後陰乾，在上面刻經咒。所刻經咒不分等級，一律為《金剛經》。如壽安固倫公主彩棺內「繕寫西番字樣」，道光帝常嬪內棺「繕寫四天王咒」，康熙帝悼怡皇貴妃「寫喇嘛字」，而清末慈禧太后的內棺同樣書「西番四天王咒」。四天王咒的擺佈形式，則是根據棺槨入葬地宮之後的實際方向而定，棺之南書「南方增長天王咒」，北書「北方多聞天王咒」，東書「東方持國天王咒」，西書「西方廣目天王咒」。

這些西番文字的雕刻，有陰刻有陽刻。據實際調查得知，乾隆帝內棺為陽刻，其他均為陰刻，刻完後填金漆，華麗無比。

可是，並不是所有的棺具都有內棺，在清東陵裕妃園寢中埋葬的容妃金棺中就無內棺，但這絕不是等級的關係，因為，比她低下的乾隆帝誠嬪也有內棺。是否與墓主信仰伊斯蘭教的身份有關，目前尚未可知。

在屍體大殮前，還要在內棺之中按等級鋪以棺襯布，《欽定大清會典事例》中，清楚地記載了各等級棺具內襯布情況：

> 列聖梓官，內襯織金五色梵字陀羅尼緞五，各色織金龍彩緞八，凡十有三層；列后梓宮內襯梵字陀羅尼緞五，各色妝龍彩緞四，凡九層；皇貴妃金棺內襯五色梵字陀羅尼緞五，妝龍彩緞二，凡七層；貴妃金棺內襯三色梵字陀羅尼緞五，彩緞二，凡七層；妃金棺內襯三色梵字陀羅尼緞三，彩緞二，凡五層；嬪金棺內襯彩緞三層；貴人彩棺，陀羅尼緞候欽賜；常在、答應彩棺內襯紅緞一層。

外棺的製作，最重要的、最能體現等級的則是漆飾了。外棺漆飾，要等到大殮以後進行。漆飾時，要由欽天監根據亡者的生辰、死亡的時辰，以及其他因素（比如天氣因素）來確定漆飾日期。

棺具的漆飾，無論地位高低，都要擇得合適的吉時，方可動工。當欽天監已經選擇好了動工日期，但適值寒冬時，則要停工，要等來年春融再行漆飾。其具體操作是欽天監將吉期告知內務府，內務府再知會工部執行。在清宮檔案中，隨處可見這樣的記載。光緒三十四年十二月初八日（1908 年 12 月 30

日），擇孝欽顯皇后梓宮漆飾日期，「惟現值隆冬，氣候凝滯，漆飾不宜。臣等公同商酌，謹擬緩至明歲春融閏二月間，交欽天監擇吉敬謹漆飾。」乾隆七年（1742年）二月，「採答應金棺漆飾動工吉期，交欽天監擇得本月初九日午時動工吉，十七日巳時漆飾金棺吉。」同治四年（1865年）二月初五日，漆飾壽安固倫公主彩棺事。「自三月十八日起，務於五日內選擇漆飾吉期⋯⋯本監擇得三月十九日甲寅宜用，辰時漆飾吉。」光緒元年（1895年）二月十一日，漆飾同治皇帝梓宮，「經臣等交欽天監選擇吉期，現惟欽天監選擇得三月二十七日甲子宜用，申時吉，除知照工部照例漆飾四十九次，俟漆飾時，臣等會同工部堂官敬謹監視，將漆飾吉期恭摺奏聞。」

當然，棺具漆飾地點各不一樣，也無成規可循，主要是欽天監選擇的漆飾時間各不相同。如康熙二十六年（1687年）十二月二十五日，孝莊崩，到二十七年正月十四日初祭禮已過，才奏准漆飾；康熙五十六年（1717年）十二月初六日，孝惠崩，到三七過後，欽天監才擇吉漆飾；雍正元年（1723年）五月二十三日，孝恭崩，到六月初六日祭禮後，才奏准漆飾；雍正九年（1731年）九月二十九日，孝敬崩，擇祭日漆飾等等。後宮主位的棺具要在不同的地點接受臣子的拜祭，因而，在未入葬之前，是流動的，稱為暫安，所以，漆飾地點不可能不改變。檔案記載，同治皇帝棺槨漆飾地點在景山觀德殿，慈禧棺在紫禁城內皇極殿漆飾。有的墓主則要在陵寢所在地漆飾，如壽安固倫公主在大清河公主園寢內漆飾，道光帝常嬪、祥嬪金棺在慕東陵東、西配殿同時漆飾等。這些都與欽天監選擇的漆飾日期有關係。

漆飾時，不是工匠獨自操作，要派出官員監視，一是看其

質量，二是看油飾的次數是否夠。其監視人員級別高低，既有「恭理喪儀王大臣」，也有「工部堂官，工部司員」，這要看亡者身份。一般恭理喪儀王大臣為皇帝欽派，工部官員則由工部奏聞。

清代皇家棺具的漆飾等級森嚴，要嚴格按規制辦，不可逾越。喪禮規定：列聖梓宮漆飾 49 次，列后梓宮漆飾各有區別，「列后大喪在聖子皇帝嗣位後者，梓宮外槨漆飾 49 次，在正位中宮時者，梓宮外槨漆飾 47 次。」這則記載，前半句正確，史有佐證，後半句則應考證，因為典籍中多有記載當朝皇后梓宮亦漆飾 49 次。如雍正孝敬皇后崩，「梓宮照例漆飾四十九次」，乾隆十三年（1748 年）三月十一日，孝賢皇后崩，「梓宮照例於本月初七日起，漆飾四十九次。」

但《則例》中所記皇后梓宮漆飾 47 次，並非無中生有。嘉慶十三年（1808 年）正月二十一日，孝穆皇后崩，當時她為皇子綿寧的福晉，所以，其棺具漆飾減略，綿寧繼位後，一方面追封她為皇后，另一方面將其棺具啟出，「漆飾 47 次。」可見，太后和當朝皇后的棺具漆飾 49 次，而只有追封皇后的棺具才漆飾 47 次。

皇貴妃金棺漆飾 35 次，貴妃、妃、嬪、貴人、常在、答應及眾皇子、皇子福晉的外棺均漆飾 15 次，皇太子與皇貴妃一樣，為 35 次。漆飾時，不但要準備各色漆、金粉，還要備有灰粉，同時，還要準備高麗夏布，檔案記載：「玉貴人彩棺照便漆飾十五遍，需用高麗夏布十五匹。」

漆飾的程序很複雜，有的也不盡相同。嘉慶八年六月，記載了白太貴人彩棺漆飾做法，依次為：鑽生油、粗灰、細灰、披麻、押麻灰、披麻、押麻灰、披麻、押麻灰、水磨鑽生、粗

灰、細灰、墊光油、漳丹油、朱油。而同樣漆飾 15 次，但每次漆飾會因等級不同而有所區別，如光緒二十一年（1895 年）閏五月二十日，漆飾王敷妃金棺時，做法為：頭次鑽生，二次通灰，三次滿布，四次押布灰，五次滿布，六次押布灰，七次滿布，八次押布灰，九次中灰，十次細灰，十一次漿灰，十二次糙漆，十三次墊光漆，十四次退光漆，十五次金黃漆。但是，到清代末直至民國年間，由於經濟和社會兩方面的原因，這些傳統的規制被打破，即使是尊貴的皇貴妃的棺具，在漆飾時也大為減縮。

由於漆飾複雜，需用時間很長。同時，每次漆飾完以後，還要通風放氣，促其乾燥。漆飾一具棺槨需用數月的時間才可完成。漆飾時，在棺具旁邊放一塊板，每漆飾一次，匠役在木板上也同樣漆飾一次，以便監視王公大臣或工部堂官驗收質量。

清代皇家棺具最外層漆飾，為代表等級的最終之漆，因而非常重要。文獻中明確記載了各級棺具的外層漆色：列聖、列后渾飾以金；皇貴妃髹以黃，繪金雲龍紋；貴妃髹以金黃，繪金雲龍；妃嬪髹以金黃；貴人、常在、答應皆髹以朱；皇太子髹以黃，繪金雲龍紋；皇子髹以朱，繪金雲龍；福晉髹以金黃。規制雖如此，但在實際操作中又各有區別。如同為皇貴妃金棺，溫靖皇貴妃畫大赤金龍，而端康皇貴妃則為平金開墨畫金龍。同是皇后梓宮，慈禧太后的梓宮為渾金，而隆裕皇后的梓宮則刻畫有圖案。

清代皇家棺具，既沿襲了入關之前本民族的特徵，又在一定程度上吸收和融進了漢文化，同時，也夾雜有宗教的內容。因而，這些棺具是我們認識和了解清代宮廷秘史的重要實物資

料。這些豪華的皇家棺具有四個特點：

一、濃鬱的民族特點。說它具有民族特點，是與漢材相比較而言的。如明嘉靖帝的棺具是直幫平頂，前大後小的形制。而清代皇家棺具則「蓋如屋脊，中間隆起，兩邊傾斜，內部高大。棺頭置一木質葫蘆，掛整貂一具」。棺具的這種形制，在滿洲稱為旗材。入關前，遊牧民族的滿洲出於實際的需要，而在棺具末端置一葫蘆，掛一些狩獵品來祭奠先人。入關後，雖然仍在棺具中保留了葫蘆，但已失去了它的實際用意。

二、複雜而森嚴的等級特徵。入關以後，滿洲貴族很快吸收了漢文化的精華。在其棺具的製作過程中，主要體現在森嚴的等級制度上。在選材上，楠木、杉木的區別使用，在漆飾中，三六九等的不同待遇，以及內棺襯布的細微區別等，都體現了等級制度的森嚴。

在稱謂上，則更加細化。帝后之棺稱為梓宮，其中包括太后或太皇太后，而皇貴妃、貴妃、妃、嬪的棺具稱金棺，貴人、常在、答應則只可稱為彩棺了。在棺具的體量上，則等級越高，其棺具越高大，反之，則低矮。這是這時期棺具明顯的外部特徵。

三、宗教內容的重要體現。其實，清代皇家崇信佛教，已毋庸置疑。但在棺具的製作上，則只能通過實物來驗證。從檔案中知道，其棺具內的數層棺襯，均有陀羅尼經；在實物中，我們發現，慈禧、乾隆、淑嘉皇貴妃內棺表面均雕有梵文金剛經咒等，這些都是佛教內容在棺具中的反映。

四、高超的工藝水平。毫無疑問，皇家的棺具，尤其是帝后的梓宮，是清王朝喪禮中眾臣拜祭的中心，按照事死如事生的原則，一定是製作精良。首先在承做部門上，由內務府、

工部等相關部門選擇天下精良的物料，再由技藝高超的工匠精工細做而成。所以，這些棺具，在一定程度上代表了當時最高的工藝水平。就已挖掘的棺具來看，乾隆內棺為凸雕經文，是一件十分難得的剔紅作品。慈禧內棺為陰刻，然後填金，華麗無比。

不僅如此，各棺具的密封度也很好。帝后死後，殮入內棺，外槨尚未漆飾，要供放很長時間，但無論春夏秋冬，都不能發生屍體腐臭的現象，這就要求內棺必須密封良好。孝儀皇后、慈禧太后、孝哲皇后的屍體過去多年後而保存仍很完好，就足以證明這一點。

清代皇家棺具也隨着清王朝的變化，而悄悄地發生着或多或少的變化。在關外，因為常年打仗，屢次遷都，加之順治以前實行火化，其棺具無論多麼華麗，也要付之一炬，因而棺具十分樸素。康熙以後，隨着土葬的實行，棺具將永遠保存下來，因而從上至下十分重視，禮臣便依制定出各個等級。但到清朝末年，隨着西方文化的進入，對清代皇家棺具也產生了一定影響，比如用料上，就選擇了西洋漆；在外棺的漆飾上，也不再拘泥於固定的次數。森嚴的等級制度有所鬆動了。

出殯禮儀

皇家一旦有人薨逝，宮內會馬上採取行動。先是按死者等級組成一個治喪組織，具體負責一切喪事活動。其中，皇帝、太后、皇后屬於國喪，要由禮部負責，整個國家都要有所舉動；皇貴妃以下的後宮主位，則由內務府主持，只在宮內治喪。不管哪一級的妃嬪去世，都會通知她的家人前來看視，然

後才可以入殮，裝入棺槨之中，否則，在險惡的宮廷之中，沒有經過家人看過就給大殮的妃嬪，會認為是非正常性死亡。

明朝時，帝后妃死去，有浴屍後再小殮的記載，而清代，則沒有浴屍的記載。所以清代后妃死後，沒有複雜的浴屍過程，很快就會進入小殮程序。

小殮，其實就是為死者穿上衣服，即穿壽衣。在小殮之前，按例允許后妃至親之人或娘家人看視，尤其是死在皇帝之前時，皇帝要看視小殮，皇太后健在，也要前往看視。

為死者穿戴整齊，是小殮的重要內容。而且，這種穿戴要能反映出墓主人生前的地位或身份。皇帝死後，其穿戴是朝服那一套。如乾隆帝死後，頭戴天鵝絨繡佛字台正珠頂冠，身穿繡黃寧綢錦金龍袍，佩雕珊瑚嘛呢字朝珠，足蹬青緞涼裡皂靴。

皇后的穿戴與皇帝大致相同，不過清代皇后死去，尚未發現有戴「鳳冠」字樣的記載。皇后的頭上，一般為金累絲點翠鑲珠石鈿，大概這就是所謂的「鳳冠」吧。同治帝孝哲皇后和光緒帝孝定皇后無不如此。

皇貴妃以下至嬪位，居東西六宮。她們死後，均頭戴吉祥帽，身穿各式蟒袍，戴朝珠，蹬朝靴。如咸豐帝婉貴妃死後「頭戴吉祥帽……（穿）金黃緞繡五彩金龍錦蟒袍一件」；嘉慶帝淳嬪死後「頭戴吉祥帽一頂……（穿）緙絲棉蟒袍一件……伽楠香小朝珠一盤……」

至於貴人、常在、答應，在後宮中地位低下，其死後，無特旨只穿尋常變龍衣服入殮。如乾隆帝白貴人死後，「頭戴吉祥帽……（穿）石青緞繡八團有水變龍錦褂一件……」

這些穿戴看似簡單，實際上每一件物品如首飾等，均鑲有

不同名目的各色寶石、珍珠等，十分考究，令人眼花繚亂，盡顯皇家氣派。

小殮完畢，要做兩件事情，一個是含口，一個是開光。

含口，就是在死者口中含物，稱為「口頭實」。古人認為，死者辛苦一生，兒孫不忍心要他們空口而去，故而，在死者嘴中放一些東西，不做餓死鬼。另外，放入一些東西，把舌頭壓住，也免得到另外一個世界裡亂説話，惹口舌之災，因為古人深信舌頭是萬惡之源。含口的內容，歷代有別。春秋之制，天子以珠，諸侯以玉，大夫以碧，士以貝。清代，宮中的含口也有明顯的等級之分。

皇帝的含口在檔案中未見記載。但清理乾隆地宮時，發現一枚雕成蟬狀的玉片，基本確認為乾隆帝含口。郭沫若先生在其考證文章中，也提過皇帝口含應為玉蟬。蟬應節蛻皮，寓可以轉世超生之意。但其他帝王是否如此，有待考古後佐證。

皇后的含口，亦無明確記載，只是孫殿英盜墓時，發現慈禧口含一顆大的夜明珠，兩塊組成，價值連城。其他皇后想必沒有如此奢華的含口。

皇貴妃以下的含口，在檔案中卻有一些記載，如道光帝彤貴妃死後，「口含小正珠一顆」。珍珠向為滿洲貴族所喜愛，各個等級的妃嬪死後，口含珍珠屬正常現象。當然，是否有依禮含金木屑、金銀屑、銀屑的妃嬪，就有待證實了。

開光，其實就是古人的一種認識問題。古人認為，人死以後，生前的喜怒哀樂都會聚於眼前，這是凡俗的東西，是臟物，要將其擦掉，才能清靜地進入西方極樂世界。開光的做法是：由死者的子女（一般為長子）用筷子夾住棉花，蘸着乾淨的水，擦拭死者的眼圈，與其做最後的告別。此外，開光還有

224

抿目的作用，如果死者睜着眼睛，古人認為對死者和生者都沒有好處。所以，通過開光，使其瞑目，一舉兩得。

小殮完畢，就要由欽天監擇吉時大殮了。大殮就是把死者抬入棺具之中，這是死者與生者最後的告別了，因而，大殮反映出嚴格的制度。最為明顯的，便是棺中的殉葬品。

后妃大殮之後，她的大棺材是喪事活動的焦點，人們的眼光會一直盯着它，直到它葬入地宮為止。可是，皇家不比民間，要經過一系列的繁文縟節後，才將大棺材葬入地宮。

出殯分為小出殯和大出殯。小出殯是從宮中移到殯宮，大出殯是由殯宮移到陵寢。出殯的日期由欽天監測算，選擇黃道吉日。因為棺具不可能總停留在宮中。在宮中停棺時間最低為3天。

小出殯就是由宮殿到殯宮的過程。列后的殯宮地點並不一樣，所以，抬棺人數會多少不等。孝莊、孝惠、孝懿在朝陽門外殯宮；孝康在壩上殯宮；孝誠則初在西華門外殯宮，後又稱至都城北沙河鞏華城；孝昭初在武英殿，後也移到都城北沙河鞏華城；孝恭在壽皇殿；孝敬在田村殯宮；孝聖在圓明園的九經三事殿；孝賢、孝和、孝德則均在景山觀德殿；孝靜在綺春園迎暉殿；孝哲在永思殿殯宮。

梓宮在移送的過程中頗費人力。有鹵簿前導，鹵簿可以説是梓宮出殯時的龐大儀仗隊，由於內容眾多，在此不必贅述。鹵簿之後為丹旐，舁旐、舉幡的人分為6班，每班32人，由部院官、內務府官各4人，共8人管轄。旐、幡之後為梓宮，梓宮的抬運是關鍵，首先要講究排場，但又受條件的限制，如果用人太多，出門過橋擺佈不開，因而要預設大輿和小輿，在京城之內，大輿80人，小輿32人。由宮內到殯宮一般為

6班，每班80人，這些抬棺之人，首班與末班用鑾儀衛、校尉，以示莊重齊整，其他班次之人，要由五城之內選用健壯的青年民夫，發給衣和鞋，令其洗澡，衣服用紅繡團花，頭戴插黃翎氊帽，稱為遜衣或駕衣。梓宮所過門或橋，都要祭酒，焚香錢。在殯宮大門外，還要預設鷹和狗，這可能與滿洲早期習俗有關，帶有滿洲特色。

大出殯就是由殯宮到陵寢的過程。皇后棺槨停留在殯宮，時間長短不一。可是，梓宮不能無限期地停留在殯宮，當陵寢工程完畢之後，欽天監就要擇日選時，恭請朝廷安排出殯日期。

梓宮出殯前，要做好充分的準備，首先要準備好32人小輿及80人大輿、128人大升輿。然後要選用抬棺的匠役，從京畿選用。由皇帝、太后到皇后，俱選用7920人為抬棺夫役。這些年輕的夫役一旦被選中，要發給衣、鞋、帽，並給予銀兩。

出殯時，由於恭送人員眾多，身份又不同，要修有不同的道路，稱為御路。凡御路所經，無論甚麼建設都要拆除，黃土鋪墊，以備應用。梓宮所走路線為一條，人員眾多，路寬而平坦；皇帝走另一條路，在梓宮啟行後，皇帝走另路，提前到蘆殿等候，一旦靈駕到來，要跪迎；皇太后、皇后等女眷，要在靈駕起行後，瞻望，俟靈駕走遠，隨後而行。

從京師到東西陵，一般分作5程，每程一個蘆殿，日暮以後，停棺其中，凡遇雨也停駐在此，或臨時紮搭罩棚。蘆殿，稱黃布城、黃幔城、黃網城等。靈駕到時，陳鹵簿於門前，皇帝率王公大臣，跪於北門外，太后是這樣，靈駕由北門進，奉靈駕於殿內正中，陳冊寶於左右案上，行夕奠禮，早晨行朝奠禮後，皇帝跪送靈駕啟行。

靈駕所過御路，兩邊百里內文武大臣，預先跪迎於路右百步外，候靈駕過，隨至宿次，在黃幔城外行三跪九叩大禮，夕奠禮時，文官在正藍旗末，武官在鑲藍旗末。靈駕過門橋時，要派內大臣 2 人輪流祭酒，焚楮城。

靈駕到東西陵，其梓宮並不馬上就入葬地宮，要暫時安奉。

大葬，即將梓宮隨葬地宮，是清帝后喪禮中最為關鍵的，也是最隆重的禮儀，稱為永安大典。屆時，皇帝、后妃、王公百官要雲集陵寢，按序排立。奉安前一天，皇帝要率群臣行遷奠禮，然後，梓宮登小輿，皇帝親引梓宮由殿之中階降，循殿東行。梓宮走陵寢中門，皇帝扶棺上方城前平台上，奉安梓宮於蘆殿正中的龍上，設冊寶於左右案上。第 2 日，梓宮安奉地宮，由皇帝親自扶棺下去，前面有 10 名太監執燈引導，欽點之王大臣隨梓宮後進入，敬視永安於石床之上，然後撤出龍車。

如果皇后是陪葬在帝陵裡面，皇帝尚未去世，那麼石門就不可掩閉，要等到皇帝葬入後，才可由北而南逐道掩閉石門。否則，就會鑄成大錯。

嘉慶八年，孝淑皇后準備葬入昌陵地宮，擬儀注時，辦事大臣有「掩閉石門，大葬禮成」這樣的糊塗話。嘉慶帝看後十分震怒，當即下旨嚴斥：

「試思石門豈可閉？既閉不可復開。此吉地乃皇考賜朕之地，非賜皇后之地，若關閉石門，欲朕另卜吉地乎？」結果處置了一批承辦喪事大臣。

在進入到地宮之後，有幾個特點很有意思。

其一，是帝陵地宮中的后妃陪葬。皇帝至高無上的地位，決定了他們生前或死後都要有人陪伴。清代康熙朝以前的帝

陵，基本上沿襲了明代人殉的陋俗，殉葬者或後宮主位，或奴僕或婢女。但他們殉主後，所葬方位要根據生前地位而定，只有極少數地位尊崇的后妃，才可能與皇帝合葬，這就是皇帝地宮中多具棺槨的原因。

自努爾哈赤到光緒的陵寢地宮中，合葬后妃情況如下。努爾哈赤福陵：孝慈高皇后、大妃；皇太極昭陵：孝端文皇后；福臨孝陵：孝康章皇后、孝獻皇后；玄燁景陵：孝誠仁皇后、孝昭仁皇后、孝懿仁皇后、孝恭仁皇后、敬敏皇貴妃；胤禛泰陵：孝敬憲皇后、敦肅皇貴妃；弘曆裕陵：孝賢皇后、孝儀皇后，慧賢、哲憫、淑嘉三位皇貴妃；顒琰昌陵：孝淑睿皇后；旻寧慕陵：孝穆成皇后、孝慎成皇后、孝全成皇后；奕詝定陵：孝德顯皇后；載淳惠陵：孝哲毅皇后；載湉崇陵：孝定景皇后。

其二，是清陵地宮中，關於棺材方位的幾個標準。居中為大，左為貴。早在春秋戰國時代，我國即形成了鮮明的古代宗法制度，在宗族的家廟排序中，即是始祖居中，以下父子遞為昭穆，於左右兩側，按序排列。《周禮》中，有「先王之葬居中，以昭穆為左右」的記載。

清代的陵寢，就清東陵而言，充分體現了昭穆葬法，落成於康熙三年的孝陵，以其墓主為入關第一帝順治皇帝，位尊而顯赫，佔據清東陵中心位置，他的兒孫分左右次序排列。按這一法則，順治帝生母孝莊文皇后，輩分雖最高，但由於其子順治帝已佔據陵區中心位置，便無法安置孝莊的陵址，所以，只好在風水牆外，單獨建陵，自成體系。

就陵寢的建築而言，也充分體現了這一法則，神功聖德碑樓中，滿、漢兩體文字，左滿文右漢文；小碑樓中的滿、蒙、漢三種文字，滿文居中，左蒙文，右漢文，反映出清代統治的

民族種類中，尊卑有別的等級次序。就陵寢宮門而言，中門為神門，走棺槨或墓主人，兩邊則左為君門，右為臣門，方位卑尊，判然可知。

其三，預留和卑不動尊。皇帝后妃眾多，帝陵地宮內寶床格外寬大，且有垂手床，將一些地位高的、死於皇帝之前的、較受寵愛的后妃與皇帝合葬。所以，在地宮寶床之上，要預留一些位置，以備使用。可是，大多數后妃死於皇帝之後。按慣例，皇帝死後，一般不超過三個月，最遲不過四個月，即入葬地宮，一旦葬入地宮，即關閉石門，永不開啟。那麼，遺下的皇太后將葬於何處呢？只好根據卑不動尊的原則，在帝陵左近另卜塋城了。雍正帝死後，於乾隆二年三月奉安泰陵地宮，當時，辦理喪務王大臣上奏：「世宗憲皇帝梓宮奉安泰陵地宮……其隨入地宮之分位，並萬年後應留之分位，相應請旨。」這裡共有兩層含義，一是入葬地宮，后妃的位置如何，二是是否為皇太后留有棺位，以備將來使用。孝聖憲皇后立即下了一道懿旨：「世宗皇帝梓宮奉安地宮以後，以永遠肅靜為是，若將來復行開動，揆以尊卑之義，於心實有未安。況我朝昭西陵，孝東陵成憲可遵，泰陵地宮不必預留分位。」這樣，孝聖以卑不動尊為由，在泰陵左側，另建泰東陵。

其四，棺材可動。按照中國傳統的做法，人死之後，就要葬入地下，即入土為安。一旦葬成，應永不啟動。可是，清代皇族的墓地，卻經常發生葬後復行啟動棺木的現象。如孝東陵修建以前，順治的一些妃嬪死後，葬在了風水牆西門外，黃花山腳下，有貞妃、恪妃、悼妃等，直到康熙五十七年，才移葬孝東陵，康熙帝敬敏皇貴妃，死於康熙三十八年七月十五日，當時封為敏妃，據考證，她死後葬於景妃園寢內，雍正帝繼位

後，由於他實行了嚴酷的政策，眾叛親離，只有敏妃所生怡親王允祥十分得寵，雍正帝為報答他，將允祥生母敏妃追尊為敬敏皇貴妃，將棺木由妃園寢起出，堂而皇之地祔葬景陵地宮，經考證，這就是景妃園寢內空券的來歷。

最後，是地宮中棺材擺放位置的辦法。順治帝孝陵為清東陵第一陵，還保留着關外火葬習俗，其地宮內為三罈骨灰。康熙二年六月初六日，康熙帝為其父行寶位安葬地宮禮，「世祖章皇帝寶位奉至地宮，安設寶床上正中，奉孝康章皇后寶位安設於左，奉孝獻皇后寶位安設於右畢，掩閉元宮石門。」

康熙景陵地宮棺位的擺放推測。康熙帝景陵地宮中，葬有五位后妃，分別是孝誠仁皇后赫舍里氏，因康熙十三年五月初三日生皇二子理密親王允礽難產而死，康熙二十年三月初八日葬景陵；孝昭仁皇后鈕祜祿氏，康熙十七年二月二十六日崩於坤寧宮，康熙二十年葬入景陵；孝懿仁皇后佟佳氏，康熙二十八年七月初十死去，同年十月二十日葬景陵；孝恭仁皇后烏雅氏，死於雍正元年五月二十三日，九月初一與聖祖同日入葬景陵；敬敏皇貴妃章佳氏，於雍正元年六月二十五日，追封為皇考敬敏皇貴妃，祔葬景陵地宮。

考證大殿神牌位次，聖祖居中，孝誠居左，孝昭居右，孝懿次左，孝恭次右，敬敏皇貴妃在西暖閣內。進一步驗證了上述所記大殿神牌的位次。由此推斷景陵地宮寶床棺位：聖祖居中，孝誠居左，孝昭居右，孝懿次左，孝恭次右，敬敏皇貴妃在左側垂手寶床上。

雍正帝泰陵為清西陵第一陵，內葬有三人，雍正帝、孝敬憲皇后、敦肅皇貴妃。乾隆三年二月初三日，世宗、孝敬后梓宮先後由龍車載入地宮之中，世宗居中，孝敬居左。按雍正

帝諭旨，敦肅皇貴妃喪儀以皇貴妃例行，所以，皇貴妃金棺也葬入地宮。按封建宗法制度，皇貴妃雖比皇后僅差一級，但皇后為六宮之主，一人之下，萬人之上，皇貴妃則不可與之同日而語。所以，推斷敦肅皇貴妃棺位有兩種可能，一是在世宗之右，一是在左側垂手床上。

裕陵地宮棺位考證。按居中為大的原則，乾隆帝棺居棺床正中金井之上，按左為貴說法，乾隆元后孝賢應葬於高宗之左，兩個位置已定，乾隆右邊應是誰呢？

孝賢皇后死後乾隆十三年，過了一年，乾隆帝晉嫻貴妃為皇貴妃，攝六宮事，到乾隆十五年八月，正式冊為皇后，即那拉皇后。乾隆十七年，孝賢后葬入地宮後，居高宗左，那麼，高宗之右應是那拉皇后的預留分位。可是，乾隆三十年，那拉皇后失寵，死於乾隆三十一年，高宗詔以皇貴妃禮，降格葬入純惠皇貴妃地宮棺床左側。在以後的幾十年中，高宗一直未封后，這個位置便不知何屬了。

直到乾隆三十八年，乾隆遵照密建家法，親書皇十五子永琰之名，密定皇儲，這樣，他的母親皇貴妃魏氏，在高宗死後，其子繼位，她必然封為皇太后，所以，高宗之左的棺位，應為之預留。魏氏死於乾隆四十年，自然應葬於高宗之右。

地宮內其他三位女子，除慧賢外，生前都不是皇貴妃，均為死後追封，這就是根據具體情況，確定其棺位。哲憫死得最早，高宗在藩邸時，於雍正十三年死去，乾隆十年追封為皇貴妃；慧賢死於乾隆十年，其死前三天，即乾隆十年正月二十三日，晉封為皇貴妃。乾隆十七年十月二十七日，孝賢、慧賢、哲憫三位同日葬入地宮，慧賢與哲憫雖同為皇貴妃，但慧賢生前封號顯赫，自然應高於哲憫，故此，其棺位應於孝賢之左，

哲憫應於孝儀之右，至於死在乾隆二十年的淑嘉皇貴妃，葬入地宮稍晚，自然在垂手床上。

所以，裕陵地宮寶床上棺位如下：居中為高宗，左為孝賢，右為孝儀，孝賢左為慧賢，孝儀右為哲憫，西側垂手床上為淑嘉皇貴妃。

嘉慶帝昌陵地宮內葬有兩人，嘉慶帝居中，孝淑睿皇后居左側。

道光慕陵地宮內葬一帝三后，宣宗居中，三位皇后按時間先後，孝穆成皇后居左，孝慎成皇后居右，孝全成皇后居孝穆成皇后之左。

咸豐帝定陵地宮葬二人，文宗居中，孝德顯皇后居左。

同治帝惠陵葬二人，穆宗居中，孝哲毅皇后居左側。

光緒帝崇陵地宮葬二人，德宗居中，孝定景皇后居左側。

總之，封建時代宗法制度極嚴，禮制等級不可逾越。清帝陵地宮中，葬位的基本規律是，帝棺居中，皇后按左為貴的原則，以時間先後分葬左右；皇貴妃則按死亡先後從葬兩旁。當然，由於皇族內部鈎心鬥角，宮闈秘聞極多，在葬法位置中，也可能出現顛倒，甚至隨心所欲的現象。

可是，那些或許是死在皇帝之後，或許是級別較低下，或許是皇帝根本就不太喜歡的后妃，就沒有與皇帝葬入同一地宮之中的榮幸之事了。而死在皇帝之後的太后們則要單建陵寢。

清代共建有 7 座皇后陵，分別為：孝莊文皇后的昭西陵、孝惠章皇后的孝東陵、孝聖憲皇后的泰東陵、孝和睿皇后的昌西陵、孝靜成皇后的慕東陵、慈安皇太后和慈禧皇太后的兩座定東陵。這些陵墓均在丈夫帝陵的旁邊，成依偎之狀，拱衛在帝陵的東邊或西邊。

最低檔次的是妃園寢。入關以後清朝皇室陵寢形成了兩大區域，即東陵和西陵。其中共有 8 座妃園寢，即：景陵妃園寢、景雙妃園寢、泰妃園寢、裕妃園寢、昌妃園寢、定妃園寢、惠妃園寢和崇妃園寢。

在這些妃園寢中，是一群守望的女人，她們生前在深深的宮牆中守望着唯一的皇帝；死後，葬入了皇帝陵園之中，同樣被那高高的陵牆圈住，不可逾越，只是在那裡等待着和守望着皇帝靈魂的到來。

3. 隨葬品

后妃去世後，要按照皇家的規矩制度，進行一系列的喪事活動，級別高的諸如皇后、皇太后，便從此進入大喪，也稱國喪期，全國為之致哀，喪期也長；而皇貴妃以下，則僅在宗室或皇宮內舉行喪事。等級和規模有着明顯的區別。

大殮是與死者做最後的告別，因而，大殮反映出嚴格的等級制度。最為明顯的，便是棺中的殉葬品。

清後宮主位死後，大殮時，要有部分殉葬品隨葬。這些殉葬品會因時代不同、亡者身份不同而各有差異。由於懼怕後人盜陵，地宮殉葬品這些宮闈秘密為世人鮮知。儘管如此，清宮檔案、清人筆記等文獻中還是留下了蛛絲馬跡，是我們研究清宮殉葬品的寶貴資料。

清宮的殉葬品，有一個歷史的發展過程。早期，由於受客觀條件的制約，並沒有殉葬品，尤其是實行火化，地宮中只有一些骨灰罈子，就不會有殉葬品，因為清代宮中殉葬品主要是

放在巨大棺槨的縫隙之中。

火葬的特點，是早期滿洲隨葬品極少的原因。「木棺火葬，多是先將屍體火化，把骨灰及隨葬品裝入木棺，再在墓穴內將木棺、骨灰、隨葬品一同加以焚燒，然後封土成塚。」從已開放的清陵中，也可以證實這一點。這些棺具的頭部都有一個葫蘆狀的東西，是早期滿洲習俗的物化表徵。這個葫蘆的作用，相傳「掛整貂一具」。作為對逝者的隨葬物品，既樸素簡單又莊重大方，因為在滿洲人心目中，貂是珍貴的動物。而在棺內，則殊少放置隨葬品。

可見，在努爾哈赤和皇太極時代的喪葬活動中，是很少有隨葬品的，清宮檔案和發掘實例中也未見記載。直到順治帝崩逝，清王朝底定中原已 20 多年了，這種簡樸的喪葬習俗才有所改變。

一向風流不羈的順治帝死後，孝莊文皇后為其舉辦了隆重的喪禮。儘管仍保持關外火葬的習俗，但在隨葬品上卻並不吝嗇。死後第 7 天，在乾清宮外舉行「小丟紙」，焚燒順治帝用過的冠袍帶履、珍玩器皿。有人這樣記載，「十四日焚大行所御冠袍器用珍玩於宮門外……所焚諸寶器，火焰俱五色，有聲如爆豆。人言每焚一珠，即有一聲，蓋不知數萬聲矣。」不僅如此，順治帝的梓宮內，屍身周圍仍充滿了各種珍玩玉器，出殯時，「命八旗官二三品者輪次升櫃，與舁者皆言其重」。待過百日後，棺中這些珍寶於景山殯宮內火化掉了。

順治帝火化後，將其骨殖殮入骨灰罐中，再葬入地宮之中。關於地宮中的隨葬品，清孝陵大碑樓中這樣記載，「皇考遺命，山陵不崇飾，不藏金玉寶器」。其實，倒不是順治帝下過這樣的簡葬遺詔，而是在一個瓷罈子中，也確實無法放置甚

麼金寶玉器。

康熙中葉，玄燁廢除了火化和人殉，在喪制上進行了大規模的改革。土葬的實施，為在棺具中附有陪葬品提供了便利和可能。自康熙景陵開始，直到光緒帝崇陵止，清陵中均有不同程度的隨葬品存在。

清陵的隨葬品不似明陵那樣複雜，只是在棺中放置些死者生前用過的珍玩，或日常用品。而屍體周圍的隨葬品則視其地位高低，隨意填充，基本無定制。隨葬品的表現形式大體上分為穿戴、含口、塞棺、金井安放、覆蓋經被、冊寶幾種。穿戴和含口前文已經作過敘述，這裡不再贅述。

塞棺。對於清陵來講，就是用隨葬品來填補棺縫，於是，大量的珍寶便被倒進棺中，屍身周圍塞滿隨葬寶物。這些寶物在清宮內務府白事檔中一般都留有記錄。

這些隨葬品，其來源一般可分為三類。一類為墓主生前日常所用或珍玩。這部分包括四季衣服、首飾、朝珠、頭面、被褥或面料、戒指、如意及各式珍玩。如同治皇后阿魯特氏棺中就隨葬有：珊瑚等各式朝珠、金扁簪等各式首飾、鐲子、鎦子、甲套等各式佩飾、棉馬褂等各種衣物，共計多達 100 餘件。

生前的衣物及大部分可回收的金銀製品，本着節儉的原則，宮廷要一律收回，或賞人或熔化重鑄。只有一小部分隨葬品中，在大、小丟紙及上墳時焚化。如容妃在初上墳時，將「無簪花素鈿一頂、石青素緞夾褂一件、綠緞銀領袖棉袍一件……」焚化。而乾隆帝死後，其生前華麗昂貴的衣物竟分 19 次焚化。

另一類隨葬品則為宮中主位在大殮時贈送。大殮即將結束，在蓋棺前，其生前親屬，無論長幼，均可贈送東西，放入

棺中。這些贈品也要記錄在檔。如孝哲毅皇后在光緒元年二月二十日大殮前，咸豐帝麗皇貴太妃、婉貴妃、祺貴妃、玫貴妃、吉妃、禧妃、壽莊和碩公主；道光帝佳貴妃、成貴妃、彤妃；同治帝瑜妃、珣妃、王晉嬪；光緒帝及各王府主位都紛紛向阿魯特氏棺中贈送禮品，以表達他們對大行皇后的思念。這些贈送的東西極其簡單，一般為荷包、煙壺、玉石墜等小玩意，只是表達心意而已。

值得一提的是，1928 年 7 月，乾隆和慈禧的陵寢被盜。關於隨葬物品，世間眾說紛紜，尤其有一本民間筆記《愛月軒筆記》，將慈禧棺中珍寶記錄得神乎其神，煞有介事。不過這份筆記與清官方檔案的記錄幾乎全部不同，在《內務府檔·慈禧皇太后殮入及山陵供奉珠寶、玉器賬冊》中，記錄物品大部分為朝珠、頭飾、玩意，以及各色寶石、珍珠等物，全然沒有所謂翡翠白菜、西瓜、甜瓜、荷葉、荷花及各色寶石的水果等物。如此大相徑庭，使人們對《愛月軒筆記》的真實性頓生疑竇。

從發掘實例來看，殉葬品中，絕少有紙製品，就嗜好字畫的乾隆帝后梓宮中，也未有隨葬字畫的先例，檔案中也未見記載。究其原因，可能與清陵中地宮較淺，道光陵以前又沒有滲水孔，地宮比較潮濕等有直接的關係。

帝后妃生前的頭髮、牙齒和指甲被剪掉後，往往收集起來，有的在死後隨葬棺內。如慈禧棺中，就發現有一包她生前的指甲和幾顆牙齒。

第三類是先帝的遺念。先帝死後，其日常所用要賞給遺孀，作為紀念。后妃死後便將一些遺念，帶進棺中隨葬，這在宮中是允許的。如道光帝彤貴妃棺中就安放有宣宗遺念：青玉暖手一件、瑪瑙煙壺一件、沉香手串一盤（隨紅瑪瑙佛頭塔、

松石墜角）、髮二包。

陀羅尼經被。是覆蓋於死者屍身上的被子。陀羅尼，佛教名字，梵文的譯音。意譯「總持」，表示地所聞法，能總攝憶持，不會忘失。佛教密宗認為其咒語能包含眾多經義，稱之為「陀羅尼」。陀羅尼經被為佛教密宗聖品，清代，從皇宮到王公大臣奉旨使用。

這種經被上滿印梵文密咒，即梵文陀羅尼大悲咒。書寫形式多為旋轉或盤旋。有的是印上去的金字，有的是織上去的。經被的質地多為綾、綢，顏色各異。

後宮主位死後，棺中寶物均已安放完畢，最上面就要蓋一床陀羅尼經被了。蓋上這種經被，是對死者的敬重和安慰，可為死者超脫苦難，盡快進入極樂世界。

慈禧陵被盜後，她的經被幸存下來。這床經被製作精美，幅面又大，圖文佈局得當，華麗無比，上面原來綴有 820 粒珍珠，彌足珍貴。

金井隨葬品。金井位於清陵地宮金券之內，在墓主棺具的正下方，是一個中心探井。其深不過 1.5 米，直徑約 40 厘米。金井對清陵的營建至關重要，它決定着地下各券及地上各建築的位置。

為求得息壤，清宮主子們生前多次將自己珍愛之物放入金井之中。清宮檔案中，明確記錄下了慈禧太后生前分別於光緒五年三月二十五日、十二年三月初二日、十六年閏二月十九日、二十八年三月初十日、三十四年十月十二日、三十四年十月十五日、共 6 次向金井中投放大量珍寶。主要是珠類製品和金銀器。其中，光緒十六年中投進的正珠手串一盤最為名貴，此一件在光緒二十四年閏三月初五日，奉懿旨取回。可惜，這

些珍寶於 1928 年被匪徒劫掠。光緒帝金井中，投放有 250 多件隨葬品，主要是子母球、懷錶、各類寶石製品等物。

冊、寶。作為地宮隨葬品，冊、寶雖然不是名貴物品，但在清代卻是很神聖的。「冊」是冊文，「寶」為印璽。有絹、玉、金、銀、木等不同質地。後宮主位們生前死後都要用冊、寶。

死後所用冊、寶，根據質地不同，所用地方不同。玉質冊、寶，要供奉在太廟之中；絹冊、寶，供奉完後要焚化掉；只有香冊、寶用完後要隨放在地宮之中。

地宮隨葬冊、寶由檀香木製成。陳放時，皇帝陵陳於穿堂券之中（光緒帝冊寶在金券），皇后陵則陳於金券之中，都是左冊，右寶。冊、寶放在各自的箱子中，箱子陳列於石座之上。慈禧的香冊、香寶都保存下來，是我們研究清代喪葬典制寶貴的實物資料。

從殉葬品透視出來一定的文化信息是不言而喻的，因為古代的一切喪葬活動都被列入文化的範疇裡。喪葬文化無不打上時代的烙印。清陵也是一樣，從那些出土的地下物品中，完全可以透視出當時最先進的文化特徵：

首先是濃鬱的滿族文化特色。這是不言而喻的。這也證明了後來的漢化，漢文化的強大影響，卻並沒有完全掩蓋滿族統治者自身的民族特點。

如滿族婦女有留指甲、戴甲套習俗；不論男女都有聞鼻煙醒神的習慣。嘉慶帝淳嬪棺中便放有指甲套一對、瑪瑙鼻煙壺一個。而荷包、香囊多為滿洲青年男女的定情之物，入關後，這一習俗始終未變。宮廷中各位主子都有腰間佩掛飾物的習俗，因而，阿魯特氏皇后的棺中有許多這樣的荷包隨葬。

其次是相對簡樸的隨葬習俗。簡樸是相對而言的，無論清

初或中後期，皇家喪葬的隨葬品都會比同期官僚貴族的多。但同其他朝代相比，清朝皇家隨葬相對簡樸。以明朝為例，這個農民起義後建立起來的政權，卻並不簡樸，不但明英宗前仍保留着野蠻的人殉習俗，而且，在隨葬品上也是極盡豪華。在明定陵發掘中，就出土了善翼冠、鳳冠等 3000 多件價值連城的隨葬品，不但棺內塞滿寶物，還有數個大隨葬箱設置地宮之中，這在清陵中確實沒有。

清帝也有生前安排隨葬品的先例。但其所定隨葬物並不以華麗昂貴取勝，而是一些很有紀念意義的東西。以雍正為例，雍正八年，身患重病的胤禛以為大限將至，便降旨安排隨葬品，「當年太皇太后賜朕數珠一盤，現在養心殿收着，還有聖祖阿瑪賜朕數珠一盤，爾等察來，同此小匣內玻璃鼻煙壺一件歸於一處，交在自鳴鐘好生收着⋯⋯如朕萬萬年之後，將此三件安於梓宮內」。在此後的 10 多天內，他又命人將金托碟白玉杯一分、黃地琺瑯杯盤一分、《日課經懺》書一部收入自鳴鐘處備用。這些東西或為孝莊、聖祖所賜，或為寵臣怡親王允祥遺物，並不珍貴，但有紀念意義。

其三，備受青睞的珠玉隨葬品。珍珠、美玉例來為我國古代勞動人民所喜愛，古帝王喪葬中已屢見不鮮，但清皇室的隨葬品表現得尤為突出，尤其在乾隆二十二年，新疆准噶爾部叛亂平定後，新疆玉源源不斷進入清廷，清宮殉葬品中葬玉便成為司空見慣的事了。

同治帝皇后阿魯特氏棺中就隨葬有玉戒指 3 枚、綠玉圈 1 個、綠玉鐲子 2 個、白玉圈 1 個、白玉鐲子 2 個、白玉鉗子 2 個、玉手串 1 個等玉器，後宮主位、宗室又送各式玉器達 300 餘件。

在清東陵所葬玉製品中，最有名氣的要數康熙景陵的九龍玉杯和慈禧棺中的翡翠白菜了。但這些玉製品至今還未重現於世。

至於珍珠，清廷看得更為重要。尤其是產於東北地區的珍珠，晶瑩圓潤，被稱為東珠或正珠。這些珍珠隨葬地宮中，有朝冠、朝珠以及各類飾物上的佩珠，多得數不清。

慈禧陵出土的文物中，她的三件壽衣上就有近 3000 粒珍珠，其所蓋陀羅尼經被上綴 820 粒珍珠。可惜這些珠都已被匪徒掠走。此外，塞棺用、鋪棺用、各種飾物用珠多得很。

其四，日常生活用品屢見不鮮。清陵殉葬品中，有許多為日常生活用品，而且大部分為其生前使用過。這體現出一種質樸和務實精神。

如道光帝彤貴妃棺中就隨葬有板錶、各式朝珠、各式頭飾、各式首飾（甲套、戒指、鐲子、戒箍等）、手巾、煙袋、扇子、煙壺以及各式生前穿過的衣物。有的甚至把生前用的漱口盂、餐具等也一併葬入。在乾隆裕陵地宮出土文物中，就有各式金頭花、各式簪子、煙壺、戒指等。

最後，宗教信仰隨處可見。作為一個少數民族，滿洲貴族篤信佛教。在喪葬上表現得尤為突出。比如裕陵地宮中，許多佛教題材像「五方佛」「八大菩薩」「二十四佛」「五慾供」「三世佛」，以及三萬多字的佛學經文，遍佈地宮各處，被稱為「地下佛堂」。

在隨葬品上，慈禧有一件繡滿「佛」字的壽衣和一件繡有「佛」字的龍袍，其蓋身之陀羅尼經被上更是以經文為主要內容。

240　　　　在清宮檔案中，也發現了與宗教有關的隨葬品記錄。道光

彤貴妃棺中就有「菩提念珠一盤（隨珊瑚佛頭塔）、經二本」；咸豐帝婉貴妃隨葬品中就有「護身佛一尊」等。

殉葬品將大棺塞得滿滿的，后妃似乎可以瞑目了。接下來，便要用釘子將棺蓋釘死，封住內棺了。然後，再用巨大的外棺套住。那些活在世上的後宮之位們便只有通過種種喪儀來表達對逝者的思念了。

4. 不腐女屍之謎

按通常的想法，皇帝屍體入棺時，一定做了防腐處理，使屍體永不腐爛，因為民間屢有出土的先例。從馬王堆漢墓辛追女屍的出土，到 2001 年安徽碭山神秘香屍的出土，都給人留下了這個印象：皇帝一定會對屍體作防腐處理。

可是，這兩具不朽的女屍都不是皇家成員。

清宮后妃在大殮時作防腐處理嗎？從現有資料看，答案應該是否定的。無論從中國第一歷史檔案館的白事檔還是從清宮廷典籍《欽定大清會典》中的「大喪」部分中，都未曾發現過對屍身防腐的隻言片語。可見，清宮廷在處理死者屍身時是不考慮防腐問題的。這主要源於以下幾點緣由：

一是受早期火化習俗的影響。

滿洲的火化沿襲金代女真，而女真的火化，則主要是由遊牧民族的生活習性決定的。居無定所，試想親人去世，晚輩若總拖着先人的棺具走來走去，總不是辦法，而將其焚化，所謂「遇父母之表，棄之不忍，攜之不能，故用火化」。靈魂升入上天，就可以隨處祭奠亡靈，何樂而不為呢？

清初，努爾哈赤和皇太極去世後都採用火化的方式。努爾哈赤火化後，其屍骨貯於瓷罈之中，皇太極的屍體則於順治元年八月初九日，以國禮焚化大行皇帝梓宮。直到入關後，順治皇帝及其妃嬪死後，仍按例實行火化，火化地點為景山，典籍記載，焚化大行皇帝梓宮時，爆出一聲聲的巨響，那是珍寶在焚燒時發出的聲音。孝陵地宮中，就葬有順治帝、孝康章皇后和孝獻皇后的三罈骨灰。而順治帝的皇后陵——孝東陵中，也同樣有骨灰埋葬，如殉葬而死的貞妃，以及順治十五年就已死去的悼妃，死於康熙六年的恪妃石氏等。這些妃嬪，在孝東陵未成之前，統統葬於東陵西之黃花山下，稱為悼妃園寢。比孝陵營建的時間要早。直到康熙五十七年四月初七日，孝惠章皇后葬入時，一同遷入陵園。所以，在孝東陵內，既有漢化的土葬，也有清初火化的骨灰罈，是個混葬的區域。

　　入關後，至康熙時代，深受漢族士大夫文化影響至深的玄燁，逐步廢棄了火化，尤其是平定三藩以後，戰事漸息，駐防趨於穩定，便摒棄了火化習俗，把火葬視為不孝、不道的行為。康熙帝的孝誠皇后崩於康熙十三年五月初三日、孝昭皇后崩於十七年二月二十六日、孝懿皇后崩於二十八年七月初十日，三位都是採用了土葬的辦法。但這一時期，也不排除民間例用火化的俗成。直到乾隆年間，乾隆帝明令不准火化，下旨：「一概不許火葬，倘有犯者，按律論罪。」火化之風才被剎住。

　　雖然如此，但由於早期火化中燒掉屍體習俗的影響至深，滿洲人就不可能像漢人那樣渴望百年後屍身永遠不腐。

　　二是對宗教世界的崇拜。

　　滿洲人崇信薩滿教。薩滿教認為大千世界分為上、中、下

三界。上界為天，乃眾神的居所，具有超自然的功能；中界為人間，是人間萬物，包括動植物，大自然是這些物質世界的居所；下界為陰間地獄，是亡靈及妖魔的居所。而居於中界的人受着神靈的賜福與鬼神的佈禍，須祈福求祥，避禍趨吉，就要尋求一個能與上界和下界溝通的使者，於是薩滿誕生了。

早期女真的薩滿多為女性，由女人來充當薩滿，帶有母系氏族社會的遺風。這些薩滿不僅能媚神靈，驅惡鬼，而且可以包治百病，預知未來，幾乎能解人間萬種愁緒，而且，能道神語，無所不通。滿洲完全繼承了這一神道。

薩滿的主要活動內容是祭祀，包括祭種、祭時、祭地、祭器、祭儀、禁忌、咒語等。這些宗教活動神秘而莊重，要穿戴特有的服飾，包括神帽、神衣、神裙、神鞋、腰鈴等。還要有神鼓、神刀、神杖、神桿等各種法具。這些法具通過薩滿祭祀神靈、請神驅邪的儀式而發揮出極為神奇的作用，因而，稱其為「跳神」。

入關後，滿洲統治者感覺到漢族人崇信的佛教更為新奇，比之區域性的薩滿教更具有意義，因而對佛教的崇拜，使原始的薩滿教日趨衰落。隨着統治區域的擴大，統治民族和人數的激增，在關外那種帶有濃鬱特色的薩滿教已不再適應形勢的要求了。於是，滿洲統治者轉而崇信影響力更為廣大的佛教，藉以教化黎民百姓。比如順治、乾隆都是虔誠的佛教徒。清朝的帝王不僅在宮中置有豪華的佛樓壇城，還帶頭現身佛界，祈求與佛結緣。崇信佛教最為虔誠的當屬順治帝。他堅信與佛有緣，幸五台，駐嵩洛，拜佛求緣。在順治八年和順治十六年，他兩次巡幸遵化，到京畿一帶的佛寺如景忠山中去訪僧問法，收穫頗豐。尤其在寵妃董鄂妃去世後，他萬念俱灰，竟想剃度

出家，幸被孝莊及時制止，才沒有演繹成不愛江山愛美人的鬧劇。

再如乾隆帝就曾自稱為文殊菩薩轉世，並請人畫下了他的文殊菩薩扮相，而他的裕陵地宮中頭道石門之左，即刻有文殊菩薩的立像，在承德等地建置了殊像寺。不僅如此，這些宮中帝后死去的陵寢中，還在其隆恩殿中建有佛樓，供奉佛像，佛前供有各式佛器珍寶。而清陵做法中，佛教內容更是隨處可見，如所有建築的基座為須彌座，地宮石門上雕八大菩薩、四大天王、五方佛、二十四佛、五慾供等佛事造像。雕有密宗佛教的各式法相，如金剛杵等。裕陵地宮中還雕有 30111 字的經文，其中梵文達 647 字，內容涉及金剛咒、菩薩咒等，以及各位尊佛的咒語，琳琅滿目，不可勝數。而他們（她們）的棺具中又都有佛經的文字雕刻，在棺具四周雕有四大天王咒語、懺悔經等。

佛教內容充斥在方方面面，尤其是在乾隆裕陵地宮中的佛教雕刻，充分反映出清統治階級企圖利用佛教來達到教化人民，並藉以證明自己統治的正統性。同時，由於佛教中對佛身的尊崇，強調靈魂世界的存在，進一步弱化了人們對死後肉身的尊崇，相信人死後，靈魂升入天堂，經過修行轉世，進入極樂世界。

三是對道教的崇信。

清廷信仰很複雜，很難說是單一的宗教信仰。而道教就是清宮信奉的宗教之一。最崇信道教的清帝，就是雍正了。他堅信道教的神奇，並獻身其中，親自煉丹燒藥，並將道士請進宮中，與其講道說法，宮中留下許多雍正帝扮道士的畫像。

所以，清宮中這些對神靈世界的崇拜，使他們更加堅信精

神世界的重要性，進一步弱化了對肉身不腐的追求。

與宗教崇拜相伴而生的則是對靈魂世界的尊崇。所謂靈魂世界就是人死之後的魂魄。清宮主位十分重視和崇信靈魂世界的重要性，堅信人死之後就是升天了，靈魂脫離了肉身升天而去。因而，清帝之死稱為「賓天」「升暇」，而帝后崩御之後，其官書稱謂改稱「大行」某某，使人感到肅然。

有了這樣一種信仰，本着事死如事生的原則，清廷在喪事中的突出表現就是焚化衣物和各種寶器，稱為「燒飯」。燒掉這些東西，死者可以在另一個世界繼續享用，因而，清廷在焚化寶物時會毫不吝嗇，認為這樣才會更有孝心。而對宗教和神靈的崇拜，也進一步弱化了清帝后妃們對肉身不腐的信念。

清陵的發掘實例證明了這一點。清東陵經歷過多次大的盜案。從流氓軍閥到當地土匪，甚至平民百姓因受其影響，也參與盜掘活動，大批珍寶隨葬品被洗劫一空。期間，東陵發生的盜案中，那些被盜墓主，不僅丟了珍寶，連屍骨也被拖出了棺外，在東陵的檔案記錄中，披露了內幕。

東陵盜案無數，其結局均為劈棺揚屍，大多數帝王、后妃的屍體都已化為了一堆朽骨，這也是正常現象。但數年以後，卻有4具不朽的女屍，存於世上，卻是讓人吃驚不小。

一是慈禧太后。慈禧太后崩於光緒三十四年十月二十二日，隨即被殮入早已準備好的金絲楠木大棺之中。1928年，孫殿英手下的兵匪悍然盜掘了慈禧陵。將金絲大棺劈開，兵匪們發現：

「西太后面貌如生，手指長白毛寸餘……」（某連長口述）

「老佛爺像睡覺一樣，只是見了風，臉才黑了。」（孫殿英回憶）

「慈禧為甚麼死後二十年屍體不變呢？因為她口中含有一顆很大的夜明珠，這顆珠子分開是兩塊，合攏起來則透出一道綠色寒光，夜間在百步之內，可照見頭髮。」（孫殿英回憶）

可是，過一個月，到 8 月 24 日，載澤、恆煦、溥忻、溥侗、寶熙、耆齡、陳毅等人來到慈禧地宮時，又發現：

地宮中散發着一股令人窒息的氣味，棺木已被劈得七零八落，慈禧屍體側臥在一塊薄木板上。她臉朝下，頭朝北，腳朝南，左手搭在後背上，髮色青黑，散而不亂，髮根繫有一根紅頭繩。慈禧上身赤裸，附體之衣被脫去，白皮貼於骨頭之上，身上佈滿拳頭大小的數點斑痕，似青似褐，還生有白毛，約有一寸長。

再緩緩旋轉她的屍體，使其轉過身來，只見她面色灰白，兩目無珠，深陷成兩個坑，其顴骨隆高，不異昔表，只是唇下有一大刀痕，是土匪為從口中扣夜明珠時，用刺刀砍成的。

二是乾隆帝孝儀皇后，嘉慶帝生母魏佳氏。她生於雍正五年，卒於乾隆四十年，享年 49 歲。從乾隆四十年（1775 年）正月二十九日死後，當天殮入大金絲楠木棺具之中，到 1928 年 7 月孫殿英盜墓，已歷 153 年。可是，陵墓被盜後，1928 年 8 月 29 日，重殮善後小組隨員徐榕生等下到地宮中，發現金券石床西邊兩棺之間，有一具女屍，身著黃色龍袍，屍體完好無損，急命 4 位旗人女差將女屍由泥水中請起，安於木板（如意板）之上。細審視這女屍，但見她兩腮和嘴的下面多有皺紋，牙齒沒全脫落，年齡約五六十歲。皮骨俱存，絲毫不朽，臉上笑容可掬。其身旁又揀到一隻明黃地繡鳳女朝靴，用水一洗，顏色如新。

三是同治帝皇后阿魯特氏。蒙古正藍旗人，生於咸豐四

年，同治十三年十二月初五日，年僅 19 歲的同治帝死後，她在宮中越發受到冷落，於 75 天後，默默死去，時年 22 歲。阿魯特氏在崩後，入殮於金絲楠木雙層大棺之中，再過 5 年，於光緒五年三月二十六日，與同治帝棺槨一同葬入惠陵地宮之中。

可是，天有不測風雲，直到 1945 年 10 月 8 日，距她入葬地宮已過去了 71 年，由於日本人投降，東陵地區無人管理，一群地痞流氓盜掘了惠陵，當打開同治帝棺時，已是一堆朽骨，而再打開皇后大棺時，皇后屍體卻沒腐爛，有長髮，便扒光了衣服，遍身搜寶。然後，把她從棺中拉出來，搜盡一切珍寶，因聽說她是吞金而死的，便割開了她的肚子，腸子流了一地。

四是同治帝的慧妃富察氏。慧妃與皇后阿魯特氏同時進宮，她雖然沒能成為後宮之主，卻因為慈禧的寵幸而走紅後宮。直到同治十三年年底，她一躍而成為皇貴妃，令人側目。可是，她身體不好，光緒三十年正月二十八日，惠妃去世，年僅 46 歲，第二年葬進惠妃園寢。23 年後的 1928 年春天，慧妃地宮被盜掘。據民國檔案記載是被當地劉姓父子盜掘的，當時他們發現慧妃沒有腐爛，皮肉俱存，儼若活人。

這 4 具不爛的女屍，在不同人物的口中，尤其是當事人，反覆傳說，當為不假。但既無防腐措施，為甚麼這 4 位會過多年而不腐呢？試作如下分析：

就慈禧太后和孝哲皇后而言，兩人死時肚子中都已空然無物，慈禧太后是痢疾，脫水而死，因為她本來就腸胃不和，臨死前更是不進食物；而阿魯特氏則傳聞因不滿於慈禧的淫威，絕食身亡，肚中自然也是空然無物了。

另外，兩人棺中有許多玉器，據記載慈禧太后棺中有：

紅藍寶石 85 塊，祖母綠 2 塊，碧璽白玉 203 塊，翡翠荷葉一個，碧璽大蓮花一個，各色寶石 3370 塊，各色寶石佛 27 尊，共 108 尊，玉藕一枝，珊瑚樹 1 枝，翡翠西瓜 1 個，甜瓜 4 枚，翠桃 10 個，黃寶石李子 100 個，紅黃寶石杏 60 個，紅寶石棗 40 枚，翡翠白菜 2 棵，玉製駿馬 8 尊，玉羅漢 18 尊，珍珠無數。這些寶石玉器，是否會釋放出一種射線來殺死細菌呢？因為古人有握玉以防腐的說法，故而有中山靖王劉勝的金縷玉衣出土。而且，古人死後，在兩鼻孔、嘴、兩耳孔、生殖部位和肛門部位都塞上玉器，稱為「玉塞子」，為的是防止屍體腐爛。至於孫殿英認為慈禧太后不腐的原因是她口中含有大的夜明珠，就不得而知了。

　　至於阿魯特氏，死後在其棺中也曾安放有白玉圈、白玉鉗子、玉珮等玉器達 300 餘件，加之她腹中無物，可能是其屍體不朽的原因。

　　而孝儀皇后的遺體，為甚麼時隔 153 年尚未腐爛，目前沒有找到一點蛛絲馬跡。

　　在 1928 年大盜案中，除了慈禧、孝儀屍身未腐之外，餘者概為朽骨一堆，尤其是乾隆皇帝的頭骨的下頜已碎為兩半，其上下牙齒 36 顆尚全，只是骨骼皆呈紫黑色，有的骨頭上還黏着皮肉。雖屍骨大部存在，但其手指及足趾骨已無從尋找了。頭骨上，兩眼只有深眶，呈螺紋狀，好像有白光從眼眶中射出來，讓人不寒而慄。

　　除孝儀皇后外，還有孝賢皇后、慧賢、哲憫、淑嘉三位皇貴妃，這些人早已化為一堆朽骨，由於匪徒在黑暗中撈寶時，沒有燈光，只好用篩子在水中撈，然後到外面去撿寶。把那些后妃的骨頭扔得到處都是。善後人員曾在大門外揀到肋骨一、

腳骨二、膝骨一，在裕陵隧道開口處又拾到脊骨一、胸骨一。這些骨頭的顏色都已黑乎乎的了。

綜上所述，4 具不爛女屍，其實並非刻意安排，而是種種客觀原因造成的事實。而就一代盛世君主乾隆屍骨已然腐爛來講，可以得出這樣的結論：清代帝后妃的後世安排中，並不對屍體防腐作過多考慮。

最後的宮殿

清代的后妃較之前朝來講真是太幸運了。不僅在入關之初就廢除了殉葬制度，使這些死於皇帝之後的女人得以壽終正寢，而且，歿後的喪葬也盡量做得風風光光，稱得上死後哀榮。后妃的陵寢或典制大備，或等級森嚴，使人深感皇家喪葬的威嚴、秩序和富有。這些生前盡心侍奉皇帝的后妃們，死後又規矩地來到各自的墓穴裡，靜靜地守望着、期盼着，使肅穆安靜的陵園裡更增加了一份唯美主義的悽婉。

1. 皇后陵

　　老皇帝死了，新皇登基，新皇帝的母親如果還活在世上的話，那就是名副其實的皇太后了，被稱為聖母皇太后。這個時候的皇太后會覺得前所未有的威風，自己辛苦帶大的兒子如今成了萬民之主，真是名副其實的揚眉吐氣了。於是，在享受榮華的同時，開始像新皇登基後要為自己選擇萬年吉地一樣，也要為皇太后選擇墓地，成為百年後的永遠歸宿。

　　這個時候，新皇帝真的是心甘情願地為母后做事了。

　　其實，清代建造皇后陵是一個獨創。清代陵寢制度源於明代，可是，明代沒有皇后陵，那麼，死在皇帝駕崩以後的皇太后要葬在哪裡呢？原來，明陵地宮有三條隧道，可各自應時啟閉。如《明史·后妃傳》記載，「（明英宗孝莊皇后）成化四年九月合葬裕陵，異隧，距英宗玄堂數丈許，中窒之，虛右壙以待周太后」。1957 年，發掘明定陵地宮，證實了這一記載。

　　和明陵地宮不同，清代帝陵地宮只有一條墓道，皇帝入葬地宮之後，地宮墓道就要關閉石門，永世不再打開了。所以，

為健在的皇太后建陵，也是現實的需要。

寧靜的守護——昭西陵

　　清代在關外沒有建造皇后陵，包括死在皇太極後面的孝端
文皇太后。順治六年（1699 年）四月十七日，皇太后駕崩，
終年 51 歲。遺體運回盛京後，火化為一罈骨灰，葬入昭陵地
宮之中，這就為早已對漢文化感興趣的孝莊文皇后所不能接受
了。因為，漢族士大夫很鄙視火葬，認為那樣把先人的屍體燒
掉，野蠻而無情。所以，孝莊文皇后決定死後不要火化自己屍
體。可是，如果要同皇太極葬同一地宮之中，既有骨灰罈子，
還有巨大的棺槨，很不成格局。還是不要和皇太極葬在同一地
宮中吧，這是孝莊文皇后的想法。於是，她臨終前很神秘地把
康熙帝叫到跟前，商量解決的辦法。康熙帝聽從了祖母的意
見，在東陵為祖母建了一處暫安奉殿。這個「暫安奉殿」一直
延續了 37 年，直到雍正帝繼位，才將其改造為「昭西陵」。

　　然而，昭西陵中的墓主人孝莊文皇后死後不歸葬東北昭
陵，而葬在東陵，引來人們議論紛紛，其中最著名的就是關於
「太后下嫁」的傳聞。可以說，所有持「太后下嫁」觀點的史
學家們都到昭西陵來尋找依據，好多史家認為這是「太后下嫁」
的鐵證：

　　首先，孝莊所謂的臨終遺囑引來後世的諸多質疑。康熙
二十六年十二月二十八日，康熙帝諭：

　　太皇太后疾大漸時，諭朕曰：「太宗文皇帝梓宮安奉已久，
不可為我輕動，況我心戀汝皇父及汝，不忍遠去，務於孝陵近

地，擇吉安厝，則我心無憾矣。」諄諄降旨，朕何敢違！伏思慈寧宮東，新建五間，太皇太后在日，屢曾向朕稱善，乃未及久居遽爾遐升。今於孝陵近地擇吉修建暫安奉殿。

　　孝莊的這番話，是其死後由玄燁轉述的。可是，雍正即位之初，於雍正二年二月初五日，再次轉述孝莊這些話時，除了玄燁所述內容之外，又加入「若另起塋域，勞民動眾，究非合葬之義」的內容。同是一道諭旨，何以前後有如此大的差異？如果真像雍正所說「恐勞民動眾」，那麼，康熙在籌建暫安奉殿時，卻將禁城內新建五間特地拆運至遵化，擇地修建，其大殿為重簷廡殿頂，在東陵所有陵寢中規制為最高。而雍正在改擴建昭西陵時，添建了方城、明樓，又建其他后陵所沒有的小碑樓，這難道不是勞民動眾嗎？

　　為了否定合葬昭陵，雍正帝直言不諱道：「朕惟禮經云『合葬非古禮』，先儒又云『神靈有知，無所不通』。是知合與不合，惟義所在。今昭陵安奉日久，若於左近另起山陵，究非合葬之義。」雍正的這些話，在清朝典籍，確實查之有據。儘管這些理由言之鑿鑿，可是，死於順治六年（1649 年）四月十六日的孝端文皇后，同是在關內，卻於翌年三月二十六日，葬入昭陵，與太宗合葬。孝莊即便不能與之合葬，但陪葬一帝卻是符合古禮的。

　　就孝莊而言，臨終找了兩條並不太重要的理由，就決定與丈夫異地而葬，顯然有些理屈，而康熙父子在轉述孝莊遺囑時，前後不一，也給孝莊葬地蒙上了神秘莫測的面紗。

　　其次，這樣的安排與傳統的夫妻合葬習俗背道而馳。西周時，諸侯國君的王墓出現夫妻合葬的現象。這種合葬，書中

釋:「合葬之禮，非古昔之法，從周公以來始有合葬，至今未改。」所謂合葬，典籍解釋:「帝后同塋，則為合葬，不合陵也。」即帝后墳墓只要在同一塋域，就是合葬，不一定同在一個墳頭之下。那麼，皇帝先死，皇后另建墳墓葬於旁邊，也屬合葬的範疇。所以，古禮中對合葬的解釋，就同孝莊、康熙、雍正等的看法大相徑庭。

孝莊在臨終遺言中，還曾提到「惟世祖之兆域匪遙，母宜從子」。這實際上是個荒唐的理由。若論捨近求遠，古禮所無；若論母宜從子，夫妻之宜則顯然相悖。就連對孝莊備極孝順的康熙帝對此也是顧慮重重。「奉暫安處至三十八年之久，蓋慎之也。」雖然玄燁遵遺命選擇遵化昌瑞山，但聖祖在以後的三十幾年中，遲遲未解決孝莊陵地，而只以暫安奉殿稱之，既遵循了祖母的遺囑，又沒有明確葬地，真是一個聰明的兩全之策。

從另外一個角度講，康熙帝多次對臣子說「朕以孝治天下」，於是，選擇昌瑞山為其葬地，「以便歲時奠獻」。可是，玄燁為了盡孝道即將祖母葬於遵化，那麼此種做法對於太宗來說，使他們在九泉之下夫妻未能相聚一處，是否算是一種孝道呢？

康熙帝的心裡不可能沒有這種顧慮，也怕後人指責其做法荒謬，因而準備了許多理由備考後代追問，讓後人諒解其不得已的苦衷。

最後，許多觀點認為，昭西陵的選址沒有「風水」可言，孝莊葬地太將就。

順治帝的孝陵在昌瑞山主峰南麓，始建於康熙元年九月，其規模從南至北達 5 公里多，佔據了這裡的中心至尊地位。按

這種安排，順治以後的諸帝后陵及妃園寢，都要以此為中心，即所謂《周禮》中「先王之葬居中，以昭穆為左右」的葬法。孝莊要葬在這裡，確實為玄燁出了難題，即在孝陵的左右兩側，無法安排孝莊陵寢。

玄燁選擇了風水圍牆之外的左側為暫安奉殿，將孝莊陵寢與圍牆內的陵寢劃分成兩個體系。但即使如此，若以孝陵為中心，其東南左側位置仍低於孝陵的至尊地位，就不能說是一種孝道之舉。再者，玄燁所說暫安奉殿之地，是一處毫無風水可言的平坦之地。

關於風水，專家解釋：「所謂風者，取其山勢之藏納。土色之堅厚，不衝冒四面之風；所謂水者，取其地勢之高燥。無使水近夫親膚。」清代，眾多陵寢均有龍脈、方向、砂山、案山、朝山、水脈等風水要素。以此看暫安奉殿的風水，除了方向坐北朝南之外，陵寢的其他風水要素均不具備。這裡既無後靠、前照、近案、左右護砂等山脈，左右前後又無河水夾流；其地勢南北高低一致，也不利於雨水的下瀉。可以說「暫安奉殿無風水可言」。

在清陵營建之初，朝廷都要派出精通風水的大臣相度踏勘，寫出詳細的風水說帖上報皇帝。同時，要選擇幾處，皇帝細心地加以對照，選擇十全十美的地點作為葬所，有時會因為一點小小的瑕疵而拋棄費盡心血選擇的吉地，乾隆、雍正等諸帝無不如此，就連妃園寢福地的選擇也是這樣。作為大清至尊而備受崇敬的孝莊太后的葬地卻如此將就，不得不使後人揣度議論。

為此，人們以昭西陵為依據，認為太后確實是下嫁了。

關於太后下嫁給睿親王多爾袞的故事，史學界歷來爭論不

休，就連史學家孟森先生在其專著裡也論及此事。實際上，早期的滿洲婚姻的確比較自由，「婚嫁不擇族類，父死而子妻母」。如果是丈夫死去，則「其家男子收為妻，父子兄弟不論也。他適，則人笑其不能贍其婦」。後來，滿洲的婚姻受漢文化的影響逐步走入正軌，但這種收繼婚還是不同程度地存在着。

所以，如果太后出於種種目的，或政治的，或情慾的，而下嫁（或曾私通）並不是一件十分新奇的事情，不過是這種事情出在皇家而有失臉面。加之後來多爾袞被論罪削爵，因而在皇家史書中此事隱匿不記。

那麼，太后如果真的下嫁給多爾袞，就太后本身而言，她留下遺言不合葬昭陵，其心情可以理解。將陵寢建於遵化而不歸瀋陽，這麼大的事情，都不是以懿旨的形式出現，而只由康熙帝在一次諭旨中順便指出，那麼，孝莊是否下過這道諭旨就值得懷疑。即使真的下過，孝莊出於面子上的原因，由皇帝下旨轉述，或許是出於某種忌諱？就玄燁而言，祖母下嫁他人，固然不便合葬昭陵。但由於清廷並不承認下嫁實有其事，所以，將二人分葬，於理不通。況且，死於順治六年的孝端文太后，已有祔葬昭陵的先例。這樣，分葬等於給後人留下了話柄或懸念。直至今天，這個懸念還沒有真正解開。

第一座皇后陵——孝東陵

清朝第一座真正意義上的皇后陵，其實是康熙帝嫡母孝惠章皇后的孝東陵。孝東陵是順治帝的后妃墓地，位於孝陵東側，內葬順治皇帝的 29 位嬪御。

墓主人孝惠章皇后，博爾濟吉特氏，是順治帝生母孝莊文皇后的侄孫女，蒙古科爾沁貝勒綽爾濟之女。她的入宮，其實是孝莊一手促成的，順治帝並不喜歡她。後來，由於董鄂妃的進宮，孝惠章皇后的地位更是岌岌可危，雖然有婆婆孝莊太后的極力維護，但還是被丈夫冷落了。順治帝死去時，她年僅21歲，成了年輕的寡婦。可是，漂亮的她卻從此時來運轉，康熙帝一直很尊重她，尊其為嫡母，每次皇帝出巡，都會帶上這位太后，以此為其消遣。康熙五十六年（1717年）十二月初六日，皇太后崩，終年77歲。

　　孝東陵裡面還葬有順治帝的其他妃嬪：7位妃子、4位福晉、17位格格。這些女子，大都很年輕就去世了。有漢女恪妃、以身殉主的貞妃、宮中待年的悼妃等。這些可憐的女子，一生默默無聞地侍奉皇帝，一般沒有生育。空有美麗的容顏而沒人欣賞，當皇帝死去時，那些深感前途無望的妃嬪便也只能孤獨終老。

　　孝東陵坐北朝南，其主要建築從南到北依次為：陵前馬槽溝正中建三孔拱橋1座，西側石平橋2座，一座為9孔，一座為3孔。東西朝房各5間，東西值班房各3間。隆恩門1座、東西燎爐各1座，東西配殿各5間，隆恩殿1座，面闊5間。陵寢門3座，石五供1座、方城、明樓、寶城、寶頂，寶頂下是地宮。方城前神道兩側各有兩行縱向寶頂，各14座，兩側共28座。神廚庫位於三孔拱橋東側。南牆外有井亭一座。孝東陵神道與孝陵神道相接。上述建築的規制、功用均與孝陵的相同。

　　從建築的規模和數量上看，孝東陵比皇帝陵大為縮小，不建大碑樓、石像生、龍鳳門、神道碑亭、五孔拱橋、二柱門、

啞巴院。三孔拱橋僅為一座，方城、明樓、寶頂的體量明顯收小。孝東陵的規制為清朝後世皇后陵奠定了基礎，成為後世效仿的藍本。

由於孝東陵是第一座皇后陵，無前例可鑒，所以在規制上存在着一定的不足：一是孝東陵未設下馬牌。二是方城兩側未建面闊牆，因此也就沒有寶城後院。三是妃嬪也隨葬在內，形成了皇后陵兼妃園寢的格局。四是大殿月台上未設銅鹿、銅鶴。這些不足，在後來營建其他皇后陵時，都得到了完善。

孝東陵有三個特點：一是寶頂不是橫向排列，而是縱向排列，帶有關外妃園寢遺風。二是孝東陵後院全部鋪墁澄漿磚。三是孝東陵院落極為寬敞，即使皇帝陵也不能與它相比。

孝東陵建成後，初稱「新陵」，這是針對孝陵而言的。因為它比孝陵建得晚，是新建的，面貌一新。這「新陵」並不是由朝廷正式命名的，是臨時的，帶有很大的隨意性。康熙五十七年（1718 年）四月初七日，孝惠章皇后入葬地宮，改稱為「孝惠章皇后陵」，這個名稱也不是正式名稱，只使用了不足一年的時間。康熙五十八年（1719 年）二月二十一日，禮部專為孝惠章皇后的陵寢命名一事，向康熙皇帝上了一道本章，說：「古來帝、后有不合葬而自為陵者，俱就方位定名。今孝惠章皇后陵即在孝陵之東，不必另立陵名。臣等恭擬『孝東陵』字樣，仰候欽定。」康熙皇帝表示同意，揮筆朱批「是」。從此，孝惠章皇后的陵寢正式稱為「孝東陵」。

禮部給皇后陵命名的方法，具體地講是這樣的：凡皇后陵都建在本朝皇帝陵的東旁或西旁（因為清陵都是坐北朝南），皇后陵是皇帝陵的附屬陵寢，所以沒有必要另立陵名，只根據皇帝陵的名稱而命名。皇后陵的第一個字用皇帝陵的第一個

字，皇后陵的第二個字用皇后陵與皇帝陵的相對方位字，位於皇帝東旁，則用東字，位於西旁，則用西字。用這種方法給皇后陵命名，從字面上就可以知道陵內葬的是哪位皇帝的皇后，這座皇后陵位於皇帝陵的哪一旁。以後，清朝所建的皇后陵均按此命名，成為定制。

孝東陵的產生，為以後皇后陵的產生奠定了基礎，做出了範本。不過，隨着時代的發展，建制皇后陵時會增減相關建築，那要看實際需要。總之，要與時俱進。在清一代，共產生了7座各有特色的皇后陵：皇太極孝莊文皇后的昭西陵、順治帝孝惠章皇后的孝東陵、雍正帝孝聖憲皇后的泰東陵、嘉慶帝孝和睿皇后的昌西陵、道光帝孝靜成皇后的慕東陵、慈安太后的普祥峪定東陵、慈禧太后的菩陀峪定東陵。

這些皇后陵與身邊的丈夫帝陵毗鄰而建，同樣的建築名稱，同樣的黃色琉璃，使人很難分清伯仲。這就是皇太后的特權，是其他宮裡女人很難企及的。

聲名顯赫的「鳳上龍下」

在清東陵的定東陵內，埋葬着大名鼎鼎的慈禧太后和慈安太后。普祥峪定東陵和菩陀峪定東陵共同組成了這座特殊的皇后陵寢。

普祥峪定東陵內葬有咸豐帝慈安皇太后。慈安，鈕祜祿氏，滿洲鑲黃旗人，廣西右江道三等承恩公穆揚阿之女。生於道光十七年七月十二日，初入侍文宗潛邸，咸豐二年二月封貞嬪，五月晉貞貴妃，十月冊立為皇后。咸豐十一年七月，咸豐帝崩，載淳即位，慈安被尊為母后皇太后。

慈安這個女人，世稱其「德容言工俱全」，堪為封建社會的婦女典型。那麼，慈安到底漂不漂亮呢？有她的畫像傳世，讀者可以自己下結論。有人說慈安懦弱，但據考證慈安並不像傳聞所說的那樣優柔寡斷，懦弱怕事。她為人賢德，待人寬厚，遇事忍讓，顧全大局。

這些性格特徵既是她的優點，同時也將她推入無盡深淵，因為忍讓在政治鬥爭中是不會佔優勢的。其實，慈安權力慾望並不小，無論是咸豐十一年，她決定發動北京政變（雖然受到了慈禧的蠱惑，但畢竟她起到決定性的作用），還是同治五年，她悍然下令秘密處死了慈禧的寵監安德海，都證明慈安並不是甘於擺佈的政治俘虜。不過是由於她的政治謀略遠遜於精明的慈禧太后，才在光緒七年突然暴崩於深宮之中，年僅45歲。

菩陀峪定東陵裡葬有舉世聞名的西太后慈禧。慈禧，姓葉赫那拉氏，滿洲鑲黃旗人。生於 1835 年，死於 1908 年，其父為安徽徽寧池太廣道惠徵。慈禧是一位「無冕女皇」，幾乎沒有哪一個中國人不知道她的。

咸豐元年大選秀女，那拉氏中選，咸豐二年五月初九日入宮，時年 18 歲，封為蘭貴人。四年二月二十六日內閣奉諭旨；貴人那拉氏晉封為懿嬪；十一月命協辦大學士賈楨為正使、禮部左侍郎肅順為副使持節賫冊晉封貴人那拉氏為懿嬪。咸豐六年三月二十三日未時，葉赫那拉氏生愛新覺羅・載淳（同治帝）於儲秀宮，第二天便由懿嬪晉升為懿妃。七年正月，內閣奉諭旨晉懿妃為懿貴妃；十二月命大學士裕誠為正使、內閣學士黃宗汗為副使晉封懿妃那拉氏為懿貴妃。咸豐十一年七月十六日咸豐帝病危，召御前大臣載垣、端華、景壽、肅順和軍機大臣

穆蔭、匡源、杜翰、焦右瀛承旨立載淳為皇太子；第二天咸豐帝崩，懿貴妃時年 27 歲。九月，大學士桂良等奏遵旨謹擬崇上母后皇太后徽號曰慈安，聖母皇太后徽號曰慈禧。這就是她發跡前的簡單經歷。誰也不會知道這個妖冶的女人，日後會成為中國的最高統治者，而且，她的影響會至深至遠，直到今天。

慈禧太后是同治、光緒兩朝實際統治者，統治中國達 48 年之久。她的權力慾望極盛，同治十二年，雖然載淳已 18 歲，開始親政，但慈禧仍然把持着朝政，這個傀儡皇帝當政不到一年就病亡了。同治帝無子，按清制規定，應在載字輩之下的溥字輩中選擇繼承人。慈禧為了攬權，竟將道光帝第七子、咸豐帝之弟、自己的妹夫醇親王的獨生子載湉立為皇帝。載湉是同治帝載淳的堂弟，所以載湉既是慈禧的侄子，又是外甥。這樣親上加親，便於慈禧的控制。1875 年，年僅 4 歲的載湉登基，年號光緒，成為又一個任人擺佈的傀儡，由慈禧「訓政」，二度垂簾，至光緒七年，慈安暴亡，從此慈禧愈加大權獨攬，為所欲為了。

光緒三十四年（1908 年）十月二十日，在慈禧的授意下，光緒帝之弟醇賢親王載灃之子溥儀入承大統，繼承穆宗同治帝，兼祧德宗光緒帝。溥儀是光緒帝的親侄，也是慈禧的侄孫，溥儀之母為慈禧親信、后黨核心人物榮祿之女。溥儀進宮第二天，即光緒三十四年十月二十一日，光緒帝崩。次日，即十月二十二日，慈禧太后因痢疾而亡，卒年 74 歲。

慈禧一生垂簾聽政達 48 年之久，將晚清國柄牢牢操在手中。發動過兩次政變，鎮壓了三次農民起義，經歷了四次對外戰爭，在她的操縱下，清廷產生了許多離奇的謎案，直到今天，還很難解開。

慈禧陵為清東陵中最晚構置的建築，因此，它綜合了清代帝后陵寢的諸多特點，成為集大成的最為完備的后陵。寶城作長圓式，圍牆前寬後窄，取法於定陵格式。地宮構造為5券2門，取自道光帝慕陵規制。地宮廡殿頂用新樣城磚灰砌，取法於道光帝寶華峪慕陵和咸豐定陵。寶城與方城之間隔以卡子牆，並闢東西角門，則仿自昭西陵、泰東陵及除慕陵以外的各帝陵。隆恩殿前月台之上鼎、鶴、鹿，是循於泰東陵之成規。而神道碑亭的建立，則完全仿照了昭西陵。

而慈禧陵中最具標誌性的部分，是將隆恩殿前陛階石的圖案搞成了鳳上龍下的格局，為清代及歷代封建社會所僅見。這種圖案，將兩宮皇太后追逐名利與權勢的政治圖謀形式化、表面化。

豪華逾制、典制大備的慈禧陵，已為世人所矚目。但是，貪婪成性的慈禧太后並不滿足。光緒七年三月初九日，慈安皇太后染病，暴亡於鐘粹宮，再也沒有誰能約束慈禧的行為了。於是，她決心重修自己的陵寢，在規制上壓過慈安一頭。

慈安陵與慈禧陵於同治十二年八月二十日午時破土興工，於光緒五年六月二十二日完工。慈安陵耗銀2665743兩，慈禧陵耗銀2275818兩，慈安陵比慈禧陵多近40萬兩白銀。這種狀況對當時的慈禧太后來說，是無奈的，也是不甘心的。

可是，慈禧並未在慈安死後就急忙改修自己的陵寢，而是沉寂了近15年的時間。在這期間，她曾來過東陵，仔細看過每座建築，她要等機會。

光緒二十一年八月，東陵守護大臣溥齡等摸準慈禧的脈搏後，上書記述了慈禧陵的殘破情況：滲漏、糟朽、吊落、酥鹼等。慈禧太后急忙派出心腹大臣來東陵查勘具體殘破情況。也

正是在這種情況下，奕劻、榮祿、徐桐、李鴻藻等善於投機鑽營的新老大臣，鼓動慈禧將陵寢拆除重建，並爭相獻計獻策，在規模、用工、用料等諸多方面大做文章，將一般的歲修工程逐步升級擴大為重修大工。

重修工程是逐步鋪開的，起初只是一些諸如築打寶頂、拆修溝嘴、修補琉璃花門等細小工程，最後，竟至將隆恩殿、東西配殿等處拆除重建。這次重修工程涉及到慈禧陵的方方面面：大殿、配殿、方城、明樓、寶城，拆除重修；朝房、班房、神廚、井亭、省牲亭、宮門、碑亭，揭瓦大修；焚帛爐、五供、各處海墁磚、月台，及地宮內金券、門洞券、石門、閃當券、扒道券、隧道券、罩門券、石床等部分修補。整個重修工程於光緒二十一年十一月二十四日破土，於二十二年二月二十五日正式開工，一直到光緒三十四年十月全工告竣，歷時13年。

重修之後的慈禧陵，金碧輝煌，極盡奢華。三殿所用木料均為黃花梨木。黃花梨木又名海南檀，紋理細密，質地堅硬，十分昂貴。施工時，不用披麻掛灰，而是顯露木之本色，罩籠罩漆。

三殿所用黃金數目巨大，裝修種類繁多。三殿共用掉葉子金4592兩1錢4分3毫。使用形式分為三類：一是鍍金，重修後的三殿共有64根明柱，每根柱子上盤繞一條半立體的鍍金銅龍，這些盤龍都是尾上頭下，龍鬚中巧施彈簧，每當打開殿門，龍鬚就會微微顫動，活靈活現。二是三殿雕磚牆壁的掃金，三殿雕磚花牆有凹凸之分，掃金時凹進部分用黃金粉，色為淺黃，凸出部位用紅金粉，色呈深黃，造成色調亮度反差，交相輝映。三是三殿的貼金彩畫，其方法是將葉子金鏨成薄薄

的金帛，再做成龍、雲、蝠、壽等圖案，直接貼於樑枋架木之上，三殿共貼彩畫金龍3177條，形式有行龍、臥龍、升龍、降龍，形態各異。

三殿內壁雕磚圖案精美，內容豐富。中心圖案是五蝠捧壽，5隻蝙蝠向中心飛翔，拱衛一個團壽字。4角為盤腸和綬帶，錦地為萬字不到頭，邊框為回紋、連珠紋、纏枝蓮。其寓意是「萬福萬壽」「福壽綿長」。

慈禧陵石雕獨特，帶有政治寓意。封建時代，向來以龍為天子的化身，至高無上；鳳依附於龍，是皇后的化身。可是，慈禧陵隆恩殿前的石雕圖案，卻一改傳統做法。丹陛石圖案為鳳上龍下，稱「鳳壓龍」，採用了高浮雕加透雕的手法，將龍的腿、尾、鬚，鳳的嘴、冠、腳等10餘處透雕，增強了立體感。不僅如此，大殿周圍的石欄杆、欄板及抱鼓石上，也雕有類似的圖案。石欄的望柱頭雕鳳，其柱身內外兩面各雕一條升龍；欄板的兩面雕有龍鳳及水浪浮雲圖案，都是彩鳳飛翔於前，蛟龍追趕在後；抱鼓石上雕刻的仍是龍鳳圖案，彩鳳張翅伸爪，立於山石之上；騰龍穿雲破浪，浮於波濤之中。

慈禧陵三殿的外牆磨磚對縫，乾擺到頂，超越於帝陵規制。一般外牆的傳統做法，是上身糙磚灰砌，抹飾紅泥，提刷紅漿；下肩則澄漿磚乾擺。慈禧陵則全部乾擺到頂，其拔檐看面雕刻「卍」字、蝙蝠、流雲，稱「萬福流雲」。

慈禧陵在重修的過程中，雖沒有展拓它的建築尺寸，卻在用料、裝修及雕刻的圖案中大做文章，屢破祖制，有的地方甚至達到無以復加的地步，真正是「普天之下，唯我獨尊」了。

私人筆記《愛月軒筆記》將李蓮英的記憶清楚地記錄下來。觀後令人瞠目結舌。書中記錄慈禧不僅把地面建築搞得異

常豪華，地下的棺槨陪葬品也是舉世罕見。企圖到另一個世界裡繼續享用人間的奢華。

在棺底，先鋪上 3 層金絲串珠繡花錦褥和 1 層珍珠，厚 1 尺多。慈禧身穿金絲串珠彩繡袍褂，頭戴珍珠串成的鳳冠，冠上綴一顆大如雞卵、重 4 兩的珍珠。慈禧的衾被上有一朵大牡丹花，是用珍珠串成的。其手鐲是用鑽石鑲成的 1 朵大菊花和 6 朵小梅花連綴而成。

在慈禧屍身周圍，有秩序地放入葬品。頭部上首為一翡翠荷葉，腳下為一朵碧璽大蓮花，腳下左右各踩翡翠西瓜 1 個、甜瓜 2 個、白菜 2 棵。這幾件玉石製品極為名貴，其中的翡翠西瓜為綠皮紅瓤黑籽白絲；翡翠甜瓜各不一樣，一對為青皮白籽黃瓤，一對為白皮黃籽粉瓤；兩棵翡翠白菜均綠葉白心，菜心上伏着一隻滿綠的蟈蟈，葉旁伏兩隻黃馬蜂。

慈禧屍體的左邊，放着一枝玉石蓮花，三節白玉石藕上，長有天然的灰色泥污，節處長出綠荷葉，開粉紅蓮花。屍體的右邊，放着一枝玉雕紅珊瑚樹，上繞青根綠葉紅果實盤桃一枝，樹頂伏一隻翠鳥。

為了填補棺縫，又向棺內放入大量珍寶：18 尊蚌佛，金佛、翠佛、玉佛、紅寶石佛各 27 尊，翡翠桃 10 個，紅黃寶石杏 60 個，黃寶石李子 100 個，紅寶石棗 40 個，番佛 48 尊，珍珠 4 升，紅藍寶石 2200 塊，玉製十八羅漢。所有這些寶物放好後，最上面蓋一件網珠被，被上綴 2 分重珍珠 6000 顆。

這些珠寶，將慈禧的內棺填充得滿滿當當，慈禧在這些奇光異彩的光環之中，得以「超生」。

慈禧生前的奢華成性，已是中外聞名。地面建築的富麗堂皇更是人所共知。她死後隨葬珠寶的秘密歷來被人揣測，成為

不法之徒覬覦的目標。1928 年，盤踞在薊縣馬伸橋一帶的兵匪孫殿英，決心盜掘慈禧陵。

盜掘慈禧陵的是孫殿英手下的師長潭溫江。這伙人來到慈禧陵後，進行掃蕩式搶劫。先將慈禧陵地面上的寶物巡視一遍，只見三殿的 64 根明柱上纏繞着鍍金銅龍，所有彩畫均為金帛貼飾，大殿裡更是供奉着名目繁多的寶物。

匪兵們將 64 根柱子上的金龍全部拆走，又將大殿所供之物盡行掠去。看看再沒可拿之物，匪首命令將大殿天花板拆下。細看這些天花板，正龍圖案，周邊祥雲，全為金帛貼飾；其木質為黃花梨木，十分珍貴。在大殿我們今天所能見到的 5 塊半天花板，就是當年盜劫後的遺存。

潭溫江率兵進入寶城後院，幾經周折，找尋到地宮的入口處，即下令用炸藥炸開缺口，一班兵匪蛇行而入，撞開兩道石門，來到金券。金券面積並不大，正面有一棺床，床上有一金光閃閃的棺槨，聞名中外的慈禧太后就躺在裡面。

匪徒們小心地撬開了內棺，幾名荷槍實彈的兵士圍在外面，槍口對準棺內，以防慈禧詐屍傷人。一掀開棺蓋，滿棺的珠寶放射出奇光異彩，竟掩去了手電筒的光芒。慈禧躺在棺木中，披金掛玉，細看面目，毫無朽變，如活人一樣，而她的手指上，卻已長出一寸長的白毛。過了約十幾分鐘，慈禧的屍體面目由於見了光和空氣，變黑了。

審視棺中寶物，四角所置翡翠大西瓜綠皮紫瓤，中間切開。瓜子黑色，霞光由切口處射出；太后頭枕玉枕，放綠光；太后口中所含夜明珠放白光，這顆珠子分開是兩半，合攏是個球，夜裡寒光四射，百步之內可照見頭髮。兵匪見財起意，將慈禧屍體拉出棺，扔在地宮西北角，頭朝下，盡取棺中寶物。

東陵盜案發生後，遜帝溥儀怒火萬丈，他電告蔣介石和閻錫山，請求懲治孫殿英。可是，孫殿英為了脫身，便四處送禮，將棺中所盜最為珍貴之物慷慨饋送國民政府大員：將裕陵所盜朝珠送給了戴笠，乾隆的九龍寶劍送給了蔣介石，朝靴上的部分寶石送給了孔祥熙，將慈禧口含夜明珠送給了宋美齡。這樣，孫殿英得以逍遙法外。

　　灰頭土臉的遜帝溥儀，只好派人重殮西太后遺體。婦差們用黃綢束緊慈禧屍身，慢慢轉過來，只見慈禧面目蒼白，二目無珠，深陷成坑。唇下有傷痕，相傳是匪兵為摳出口含寶珠所致。婦差將棺內擦淨，將慈禧屍身先放入，再將其生前剪下的頭髮及指甲、牙齒包好，放於左右，胡亂殮葬完畢。

　　1984 年，國家文物局派專家來清理慈禧內棺。發現自1928 年孫殿英盜陵，清朝遺臣重殮後，再未被盜過。當年豐盈的屍體早已乾枯，縮水大約 10 厘米，只有 153 厘米了。慈禧頭朝北腳朝南，頭稍向左偏，頭髮散披，散而不亂。胸部乾裂成許多口子，左肢的上肢骨已露出來，慈禧上身無衣，下身穿一條褲子。兩隻腳只穿了一隻襪子。

　　烜赫一時的西太后，生前何等霸道，死後竟落到這種地步，這是她生前始料不及的。

　　不僅僅是慈禧陵被盜掘了，在清東陵還有孝莊文皇后的昭西陵、孝惠章皇后的孝東陵、慈安陵以及景陵妃園寢、景陵皇貴妃園寢、裕妃園寢、定妃園寢、惠妃園寢等也都先後被盜掘，清西陵的珍妃墓和關外的福陵妃園寢、懿靖大貴妃園寢在中華人民共和國成立前也相繼被盜掘。那些貪婪成性的盜墓賊，把這些曾經華貴美麗的后妃恣意踐踏於腳下，卻毫不留情地擄走她們身上的全部珍寶。

2. 妃園寢

皇后作為皇帝的正妻大多比較矜持，不會像一般妃嬪那樣主動而熱情。相反，妃嬪們則會爭相巴結皇帝，以求能夠得寵晉升。所以，皇后雖然在每年的年初有幾天可以獨佔皇帝，但是，她們卻殊少有懷孕生子的，這反映出皇帝對皇后的態度。而那些得寵的妃嬪，卻如雨後春筍般競相懷孕。所以，清代皇帝的生母幾乎沒有正宮皇后，而都是普通妃子。

然而，在封建社會森嚴的等級制度下，妃嬪的地位與皇后相差甚遠，死後的陵寢也是無可比擬，只是一群妃子葬在很小的院落裡。但是，有一點是皇后陵無法比擬的，那就是妃園寢是和皇帝陵一起修建的。妃園寢就是皇帝陵的附屬品，從一開始就伴隨着皇帝。而皇后陵的修建則遠遠晚於妃園寢，所以，在風水上有的皇后陵是不如妃園寢的。比如，咸豐定陵修建時，定妃園寢同時修建，基址選在了定陵東邊的順水峪。到同治初年，為慈安、慈禧選擇吉地時，定陵以西是西大河，無法建陵；以東是妃園寢，而再往東就是低窪的沼澤了。所以，兩宮太后不得不使用這處低窪之地。

毀於戰火的關外妃園寢

最早的妃園寢在關外，尚處在雛形階段。因為這個時候，後宮制度都沒有確定，后妃人數都沒有定數，她們的妃園寢就更沒有固定的規制了。

首先說壽康妃園寢，又稱太妃墳，是努爾哈赤福陵的妃園寢。營建於康熙初年，在福陵之右的陵堡村附近。努爾哈赤一

生有記載的后妃達 14 位，實際情況可能會更多。但葬在壽康太妃園寢內的僅有 3 位，即壽康太妃、安布福晉、綽奇德和母，至於其他嬪御，除了福陵內葬有孝慈和大妃外，就不詳其葬地了。

壽康妃園寢建築早年被毀，其規制只能從資料上加以考證。據記載，該園寢周圍 47 丈，坐北朝南，長方形，前有宮門 3 間，內有享殿 3 間，東西有茶膳房、果房等，後院有墳 3 座。大殿為單檐歇山頂建築，頂覆綠琉璃瓦，內供墓主神位。

壽康太妃園寢歷經磨難。光緒三十一年（1905 年）二月二十一日，日、俄兩國在中國東北開戰，俄軍佔據福陵，日軍向太妃墳靠攏，俄軍猛轟，由於日軍炮火的猛烈還擊，太妃園寢被夷為平地，守陵官兵、陵戶多被重傷，陵寢只剩 3 座墳丘。近幾十年，墳丘亦被平毀，如今已很難確定建築的具體方位了。

第二個就是皇太極懿靖大貴妃等的園寢，被稱為宸妃、懿靖大貴妃園寢，又稱為懿靖大貴妃園寢，其實就是昭陵的妃園寢。內葬皇太極的 10 位嬪御。其位置在昭陵西約 100 米處。

貴妃園寢內墓主的身份各不相同，相差懸殊。其中比較著名的有兩位：一是宸妃，名海蘭珠，博爾濟吉特氏，最受皇太極寵愛，生前居住在關雎宮。二是懿靖大貴妃，名娜木鐘，姓博爾濟吉特氏，蒙古阿巴亥部郡王額爾齊格諾顏之女。她初嫁北元末代蒙古大汗（林丹汗），稱囊囊太后。天聰六年，林丹汗兵敗身亡，囊囊太后率部投奔皇太極，皇太極娶入宮中，崇德元年封為西宮大福晉，居麟趾宮。

這兩處妃園寢距今年代久遠，加之戰亂年代的破壞，如今也很難知道它們的真面目。

最熱鬧的景陵妃園寢

真正意義上的妃園寢還是在大清朝入關以後修建的。終清之世，東西陵共營建了 8 座妃園寢：景陵妃園寢（康熙帝 48 位后妃與 1 位阿哥）、景陵皇貴妃園寢（康熙帝的兩位皇貴妃）、泰陵妃園寢（雍正帝 21 位妃嬪葬於其中）、裕陵妃園寢（乾隆帝 1 位皇后和 35 位妃嬪）、昌陵妃園寢（內葬嘉慶帝 17 位妃嬪）、定陵妃園寢（咸豐帝 15 位妃嬪葬於陵園，有著名的「圓明園四春」和麗妃）、惠陵妃園寢（同治帝 4 位皇貴妃葬入其中）和崇陵妃園寢崇陵妃園寢（內葬光緒帝的瑾妃和珍妃）。

妃園寢建成，秩序井然，這些或榮寵或失落的妃嬪歿後，一律魚貫而入，拋卻了世間的浮華，寧靜而默默無聞地守候在帝陵的旁邊，也許在訴說着一生的榮幸與不幸。

景陵妃園寢是康熙朝後宮妃嬪的一座墓園，坐落在景陵以東 0.5 公里處，是清王朝定鼎中原後在關內營建的第一座妃園寢，屬開山之作，對後世影響深遠。景陵妃園寢同康熙皇帝景陵一道，建於康熙十五年至康熙二十年（1676—1681 年），初稱「妃衙門」，雍正元年（1723 年）改今名。園寢內葬康熙皇帝的 48 位妃嬪和十八阿哥允祄，共 49 人，是清代園寢中埋葬人數最多的一座。

康熙大帝，一生妃嬪無數，風流倜儻的他在為自己的妃子佈置陵園時，也是格外留意。既要尊重古禮，不可在女人陵寢上過度浪費，又要在操作時照顧後宮等級，因而，形成了等級分明的後院寶頂秩序：身份高的葬在前排中央，寶頂較大，身份差一些的在後排，寶頂較小。她們的神牌供奉也是一樣，只有妃子以上的女主才有神牌供奉，其神牌排列順序和後院寶

頂順序是一樣的。景陵妃園寢坐北朝南，建築佈局由南往北依次為：一孔石拱橋及平橋、東西廂房、東西值班房、大門、燎爐、享殿、園寢門，後院內是寶頂群。大門、享殿、燎爐及圍牆以綠色琉璃瓦蓋頂；廂房、值班房覆以灰布瓦。其建築規制和規模都遜於帝、后陵。景陵妃園寢的這種建築格局成為關內妃園寢的範本。

在景妃園寢的後院裡，共建築了大小寶頂 49 座（其中 1 個是空券），分前後 7 層排列。寶頂下墓室結構有石券、磚券、磚池 3 種，精緻與簡約並存，宏敞與卑陋互現，對比鮮明。園寢中的 49 人包括貴妃 1 位、妃 11 位、嬪 8 位、貴人 10 位、常在 9 位、答應 9 位、皇子 1 位。這些人各按身份排定葬位：地位高者在前，居中；地位低者在後，列兩側。

乾隆皇帝的「偏心」之舉

還有兩座華麗超凡的妃園寢，建於乾隆年間。就是康熙帝景陵皇貴妃園寢和乾隆帝裕陵妃園寢，這兩座妃園寢超越了規制，建得異常豪華。

也難怪，乾隆帝在位時，處在康乾盛世的巔峰，國家有錢，加上乾隆帝好大喜功的個性，他為自己喜歡的女人修建園寢時，怎麼可能受到祖制的約束呢？這就是他的裕陵妃園寢超越規制的理由。

裕陵妃園寢始建於乾隆十年即 1745 年，當時的裕陵妃園寢並沒有超越規制。可是，乾隆二十五年，因為要葬入他的寵妃純惠皇貴妃，於是就命令擴建妃衙門，到乾隆二十七年，擴建工程結束，歷時近 3 年。

這裡介紹一下純惠皇貴妃，蘇佳氏，一個典型的漢女。她進宮很早，弘曆還是皇子的時候，她就侍奉在側。乾隆帝非常喜歡這個漢女，雍正十三年，弘曆即位前夕，蘇佳氏生皇三子永璋，乾隆二年，被封為純妃，這是很好的開端；乾隆八年生皇六子永瑢，乾隆十年晉封為純貴妃，這一年，再生皇四女；乾隆二十五年一躍而成為皇貴妃，是深宮中罕見的晉封。所以，純惠皇貴妃死後，一旦葬入妃園寢，就成為這裡的核心人物了。

擴建的建築共兩組，一是增建方城和明樓，這組建築由方城、明樓、寶城、月台、礓磜組成，全部為磚石結構。明樓建在方城之上正中，是整座園寢的制高點。建築形式為單檐歇山頂，樓頂覆綠琉璃瓦。明樓內有朱砂碑一統，碑陽刻「純惠皇貴妃園寢」字樣，碑額刻「大清」字樣，這些文字，充分體現了純惠皇貴妃的墓主地位。二是增建東西配殿，配殿的建築形式為單檐歇山頂，面闊5間，有前廊，屋頂覆綠琉璃瓦。其作用，東配殿為存放祝版、製帛的地方，當享殿維修時，又是臨時的祭祀場所；西配殿是祭祀時，喇嘛念經，為死者超度亡靈的地方。

這些添置的建築，花費大量的銀兩，不計算物料銀，光工時費，一次就支去13444.65兩。由於銀兩短缺，工程緊，不得不支用勝水峪工程的銀兩。

裕妃園寢內葬有乾隆皇帝的1位皇后、2位皇貴妃、5位貴妃、6個妃、6個嬪、12個貴人、4位常在，共計36人。這36人，從乾隆十七年起至道光三年止，按照死亡的先後，共分17批葬入，前後歷時71年之久。其中著名的「剪髮」皇后那拉氏和香妃就葬在這座陵園裡。

乾隆為自己的寵妃擴建陵園，是人們預料之中的事；那麼，他為康熙的妃子修建超越規制的妃園寢，就匪夷所思了。

　　原來，景陵皇貴妃園寢的兩位主人——愨惠皇貴妃和惇怡皇貴妃曾經看護過年幼的乾隆帝。弘曆自幼蒙皇祖康熙垂愛，於康熙六十年（1722 年）被接進宮中，期間得到這兩人提攜照顧，這段經歷成為少年弘曆終生難忘的美好回憶。乾隆二年（1737 年）五月二十日，乾隆帝發下朱諭：

　　　　朕自幼齡仰蒙皇祖慈愛，撫育宮中，又命太妃皇貴妃、太妃貴妃（指愨惠、惇怡兩人）提攜看視。兩太妃仰體皇祖聖心，恩勤備極周至，朕心感念不忘，意欲為兩太妃千秋之後另建園寢，令王大臣稽查舊例。王大臣奏稱，古有另建園寢之制，今若舉行，於典禮允協。朕奏聞皇太后，欽奉懿旨允行。可傳諭該部，於景陵稍後附近處敬謹相度，擇地營建。其規制稍加展拓，以昭朕敬禮之意。

　　隨後，乾隆帝委派正在東陵主持陵工的淳慎郡王弘暻、工部右侍郎柏修會同欽天監監副李廷耀一起到景陵附近相度園寢福地。最後，景妃園寢以東，姚家坡以西七棵樹地方被相中為兩位的福地。景陵皇貴妃園寢約建於乾隆四至八年間（1739—1743 年）。該園寢在以下四點上是出類拔萃的：

　　第一，標準妃園寢，各寶頂通常建在長方形磚石月台上，不建方城、明樓，而雙妃園寢中卻並排建了兩座方城、明樓。

　　第二，一般妃園寢不建東西配殿，而這裡不僅建了配殿，而且都是面闊 5 間，比昌西陵、慕陵、慕東陵配殿規模還要大（以上諸陵配殿僅為 3 間）。

第三，在享殿月台前添置了一塊「丹鳳朝陽」的丹陛石，丹鳳振翅昂首，口銜靈芝，昂日騫雲，立於崖石之上，上有祥雲朵朵，下襯海水江崖，周緣飾以蔓草、艾葉、梅蘭之屬。整塊丹陛構圖精雅，堪稱佳作。清代妃園寢安設丹陛，僅此一例。

第四，其他妃園寢的廂房向無前廊，而雙妃園寢的廂房設有前廊，等同帝、后陵。這樣，乾隆皇帝就將這座園寢建成了有清一代等級規制最高的一座妃園寢了。

3. 寄託哀思的謁陵

后妃陵寢修建完成後，最榮耀的事情就是皇帝親自祭祀。但是，皇帝親自祭祀陵寢，也只有皇太后的陵寢能夠享此殊榮，而一般的妃園寢則沒有這種待遇。比如康熙帝就多次來昭西陵，拜祭孝莊文皇后，此外，同治皇帝和光緒皇帝也曾多次來到慈安陵寢進行虔誠的拜謁。

東陵各陵寢分別設奉祀禮部，專門負責陵寢的祭祀活動。各帝后陵中奉祀禮部所設郎中 1 人，員外郎 2 人，讀祝官 2 人，贊禮郎 4 人，執事人役 130 人左右，包括牛吏、擠奶人；酒、油、糖、醬、粉等匠人；校尉、屠戶、掃院人等。郎中、員外郎職銜與內務府同，為文職正五品，各陵禮部衙署建在一起。據光緒會典記載，東陵各陵禮部人員，合計達 1600 人左右。

禮部主要負責的事務是：生產和供應祭祀所用的麵、糖、酒、果、畜等；主持祭禮、監禮、贊禮、讀祝文、焚化祝版、

製帛、紙錁；割除雜草、清掃地面、管理金銀器皿庫。此外，還要有陵寢工部和兵部的員役進行配合，參與各種祭祀活動。每逢皇帝、皇后、王公或官員行謁陵、敷土、大祭禮時，內務府、禮部、兵部等部門共同合作，以保證三大禮儀的順利進行。

首先，行「謁陵禮」。謁陵，分為皇帝親自謁陵或遣員恭代謁陵，即派遣王公大臣代替皇帝謁陵。清朝皇帝謁陵，多是利用某種機會舉行，如巡邊，駕幸避暑山莊，奉太皇太后幸湯泉，送大行皇帝、太皇太后、太后、皇后梓宮奉安山陵，也有時是國有慶典或專程前往陵寢敷土、大祭之前行謁陵禮。如康熙二十年，雲南三藩叛亂平定、二十二年收復台灣、聖祖均親自至孝陵拜謁告祭。可以這樣說，皇帝謁陵次數常常是沒有甚麼限制的，可以根據自己的需要，隨時舉行。可以數年謁陵一次，也可以一年謁陵數次。

每次皇帝恭親謁陵，在前幾個月內，就需頒發諭旨，公佈謁陵日期，通知有關部院衙門做好準備。接諭旨後，禮部要進《皇上謁陵儀注》《所有道路里數繕摺》。皇帝謁陵所帶物品等由內務府下屬廣儲司、武備院、上駟院呈報，其中有馬具、涼棚、儀杖及生活、祭祀用品。即使小到蠟燭、茶葉、紙張等，也要詳細開列。

這些物件單、繕摺等，儘管繁瑣細碎，但有關人員卻不能掉以輕心，必須小心謹慎地辦理，倘若有些許差錯，就難免身遭橫禍。

以同治十二年禮部給內務府（係指朝廷之禮部、內務府，非指陵寢禮部、陵寢內務府）來文為例，可知皇帝謁陵時的安排是何等細密，也可知皇帝參謁東陵時，一般所經路途。照錄如下：

嚮導大臣為諮行事。本年三月，皇上恭謁東陵，本處將所有往返行宮、尖營道路里數繕摺於同治十二年正月十四日具奏，奉旨：「知道了」，欽此欽遵。相應咨行貴衙門，今將本處奏准路程開寫黏單，一併諮送貴衙門，凡有應行之處，由貴衙門一體轉行可也。須至諮者，右諮內務府。

每次謁陵，均需按內葬人物輩分，從高到低依次舉行，如光緒年間皇帝或官員謁陵，就需先由孝莊皇帝的昭西陵開始，以下依次為世祖孝陵、孝惠章皇后孝東陵、聖祖景陵、高宗裕陵、文宗定陵、文宗孝貞顯皇后普祥峪定東陵，最後為穆宗惠陵。

謁陵時的禮節如下：

皇帝謁陵時，首先要在隆福寺行宮身穿青長袍褂。當接近所謁之陵時，隨行的貝勒以下宗室、大臣、侍衛、三品以上官員，在未至下馬牌處就下馬步行；親王、郡王在下馬牌處下馬步行；皇帝則「未至碑亭，即降輿慟哭」，由前導大臣引導，從左門即東偏門「步入隆恩門」，繞隆恩殿東旁，經陵寢門左門進至明樓前，王公大臣等則在陵寢門外按序排列。

司拜褥官將拜褥在石祭台南鋪好，皇帝在拜褥上行三跪九拜禮，然後起立，東旁西向站立。內務府官員進奠几、酒、爵後退下，皇帝再跪，奠酒三爵，每奠一爵酒行一拜禮。奠畢東旁西向站立，慟哭舉哀。陵寢門外的王公大臣要同時行禮舉哀。

禮畢，兩名前引大臣引導皇帝從原路退至陵外，到原降輿處升輿，王公大臣亦退出。隨即其餘各個陵寢，其禮儀與謁第一座陵寢時完全相同。

其次，行「敷土禮」。

敷土禮，是每逢清明時節給皇帝、皇后、妃嬪寶頂上增添淨土的禮節。清代制度，敷土禮多由進行派遣的承祭官來主持和實施。

　　關於敷土的數量，康熙三年議准：「每歲清明於各陵上土十有三擔，承祭官、總管、掌關防官率官兵共十有三人，升寶頂上土，豫於界外取土，儲各陵垣外潔淨處候用。」乾隆二年又奏准：「清明山陵增土，因沿襲前明舊制，俱負土十三擔，並無取義，嗣後每年清明，於各陵寢皆增土一擔，由西登道升至石柵，並為一筐，令承祭官一人，敬謹奉筐而升，祇跪上土於寶頂，仍由西登道降，庶踐踏不致多人，足資保護鞏固。」

　　自此以後，清代陵寢無論皇帝親行敷土禮，還是遣員恭代行敷土禮，均只增土一筐，以期既申哀慕之情，又使寶頂免遭踐踏。

　　敷土禮儀式，雖有祖制，但各代皇帝施行時也不盡相同。以光緒博士年德宗載湉至普祥峪定東陵（慈安陵）行敷土禮為例，可見敷土禮一般程序：

　　皇帝行敷土禮時，石門工部預先於清明節前一天，專門預備潔淨的「客土」盛於兩隻小筐之內，貯放在陵寢羅圈城外潔淨之處以備使用。清明之日，皇帝乘輿到隆恩門外隆輿處降輿，然後在更衣幄次內更換縞素。隨行的王公大臣等，全部身穿素服，並去冠纓。隨後，由禮部堂官奏請皇帝行敷土禮。皇帝在前引大臣的引導下，走隆恩門東門，經陵寢門東門進至明樓前排列。扈從大臣和幫扶添土大臣，隨皇帝進至方城前。陵寢內務府官員進黃布護履，皇帝及隨行人員著黃布護履後，從東登道上寶城，至東石柵欄門外，陵寢內務府大臣已提前將土筐擔到那裡等候，俟皇帝到來，即將兩筐土併為一筐，跪捧給

幫扶添土大臣，由其捧筐隨皇帝走至寶頂敷土處，跪獻給皇帝。皇帝跪接土筐，雙手舉過頭頂，然後畢恭畢敬地將淨土添於寶頂之上，將筐交給幫扶大臣。從寶城下來後，除去黃布護履，由前引大臣引導，經原進門退出，到更衣幄次內更換禮服。隨後，隆恩殿大祭禮就即將開始了。

再次，行「大祭禮」。

又稱大饗禮。清東陵陵寢大祭禮，從康熙二年建世祖孝陵時就開始了。當時題准：「孝陵每年以清明、孟秋望、冬至、歲暮為四大祭。」以後所建帝后陵，皆沿用此四時為大祭日期。雍正十三年十月十三日，剛剛登基的高宗皇帝下諭，將帝后忌辰定為大祭。

陵寢的四時大祭，在乾隆時已經定下規制：「各陵寢四時大祭，牲用太牢，獻帛爵，讀祝文，致祭於隆恩殿，具朝服行禮。從前聖祖仁皇帝於孝莊文皇后忌辰，此禮行之最久，原與各陵忌辰傳神之禮不同。至聖祖仁皇帝忌辰，係照周年至祭，禮特加隆，曾奉大行皇帝諭旨，不得奉為成例。今詳酌典禮，十一月十三日聖祖仁皇帝忌辰，應照陵寢四時大祭禮，遣官承祭，在陵官員，咸令陪祀永遠遵行。並請嗣後恭遇列祖列后忌辰，均照陵寢四時大饗禮舉行。」自此，帝后忌辰之祭就由小祭而升為大祭，陵寢四大祭就變成五大祭了。

這五大祭和每月朔日、望日的小祭活動，一直延續到清朝覆亡後許多年。直到抗日戰爭後期，清皇室設立的「東陵辦事處」被撤銷以後，這些祭祀活動才宣告徹底結束。

清明、中元、冬至、歲暮、帝后忌辰這五大祭，大多數時候由太常寺奏請派王公致祭，但也是有皇帝親臨陵寢主持大祭禮的。

除以上禮節外，每逢皇帝或皇后忌辰之日舉行的大祭，還要從隆福寺派來十三名喇嘛，在陵寢西配殿內念經，以超度死者亡靈。

　　行完大祭禮之後，皇帝還要在更衣幄次內更換青長袍褂，然後到寶城前三跪九拜，並奠酒三爵，行辭謁禮。當然辭謁禮舉行與否，也有着很大的隨意性，須按照皇帝意志而定。

　　清朝皇帝到東陵行謁陵、敷土、大祭禮，耗資甚多。僅同治十二年穆宗載淳謁東陵，一次就耗用白銀 12000 兩，這還是在清王朝已面臨覆亡之日。在王朝盛世，謁陵時所浪費的銀兩，當大大多於此數。

責任編輯	許琼英
書籍設計	彭若東
排　版	周　榮
印　務	馮政光

書　名	清宮私房事
叢書名	文史中國
作　者	李　寅
出　版	香港中和出版有限公司 Hong Kong Open Page Publishing Co., Ltd. 香港北角英皇道 499 號北角工業大廈 18 樓 http://www.hkopenpage.com http://www.facebook.com/hkopenpage http://weibo.com/hkopenpage
香港發行	香港聯合書刊物流有限公司 香港新界大埔汀麗路 36 號 3 字樓
印　刷	陽光彩美印刷製本廠有限公司 香港柴灣祥利街 7 號萬峯工業大廈 11 樓 B15 室
版　次	2019 年 4 月香港第 1 版第 1 次印刷
規　格	32 開（148mm×210mm）288 面
國際書號	ISBN 978-988-8570-26-3

本書由團結出版社授權本公司在中國內地以外地區出版發行。